D1722564

Aris Fioretos
Das Maß eines Fußes

Aus dem Schwedischen
von Paul Berf

Carl Hanser Verlag

Die schwedische Originalausgabe erschien 2008
unter dem Titel *Vidden av en fot* bei Norstedts in Stockholm.
Der deutsche Text folgt dem schwedischen
nicht in allen Teilen.

1 2 3 4 5   12 11 10 09 08

ISBN 978-3-446-23056-9
© Aris Fioretos 2008
Alle Rechte der deutschen Ausgabe
© Carl Hanser Verlag München 2008
Satz: Fotosatz Reinhard Amann, Aichstetten
Druck und Bindung: Friedrich Pustet, Regensburg
Printed in Germany

Inhalt

Vorwort

Das Jahr war 1970, der Tag ein Sonntag, als Amanda Feilding eine Bohrmaschine von der Decke ihres Badezimmers herabhängen ließ, sich am Haaransatz Betäubungsmittel injizierte und ein Loch in ihren Kopf bohrte. Anwesend bei diesem Eingriff waren ihr Ehemann Joey, bereits trepaniert, sowie Birdie, eine Taube, die das Paar vor einiger Zeit gefunden hatte. Aus einem angrenzenden Zimmer ertönte Musik von Mozart. »Das Ganze war ziemlich britisch und beherrscht«, berichtete Feilding später.

Dieser Versuch, den Grad kosmischen Friedens zu erhöhen, mag aus medizinischer Sicht eigenwillig erscheinen und ist als künstlerische Methode vermutlich nicht wirklich vorbildlich. Doch auch für jemanden, der sich darauf beschränkt, mit Worten zu bohren, besteht die Kunst darin, Druck abzulassen. Auf den folgenden Seiten werden die Ergebnisse einer Reihe von Probebohrungen vorgestellt. Trotz der unterschiedlichen Beschaffenheit der Texte lässt sich hier und da ein roter Faden ausmachen. Spürbar ist der Unwille, sich mit Druck von außen abzufinden. Eine Vorliebe für Die Letzten Dinge gehört zur Arbeitsplatzbeschreibung. Und der emphatische Ton, der sich bisweilen geltend macht, ist wohl nur ein Zeichen für den ursprünglichsten Impuls, den der Schreibende kennt: selber den ersten Sonntag bestimmen zu dürfen und seine eigene Zeitrechnung einzuführen.

Es mag abwegig klingen, aber ich glaube, letztlich geht es darum, die 37 Grad des Körpers zu feiern – das heißt, von der Zeit besessen zu sein. Oder mit den Worten des jungen Schiller in seiner Dissertation in Medizin: »den merkwürdigen Beitrag des Körpers zu den Aktionen der Seele« zu erkunden. Jedenfalls ist diese Vermutung Grund genug gewesen, disparate Texte – von Anmerkungen über Füße, große wie kleine, bis zu einem Gedicht über das Kranium in der Nachfolge Feildings – zu sammeln. Wenn sie einen gemeinsamen Nenner haben, dann den seltsamen Schauer, der einem über den Rücken läuft und zu erkennen gibt: Jetzt brennt's.

Barbarische Erinnerungen

Der Nabel der Welt, *zirka* 1965

Ein tickender Wecker, ein großes Federbett, eine verschwitzte Pyjamajacke, die sich hochgeschoben hatte und im Nacken Wülste bildete wie die einer Schildkröte – sowie zwei Augen, die sich nicht öffnen ließen, so tapfer er es auch versuchte. In der Küche hörte er das unregelmäßige Klacken von Absätzen auf Fliesen. Harte Absätze, kalter Boden. Die Großmutter. Sie schien allein zu sein. Nach den Geräuschen zu schließen, bereitete sie das Frühstück vor.

Sie waren am Vortag angekommen, in einem Ford Zodiac, der unter der Last des Gepäcks nachzugeben drohte und dessen Rückbank voller Spielzeugautos war. Weil der Großmutter das Treppensteigen schwerfiel, war sie winkend am Fenster stehen geblieben, bis sie die letzte Tasche in den Hauseingang getragen hatten. Sie wohnte noch immer in der alten Wohnung im siebten Bezirk, in der seine Mutter aufgewachsen war. Als sie die Treppe hinaufstiegen, erklärte die Mutter, die Wohnung habe früher nicht nur eine Familie mit drei Kindern, sondern auch ein MODEATELIER FÜR FEINE DAMENBEKLEIDUNG beherbergt. Im dritten Stock konnte er neben der Türklingel noch den Abdruck sehen, den das Messingschild hinterlassen hatte. Als sie die Nachbarin begrüßt hatten, die am Küchentisch saß und ihm, noch bevor sie seine Eltern willkommen hieß, eine längliche, in Glanzpapier eingeschlagene Schachtel überreichte, zeigte die Großmutter ihnen, wo sie schlafen sollten. Die Wohnungseinrichtung hatte etwas Geheimnisvolles, so als wüsste sie etwas über ihn, dessen er sich selber noch nicht bewusst war. Wie sich herausstellte, enthielt die Schachtel dünne Schokoladenplättchen, die krümelten und nicht schmelzen wollten, als er sie wie dunkle Oblaten auf die Zunge legte. Er schluckte tapfer, aber ihm stiegen Tränen in die Augen. Großmutter reichte ihm ein Glas Milch. Die Schokolade hinterließ eine glitschige Spur, als er sie in den Ausguss spuckte.

Er beschloss, auf Entdeckungsreise zu gehen, sobald Frau Groddek sie verlassen hatte. Eine Viertelstunde später war es so weit. Die Polstergarnitur aus braunem Leder, der glänzende Flügel mit seinen kleinen, goldenen Füßen, eleganter als das Schuhwerk einer Konkubine, das knarrende Parkett, die wohlriechenden Kachelöfen und das Kranenwasser, das kälter war, als er sich Wasser jemals hätte vorstellen können – alles barg eine rätselhafte Bedeutung. Die Polstergarnitur neben den Hortensien und dem schlaffblättrigen Gummibaum verwandelte sich in ein handliches Afrika mit Festland und zwei Inseln, die er aus irgendeinem Grund »Mammabaskar« und »Kanarisinsel« taufte. Mit Hilfe einer Decke und eines Plumeaus vom Bett der Eltern wurde der Platz unter dem Flügel in eine Höhle verwandelt, möbliert mit Stühlen aus Nietzsches gesammelten Werken und einem Tisch aus Tagores Gedichten. Die Stein- und Muschelsammlung im Vorzimmer wurde zur perfekten Wildnis, denn hier flimmerte die erbarmungslose Sonne der nackten Glühbirne über einer prähistorischen Landschaft. Und in der Toilette im Flur war ein naturgetreuer Nordpol angesiedelt. Nicht einmal ein weißgekacheltes Iglu oder gurgelnde Geysire fehlten.

Doch der Entdeckungsreisende in Wollsocken und mit dem Gehstock einer älteren Dame in der Hand, der den verborgenen Mittelpunkt dieser Welt zu lokalisieren wünschte, erkannte bald, dass er woanders suchen musste. In dem Raum, der einmal das »Herrenzimmer« gewesen war und noch immer so genannt wurde, stand ein gebieterischer Schreibtisch mit Schubladen, in denen er immer neue Schätze entdeckte: Messingdosen, die fremde Münzen aus Zinn und schwarze Knöpfe mit Fäden enthielten, kaputte Füllfederhalter und Büroklammern in langen Ketten, steinharte Radiergummis und Bernsteinstücke, die sich ihren Glanz nur entlocken ließen, wenn er sie mit Spucke und einem Zipfel seines Pullovers polierte. Um die Streben an der Rückenlehne des Schreibtischstuhls verknotete er das Garnknäuel, dessen lose Enden kreuz und quer durch den Raum liefen und wahlweise um Tür- oder Fenstergriffe, um ein Bein des Flügels oder eins der Couchkissen gewickelt wurden. Daraufhin konnten ferne Kontinente dank gelber und oranger Telegrafendrähte Kontakt zueinander aufnehmen. Und hinter den Glastüren des Bücherschranks verlebte die Privatbibliothek des Großvaters ihre Tage in verschlossener Ruhe. Nur einigen der Zeichnungen, die er der Großmutter im Austausch gegen die Fehlersuchbilder zugeschickt hatte, die sie aus den Abendzeitungen ausschnitt, war die Ehre zuteil geworden, den Büchern Gesellschaft leisten zu dürfen. Leicht, fast sorglos ruhten sie auf den Leinenbänden mit ihren gefärbten Seiten und in Frakturschrift geprägten Buchrücken, die so ernst waren, wie nur deutsche Bücher es sein können.

Dennoch hätte kein minderjähriger Entdeckungsreisender das dunkle Herz des Daseins in diesem Zimmer gefunden, in dem sich immer noch das meiste abspielte. Erst als er sich ins innerste Gemach der Wohnung wagte, entdeckte er deren wahren Herrscher. Großmutters Schlafzimmer roch nach Anis und Mottenkugeln und alter Frau. Über einer Stuhllehne hing ein Paar lebloser, brauner Nylonstrümpfe, dünn wie die Flossen von Aquarienfischen, an der Wand lehnte eine Krücke. Früher hatte der Raum als Schneiderei gedient – und dort, in der dunkelsten Ecke, neben der Nähmaschine, die ihn an eine mechanische Spinne erinnerte und deshalb zugleich ängstigte und faszinierte, fand er sie: die Schneiderpuppe.

Ihr gepolsterter Oberkörper war in dunkelbraunes Leinen gekleidet und auf ein Holzgestell montiert, das man mit einem Fuß aus Metall verschraubt hatte. Arme, Beine und Kopf fehlten, aber die weichen Hüften, die grazilen Schultern und die eleganten Wölbungen in Brusthöhe verrieten, dass es sich nur um eine Frau handeln konnte. Zielte er mit dem Hut des Großvaters, den er auf einem Stapel Schuhkartons fand, möglichst genau, segelte dieser durch die Luft, über das Bett und in die dunkle Ecke – wo er gegen den gekappten Hals der Puppe prallte. Ehe er den Hut aufhob, konnte er es sich nicht verkneifen, die Handflächen gegen den Rumpf der Puppe zu pressen. Unter dem Stoff ertastete er unzählige Hohlräume. Er presste den Zeigefinger in eine der Aushöhlungen und dachte, dass sie wie ein Nabel war. Ja, hier hatte die Welt ihren Ursprung.

Nachts musste ihm der Sandmann die Augen zugekleistert haben. Sosehr er sich auch mühte, sie zu öffnen, es ging nicht. Nun lag er im Bett der Eltern und drückte behutsam mit den Fingern gegen die Verhärtungen. Er versuchte, mit einem Fingernagel ein wenig von der Kruste abzukratzen, doch das tat weh. Langsam geriet er in Panik. Wenn er nun nie mehr etwas würde sehen können! Immerhin waren es seine einzigen Augen! Als er die Hand ausstreckte und ins Leere tastete, beschloss er jedoch, nicht um Hilfe zu rufen. Es würde ihn doch keiner hören. Die Hand auf den leeren Platz der Mutter gelegt, wusste er, über Nacht hatten größere Umwälzungen stattgefunden.

»Heißi.« Plötzlich spürte er, dass sich seine Großmutter auf die Bettkante setzte. »Was ist mit dir?«

»Meine Augen. Ich bin blind geworden.«

»Hm.« Die Großmutter drückte ihre kühlen Fingerspitzen auf seine Lider. »Hm.« Die Fingerspitzen wanderten sanft, aber fest, zur Stirn hinauf. Schon spürte er ihre ganze Hand. »Hm«, wiederholte sie, als er wissen wollte, wo die Eltern waren. Dann verließ sie ohne ein weiteres Wort das Zimmer. Er hörte sie in der Küche Wasser laufen lassen, danach am Herd klappern. Als sie einige Minuten später zurückkehrte, erklärte sie: »Der Lahme führt den Blinden. Omis Hände werden Heißis Augen. Hier. Und hier.« Sie half ihm, die Füße in ein Paar übergroße Pantoffeln zu stecken. Als sie ihn in die Küche geführt hatte, rückte sie einen Stuhl zurecht, bat ihn, sich zu setzen und über den Tisch zu beugen, und legte ihm ein Handtuch über den Kopf. Brühheiße Dämpfe schlugen ihm ins Gesicht. Es roch nach Minze und etwas anderem, vielleicht Kamille.

Sachte begann die Großmutter, von der Schneiderpuppe zu erzählen. Als es im letzten Kriegsjahr immer häufiger zu Bombenangriffen gekommen war, hatte sie die Kinder und ihre Nähutensilien mit aufs Land genommen. In einem Dorf zwei Stunden außerhalb der Hauptstadt mietete man sich auf einem Bauernhof ein. Der Großvater, von seiner Krankheit gezeichnet, blieb in der Stadt und tat, was er konnte, um sie mit Geld zu versorgen. »Die Puppe stand da, wo wir zur Untermiete wohnten, am Fenster. Am 20. April ließ ich die Kinder zum ersten Mal allein. Frau Groddek, der du ja begegnet bist, hatte uns besucht und ihre Strickjacke vergessen. Ich nahm den Zug in die nächste Ortschaft, da ich wusste, dass sie dort auf den Anschluss in die Stadt warten musste. Knut bekam den Auftrag, auf die Mädchen aufzupassen.« Während die Großmutter fort war, trafen deutsche Truppen auf dem Rückzug von der Front ein. Die Ortsgruppenleitung hatte auf dem Sportplatz Bänke aufgestellt und Fahnen gehisst. Zum Abend hin wollte man den Geburtstag des Führers feiern. Die Kinder hatten diskutiert, ob sie hingehen sollten. Knut wollte, aber seine Mutter hatte gesagt, sie dürften nicht. Schließlich einigte man sich darauf, zum Sportplatz zu gehen, der Mutter jedoch nichts davon zu sagen. Kaum waren die Kinder mit leeren Tassen in den Händen angekommen (es sollte heiße Schokolade und Kasperletheater geben), als über den Baumwipfeln auch schon ein Grollen ertönte. Unmittelbar darauf tauchten die ersten russischen Flugzeuge auf. In größter Hast wurden die Festlichkeiten abgebrochen. Frauen und Kinder erhielten Order, sich im Wald zu verstecken, die Soldaten gingen in Gefechtsstellung. Die Hölle brach los.

Stundenlang irrte seine Mutter mit Edith an der einen Hand und einer Tasse in der anderen umher. Wohin Knut verschwunden war, wussten sie nicht. Schließlich entdeckten sie etwas Rotes zwischen den Bäumen, das sich als eine Frau aus dem Dorf herausstellte, die sich unter einer umgestürzten Fichte verbarg. Sie kümmerte sich um die beiden Mädchen. Erst als es schon Nacht war, wagten sie die Rückkehr ins Dorf. Dort stand alles in Flammen. Als seine Mutter und Edith heimgefunden hatten, zeigte sich, dass ihr Haus als Einziges in der Nachbarschaft glimpflich davongekommen war. In ihrem Zimmer im zweiten Stock fanden sie den Bruder zusammengekauert in einer Ecke, weinend, als wollte er nie wieder aufhören. Überall lagen Scherben und Mörtel. Die Möbel waren umgekippt und beschädigt. In der Küche klaffte ein großes Loch in der Wand, durch das sie die Hühner auf dem Hof umherirren sahen.

»All unsere Habseligkeiten waren zerstört. Nur die Puppe blieb heil. Während des Bombenangriffs hatte sie am Fenster gestanden. Erst als wir am nächsten Morgen aufgeräumt haben, hat Lily die Einschusslöcher entdeckt.«

Mit laufender Nase erkundigte er sich, was »Habseligkeiten« waren. Die Großmutter goss noch etwas heißes Wasser nach und erklärte, das seien selige Dinge – wie die Puppe im Schlafzimmer. Sie erinnerten einen daran, was verlorengegangen war.

»Du hast doch das alles hier«, protestierte er und zeigte schniefend in verschiedene Richtungen über seinem verhüllten Kopf.

»Aber nichts, was mich daran erinnert, wie ich meine Zuversicht verlor.«

Je länger die Großmutter sprach, desto mehr lösten die Dämpfe den Kleister des Schlafs auf. Bald konnte er wieder sehen. Nachdem er das Handtuch heruntergezogen hatte, lief er ins Schlafzimmer. Das Kondenswasser rann seine Wangen herab. Einen Augenblick blieb er auf der Türschwelle stehen, zögernd, unsicher, obwohl er längst wusste, was er tun würde. Dann ging er zu der Schneiderpuppe und umarmte sie. Nach dem Dampfbad musste er nicht mehr die Zähne zusammenbeißen.

Kanakenkünste

Ombudsmänner

Die ersten Puppen sind Schutzgeister von einem unbekannten Kontinent, Wesen aus einer Zeit, einem Ort vor der Schöpfung. Mit ihnen führt das Kind alleine Mythen auf. Noch ahnt es nicht, dass die Puppen eines Tages fortgeworfen oder auf einem Kellerregal Staub ansetzen werden, die Köpfe in jener unnatürlichen Weise zur Seite geneigt, wie sie nur Toten eigen ist.

Haben die Puppen Glück, werden sie wie Relikte behandelt, wenn sie viele Jahre später in einem Umzugskarton gefunden werden. Dann verwandeln sie sich von abgewetzten Kleinoden in geliebte Geschenke, die das Kind, inzwischen selber Vater oder Mutter, seinen Nachkommen in der Hoffnung schenkt, das ignorante Glück, das einst die Quelle im eigenen Drama war, möge zu neuem Leben erwachen. Einen solchen Verjüngungsprozess übersteht allerdings keine Puppe ohne Opfer. Ein Arm muss abgerissen werden, die Schnauze ihre angenähte Plastikperle verlieren oder die Bauchnaht aufreißen, worauf aus dem Inneren die blonden Eingeweide der Holzwolle zur Erinnerung an die Wunden der Vergangenheit quellen. Im Gegenzug darf die Puppe an den unbekümmerten Spielen einer jüngeren Generation teilnehmen, wenn auch nur als invalidisiertes Gespenst, das ohne Auftrag oder Botschaft eine neue Welt heimsucht. Haben die Puppen dagegen Pech, werden sie zu Reliquien. Dann wird man sie heiligsprechen. Jedes Glied, Haar und Glasauge ist nun so unantastbar wie die vergilbten Knochen oder rußigen Stoffreste in den Reliquiaren der Kirchen, da die Figuren als Kuriere aus einem verlorenen Paradies betrachtet werden. Unergründlich verweisen sie auf eine einfachere Zeit vor den Zugeständnissen und dem ärgerlichen Scharfblick des Erwachsenendaseins. So werden sie zu Geiseln der Vergangenheit, platziert zwischen einem gerahmten Hochzeitsfoto und ein paar Familienkleinoden – meistens im Schlafzimmer und immer zum Ärger der besseren Hälfte.

In seinem ersten Lebensjahr bastelte der Vater aus Teilen, die übrigblieben, als man den Webstuhl der Mutter montierte, zwei Figuren. Die Puppen gingen nur zwei Jahre später, bei der nächsten Station auf der endlosen Umzugsroute durch das neue Land, verloren. Dennoch sind sie ihm als zwei Portalfiguren in Erinnerung geblieben, die außer Reichweite seiner rundlichen Finger hingen. Das weiße Stück Wand zwischen ihnen bildete die Pforte zu einer ungeschriebenen Geschichte. Die Holzpuppen waren einfach, hatten Arme, Beine und Kopf. Die einzigen Körperteile, mit denen die Evolution sie noch nicht versehen hatte, fand der Vater in der Spielzeugkiste: Zwei farbige Klötze kamen als Geschlechtsteile zum Einsatz. An der einen Figur ragte rot, rasend und rund ein stumpfer Klotz vor, an der anderen wurde ein gelber mit einem entsprechenden Loch befestigt. Kurz nachdem er laufen gelernt hatte, gelang es ihm, auf einen Stuhl zu klettern und die begehrenswerten Glücksbringer herabzunehmen. Fortan stand es ihm frei, seine eigene Geschichte zu erschaffen und sich selber wiederzugebären.

Götzendämmerung

Bei einem ihrer Besuche erzählte die Großmutter, bevor sie in Tag und Nacht aufgeteilt, zu Zeit und Raum wurde, sei die Welt ein brennender Feuerball gewesen. Schon als Kind versuchte er diese Materie in der Hoffnung heraufzubeschwören, dem Anbeginn nahe zu kommen. Er war jedoch nur ein mäßig erfolgreicher Prometheus. Wenn er sich die Augen fest genug rieb, breitete sich hinter seinen Lidern ein Himmel voller funkelnder Sterne aus. Wenn er zum Ausgleich intensiv an etwas Trauriges dachte (etwa, dass die ganze Familie verunglückt war und nur er selber überlebt hatte), traten ihm Tränen in die Augen und verdunkelten den Himmel mit weichestem Wasser. Gleichwohl vermochten weder Sterne noch Wolkenbrüche den eigentümlichen Ursprung wiederzuerschaffen. Dies gelang ihm nur mit Hilfe eines Werkzeugs, das er eines Abends entdeckte, als er ins Bett gehen sollte. Zufällig setzte er sich neben seine Nachttischlampe und schloss instinktiv die Augen. Daraufhin geschah etwas Magisches. Plötzlich schimmerte, lau und verwegen, eine künstliche Sonne durch die Lider. Bald erhitzten sich seine Wangen, und er musste das Gesicht abwenden. Dennoch hatte er genug gesehen, um zu begreifen, dass die Augen brannten wie Feuer. Endlich war er Solaris geworden, ein unbekannter Titan, der die Welt mit seinem bloßen Blick in Brand setzen konnte.

Kriegsschauplatz

Vom ungeduldigen Körper des Kindes kommen ihm nicht zuerst die Mückenstiche in den Sinn, nicht die Wolken des Kalkmangels, die mit solch quälender Sanftmut die blanken Himmel der Nägel hinaufschwebten, nicht der Wundschorf auf Knien und Ellbogen, der stets einen Tag zu früh abgekratzt wurde, oder der absurd runde, absurd tiefe Nabel, den seiner Behauptung nach der Vater gebunden hatte, obwohl sein Bruder – der das Glück hatte, vom Vater entbunden worden zu sein – wusste, dass er auf das Konto eines Kollegen ging. Woran er sich sofort erinnert, ist der Mund.

Er benutzte ihn für das meiste: um Verpackungen zu öffnen, Pulloverärmel und Spielsachen zu zerkauen, Gegenstände anzuheben, die keinen Platz in den bereits besetzten Händen fanden. Die Milchzähne waren seine Landsknechte, eine Truppe gelber und scharfer, dünn gesäter und äußerst widerstandsfähiger Kameraden. Als sie einige Jahre später fielen, wurden sie von zwei ungleichmäßigen Zahnreihen ersetzt, flankiert von spitzen Eckzähnen, eher die eines Tiers als eines Menschen und sehr nützlich. Angesichts solcher Voraussetzungen wundert es nicht, dass der Mund schnell zum Kriegsschauplatz wurde. So oft es nur ging, biss oder kniff er – als müsste der Welt eine Reaktion entlockt werden, damit er an sie glaubte. Aus Anlass seines zweiten Geburtstags schrieb die Mutter, die sich noch Hoffnungen machte, dass sich die Dinge zum Positiven wenden würden, der Großmutter: »Habe ich Dir schon erzählt, dass sein Kneifen und Beißen fast aufgehört hat? Wahrscheinlich hört es bald ganz auf.« Da ahnte sie noch nicht, dass er nur eine Pause eingelegt hatte, um die letzten Zähne wachsen zu lassen. Denn in jenem Sommer, in dem sein Gebiss vollständig war, wurde das erste einer ganzen Reihe von Kindermädchen eingestellt. Wie die meisten ihrer Nachfolgerinnen war E. eine junge Griechin, die erst kürzlich in dem neuen Land eingetroffen war. Ähnlich wie später benötigte er nur wenige Tage, um den Eindringling mit den behaarten Unterarmen und dem eigenartigen Tonfall zu vertreiben. Wenn sie von einem gemeinsamen Ausflug heimkehrten, hatte sie immer Tränen in den Augen. Er hatte sich die ganze Zeit gesträubt, gespuckt und mit Stöcken nach ihr geschlagen. Beim abendlichen Bad sorgte er dafür, dass der Versuch des Kindermädchens, sich mit Hilfe eines Waschlappens zu versöhnen, mit Bissen und Kniffen gekontert wurde. Wenn er dann endlich eingeschlafen war, fand die Mutter E. gewöhnlich am Küchentisch. Schluchzend streckte sie mit anklagender Gebärde die Arme aus. Am Farbton der blauen Flecke erkannte man, an welchem Tag der Woche der Angriff erfolgt war.

Doch der Mund war nicht nur eine Waffe in seinem unermüdlichen Kampf gegen Eindringlinge, die nicht zur Familie gehörten. Er wurde auch benutzt, um ein Erbe auszuschließen, das ihn nie in Frieden ließ. Ähnlich wie andere Kinder weigerte er sich oft zu essen, was auf den Tisch kam. Schon früh erkannte er, dass mit dem Essen daheim etwas nicht stimmte. Selten wurden bei ihm die gleichen Gerichte gekocht wie bei seinen Spielkameraden. Mit Ausnahme von *lalangides* schmeckte griechisches Essen grundsätzlich nicht. All diese Mahlzeiten mit unterschiedlich zubereiteten Tomaten beleidigten ihn – als gehörten die gewürzten Saucen, das reisgefüllte Gemüse und die öligen Schnitze im Salat dem gleichen Blutkreislauf an wie der Vater: entlegen und fremd, irgendwie viel zu empfindsam. Mit österreichischen Gerichten tat er sich nicht ganz so schwer, obwohl er bloß dann etwas herunterbekam, wenn es sich um Schnitzel mit Apfelkompott oder gepuderte Pfannkuchen mit Großmutters Marillenmarmelade handelte. Er konnte endlos im Essen herumstochern, nur um sich anschließend darüber zu beschweren, dass es kalt geworden war, und es nicht aufzuessen. Er bevorzugte, wie er sagte, »richtiges« Essen: Blutpudding mit Preiselbeermarmelade, Wurst und Kartoffelpüree, Makkaroni oder Fischstäbchen...

Als er vier war, entdeckte man, dass er in sämtlichen Zähnen Löcher hatte. Aus panischer Angst vor dem Zahnarzt weigerte er sich, sie plombieren zu lassen. Zwar würden sie bald ausfallen, aber die Löcher taten so weh, dass man es dennoch der Mühe wert fand, sie zu schließen. Das Problem war nur, ihn so weit zu bringen, den Mund zu öffnen. Zuletzt gelang es seiner Mutter, ihn zu überreden, sie zur Klinik in der nächstgelegenen Stadt zu begleiten. Als sie dort ankamen, erkannte er, dass sie Vorbereitungen getroffen hatte. In der Klinik erwarteten ihn ein Zahnchirurg und vier Gehilfen. Er wehrte sich tapfer, doch am Ende wurde der Widerstand übermächtig: Die Gedanken entglitten, die Glieder wurden taub, der Kopf füllte sich mit Baumwolle so schwer wie Blei. Noch heute erinnert er sich, wie selbstverständlich er die Gegenwart der Mutter empfand, als er aus der Narkose erwachte, obwohl sie gemeinsame Sache mit dem Feind gemacht hatte. Zum Trost durfte er auf dem Heimweg im Auto zum ersten Mal vorn sitzen. Während er das Handschuhfach untersuchte, strich er mit pelziger Zunge über die Zähne und musste erkennen, teuer dafür bezahlt zu haben, dass er fremde Mächte in seinen Mund gelassen hatte. Aber seine Zähne schmerzten noch, weshalb er sich dafür entschied, seinen ersten Waffenstillstand zu schließen.

Die dritte Aufgabe des Mundes war das Sprechen. Doch in welcher Sprache? Lange Zeit unterhielt er sich mit seinen Eltern nur auf Deutsch, unter der Zunge des Vaters verbarg sich das Griechische, und außerhalb der Familie wurde im breitesten Dialekt parliert. Wie die meisten Kinder vergleichbarer Herkunft erkannte er, dass nichts, was gesagt wurde, natürlich war. Ein Gegenstand hieß abhängig davon, in welcher Sprache er benutzt wurde, anders, Tonfall und Wortwahl wechselten je nachdem, an wen man sich wandte. Schwedische Verwandtschaftsgrade wie *morbror* und *moster*, *farbror* und *faster* bildeten Rollen, die so abstrakt waren wie »Ulla« oder »Britta«, »Gert-Inge« oder »Göran«, während *Onkel* und *Tante*, *theios* und *theia* Wesen aus Fleisch und Blut darstellten. Wenn er sich in die Badewanne setzte, war er immer *nackabatsi*, wenn er einen fahren ließ, *pritsade* er, und nur wenn jemand *Ela!* rief, zog er in Erwägung zu kommen. Verschiedene Sprachen beschrieben nicht nur ein und dieselbe Person, sondern teilten zudem Gefühle und Ansichten in das auf, was zur Familie gehörte, und das, was auch Außenstehende anging. Letzten Endes bekräftigten sie, wo er zu Hause war.

Hieß das, er hatte als Kind drei verschiedene Identitäten? Obwohl der Mund nie neutrales Territorium werden sollte, dauerte es viele Jahre, bis ihm überhaupt bewusst wurde, dass man diese Frage stellen konnte.

Wappenzeichen

In den Teppich, der in seinem Zimmer vor dem Bett lag, waren zwei Initialen eingestickt: A Φ. Einst waren es die seines Großvaters gewesen; nach Art des fahrenden Volks bildeten sie seit geraumer Zeit seine eigenen. Die Buchstaben waren alles, was er sehen musste, wenn er mit dem Kinn zur Bettkante gewandt lag, um zu wissen, dass er einem Nomadenvolk entstammte. Erinnerte der eine nicht an ein Zelt, während der andere aussah wie ein Indianer mit den Händen in den Taschen? Zwar war der linke Buchstabe der Ausgangspunkt von allem, der Anfang, der das Tor zu einer womöglich reicheren, verwirrenderen Welt öffnete. Aber eigentlich interessierte ihn der rechte mehr. Seiner Form nach erinnerte ihn das Zeichen an einen auf einen Souvlakistab gespießten Globus. Wer wollte, konnte es als zwei Zeichen in einem betrachten, sowohl I als auch O, was die Ombudsmänner in Erinnerung rief, mit denen er einige Jahre zuvor gespielt hatte. Ganz gleich, wie er sich aufs Bett legte, mit dem Kopf nach oben oder unten, der Buchstabe sah immer unverändert aus: zugleich einfach und doppelt, zerbrechlich und unerschütterlich. Das entschied die Sache: Es handelte sich um eine Amphore.

Vielleicht war es nicht weiter verwunderlich, dass er ihn zu seinem Wappenzeichen ernannte. Er zeichnete es auf beschlagenes Glas, in den Sand am Strand und manchmal mit einem Kugelschreiber auf den Unterarm. Der Kreis stand für Vollendung, der Strich für Endlichkeit. Wenn er sich an die Brust schlug, wusste er, wo der Buchstabe in Wahrheit zu Hause war: drei Zentimeter unter der Haut. Dort pumpten zwei Kammern kostbare Flüssigkeit durch die Spitzen oben und unten – hinein und hinaus, in einem ewigen Kreislauf, der gleichwohl eines Tages enden würde. Der flüssige Stoff trennte und vereinte ihn mit den übrigen Familienmitgliedern, und jedes Mal, wenn er sich schlug oder schnitt, begriff er, genau das war der Körper: ein Behälter. Die Bestätigung erhielt er etwa ein Jahr nachdem er auch auf Griechisch lesen gelernt hatte. Damals machte die Mutter ein Foto auf der Veranda ihres Hauses. Vor ihr posierten ihre »drei Kerle«, wie sie noch ein paar Monate sagen würde, bis die Familie Zuwachs bekam. Bekleidet mit Seemannsrock und Schiffermütze, weißem T-Shirt, einer brandneuen, umgeschlagenen Jeans und den einzigen Turnschuhen, die er jemals besessen hatte, so weiß wie Schnee, stand der Vater in der Mitte wie eine Kreuzung aus Reeder und Hafenganove. Er reckte dem Betrachter eine Faust entgegen, verbarg die andere an der Seite und gab sein Bestes, um die Rolle ernst zu nehmen. Rechts und links flankierten ihn die Söhne. Beide waren mit Jeans und dunkelblauen Rollkragenpullovern bekleidet. Auf dem Kopf trugen sie Matrosenmützen, die eher an Kuchenformen aus Stoff erinnerten. Durch das Panoramafenster erblickte die Mutter – und später der Betrachter des Fotos – den See, graublau und frühlingshaft, ehe er in Höhe der mittleren Fensterquersprosse in einen milchweißen Himmel überging. Dies waren die Beschützer des Paradieses.

Als der Film entwickelt worden war und sie das Porträt betrachteten, lachten alle, auch er selbst. Der Bruder hatte die gleiche Stellung eingenommen wie sein Vater, die rechte Faust und den rechten Fuß erhoben, und eine Miene anzulegen versucht, die keinerlei Einwände duldete. Gemeinsam schienen sie die Lage unter Kontrolle zu haben. Er selber hatte die Mütze auf Matrosenart angewinkelt und sich sogar ein Lächeln gestattet. Seine Füße

steckten in Mokassins – Zeichen dafür, dass er Indianer war und eigentlich festen Boden bevorzugte. Wegen des Verandatischs hatte die Mutter ihre drei Männer nicht frontal ablichten können, weshalb sie nun leicht angewinkelt zum Universum standen.

Trotz dieser Dokumentation eines der ersten Frühlingstage des Jahres 1966 wusste er, die Aufnahme sagte nicht die Wahrheit. Wenn es in der Familie jemanden gab, der gewohnt war, die Fäuste zu ballen, dann war dies weder der Bruder noch der Vater. Empfand er deshalb solches Glück, als er das Bild betrachtete? Hatte er für einen kurzen Moment die Wirklichkeit überlistet? Er vermochte es nicht zu sagen. Unschwer erkennen ließ sich jedoch, dass die drohende Erscheinung des Vaters eine Pose war und der Bruder nur sein Bestes gab, um dem Beispiel des Vaters zu folgen. Oder dass er selbst, verbindlich dem Kameraauge zugewandt und mit den Händen in den Taschen, am ehesten an ein Φ erinnerte.

Unabhängigkeitserklärung

An einem Herbsttag wollte die Mutter mit ihm zusammen den Vater von der Arbeit abholen. Seit seine Zähne plombiert waren, umwehte diese Fahrten ein Hauch von Abenteuer. Er durfte vorn sitzen und für eine Viertelstunde in die Rolle eines Erwachsenen schlüpfen. Wenn sie in die Stadt kamen, half er beim Einkaufen, bis es Zeit wurde, das Krankenhaus aufzusuchen, wo der Vater sie vor der Ambulanz erwartete. Diesmal wollte die Mutter jedoch, dass er den weißen Parka anzog, den er vor seinem ersten Schultag bekommen hatte. Verärgert weigerte er sich zu gehorchen. Begriff sie denn nicht, dass er sich jetzt, da er erwachsen genug war, um vorn zu sitzen, keinesfalls beugen konnte? Als die Mutter erkannte, dass er nicht nachgeben würde, tat sie das einzig Richtige und bat ihn, daheimzubleiben. Minutenlang saß er still, aber wutentbrannt am Küchentisch. Hatte er nun gesiegt oder nicht? Einerseits hatte er bekommen, was er gewollt hatte, andererseits hatte er gar nichts gewonnen. Als er begriff, dass er den Kürzeren gezogen hatte, fühlte er sich gedemütigt. Kaum war das Auto jenseits der Eisenbahnlinie verschwunden, stand sein Entschluss auch schon fest. Es war Zeit, diese Welt zugunsten einer besseren zu verlassen.

Im Kleiderschrank fand er seinen Pulli, am Kücheneingang Schal und Stiefel. Aus irgendeiner Ecke kramte er einen Rucksack hervor, den er mit Brot, Saft und einer Rolle Toilettenpapier füllte. Dann schrieb er eine Nachricht, seine erste an die Welt – »An Mamma. Ich bin weggelaufen« –, und brach auf. Er hatte keine Zeit gehabt, die Flucht zu planen, entschied sich jedoch instinktiv für die Bahnlinie, die aus dem Dorf hinausführte. Auf die Art riskierte er nicht, Freunden oder Bekannten zu begegnen.

Die Route ermöglichte ihm zudem, sich von seinen Zufluchtsorten im Dorf zu verabschieden. Entschlossenen Schritts ging er am Schrottplatz, der Garage hinter dem Lebensmittelgeschäft und dem verwilderten Garten des Elektrikers vorbei. Bei dem Gedanken, diese Orte nie mehr wiederzusehen, wurde ihm ganz mulmig zumute, aber mit jeder Station auf seinem Auszug spürte er den Trotz größer werden. Wenn die Welt nur wüsste, zu welchen Opfern er bereit war, um sich seinen Stolz zu bewahren. Er lebte wie kein anderer das Motto der Familie: »Mut«. Als er am Haus der Familie L. vorbeikam und B. bei den Schaukeln entdeckte, erkannte er, wie hoch der Preis war: Auch seinen besten Freund würde er nie wiedersehen.

Kaum hatte er das Ortsschild an der Einfahrt zum Dorf erreicht, als er nicht mehr weiterwusste. Es war eine Sache zu verschwinden, eine andere zu wissen, wohin man seine Schritte lenken sollte. Plötzlich breitete sich eine unbekannte Welt vor ihm aus, viel größer als die bislang vertraute. Das Einzige, worauf er sich verlassen konnte, das Einzige, was er besaß, befand sich in seinem Rucksack und der Gesäßtasche. (Rasch vergewisserte er sich, dass die Münzen, die er aus dem Sparschwein geklaubt hatte, noch da waren.) Trotz der Freude, sich selber genug zu sein, verwirrte ihn die neugewonnene Freiheit. Langsam ging ihm auf, das Leben stellte Anforderungen, mit denen er nicht gerechnet hatte. Sogar so selbstverständliche Dinge wie Schlafplatz und Waschgelegenheit würden Schwierigkeiten bereiten. Ohne Familie gab es keine verantwortungslosen Augenblicke mehr.

Nachdem er einen lehmigen Acker überquert hatte, versteckte er sich an einem Waldsaum, nur einen Katzensprung von der Landstraße entfernt. Während er etwas Saft trank und von dem Brot aß, überdachte er die Alternativen. Entweder fuhr er per Anhalter in die Stadt und nahm den Zug nach Wien. Oder er wartete auf den Überlandbus und suchte einen seiner Klassenkameraden im Nachbardorf auf. Allerdings wusste er nicht, wo sie wohnten, und wenn er es recht bedachte, bezweifelte er, dass 3,25 Kronen für die ganze Strecke nach Österreich reichen würden. War es da nicht unter Umständen klüger, einen Bogen um das Dorf zu schlagen und heimlich bei B. anzuklopfen? Der Spielkamerad würde ihn zumindest so lange verstecken können, bis er sich über den nächsten Schritt klar geworden war. Da entdeckte er auf einmal den olivgrünen Zodiac der Familie auf der Landstraße. Umstandslos verwarf er sämtliche Möglichkeiten. Bei dem Gedanken, Zeuge der Verzweiflung seiner Eltern zu werden, fiel ihm die Entscheidung nicht weiter schwer: Er würde sich heimschleichen und die Folgen seiner eigenen Abwesenheit ausspionieren. Doch erst musste er sicher sein, dass die Eltern seine Nachricht auf dem Küchentisch gefunden hatten. Sorgsam packte er den Rucksack um, zählte erneut sein Vermögen in der Gesäßtasche und nutzte die Gelegenheit, den dritten Gebrauchsartikel, den er dabeihatte, zu benutzen. Dann wurde seine Ungeduld jedoch zu groß, und er brach auf – zurück zu jenem Zuhause, das keines mehr war.

Um nicht entdeckt zu werden, nahm er den oberen Weg ins Dorf. Als er zu dem Acker mit Aussicht auf den Fußballplatz und ihrem unterhalb davon gelegenen Haus kam, ging er hinter einem Heuballen in Deckung. Es verging etwas Zeit, und die Dämmerung setzte ein, aber schließlich entdeckte er die Eltern im Garten. Die Gewissheit, der Grund ihrer Sorge zu sein, erfüllte ihn mit trotzigem Stolz. Vom Opfer wurde er zum Richter. Ohne es zu merken, fing er an, sich seine Rückkehr vorzustellen. Als

B. ihn eine Stunde später fand, fiel es nicht weiter schwer, sich zur Rückkehr überreden zu lassen. Die Versicherung des Freunds, die Mutter habe eine Himbeertorte gebacken, entschied die Sache.

Als sie zu Hause eintrafen, wollte er den Beweis für seinen Triumph sehen. Aber es gab keine Torte. Stattdessen wurde er unverzüglich ins Badezimmer geschickt, wo man ein heißes Bad einließ. Es dauerte ein paar Minuten, dann löste sich seine Enttäuschung über die ausgebliebene Trophäe im weichen Schaum auf. Er wurde trotz allem wie ein verlorener Sohn behandelt. Als er aus dem Bad stieg, konnte ihn niemand tadeln, wenn er sich als ein neuer Mensch sah.

Ein fliegender Teppich

Jeden Sommer kam die Großmutter zu Besuch. In der Regel blieb sie einen Monat. Das Einzige, was mit ihren Pfannkuchen konkurrieren konnte, waren die Märchen. Eines Nachmittags kehrte er heim, nachdem er bei B. gespielt hatte. Es zeigte sich, dass die Familie weggefahren war, nur die Großmutter war noch da. Nachdem er seinen Ärger hinuntergeschluckt hatte, erkannte er, dies war die beste aller Welten. Guten Gewissens bat er sie nun um »Palatschinken mit Märchen«. Während sie das Essen vorbereitete, begann es zu regnen. Als sie fertig war, setzten sie sich an den Esszimmertisch, öffneten die Tür zur Veranda und lauschten den Tropfen, die auf die Zementplatten schlugen. Sand und Laub flossen in Rinnsalen davon. Während er sich den Mund vollstopfte, erzählte die Großmutter ein Märchen über einen Regen, der zu einem Wolkenbruch, der zu einem Fluss, der zu einem Meer wurde, das schon bald Kontinente bedeckte. Auf der Tischdecke, die sich in einen fliegenden Teppich verwandelte, gelang es ihnen, sich in Sicherheit zu bringen. Die Geschichte beschwor im gleichen Takt etwas herauf, wie sie etwas anderes verschwinden ließ, und er war wie verzaubert. Für die Großmutter schien es ganz selbstverständlich zu sein, dass die Fantasie das Erfundene mit dem Wirklichen verweben konnte. Auf ihrem dünnen Schiff sitzend, konnte man überallhin fliegen. Das Paradies war passé.

Gesangslektion

An einem Februartag feierten sie seinen zehnten Geburtstag. Der weiße Parka war längst fortgehängt, die Kränkungen jedoch keineswegs vergessen. In der Schule hatte er sich etwas von der Klasse wünschen dürfen. Als nun der Augenblick gekommen war, daheim die Kerzen auszupusten, wünschte er sich das Gleiche von seinen Eltern: Konnten Sie, bitte schön, die schwedische Nationalhymne singen? Er selbst mochte sie, aber es stellte sich heraus, dass weder Mutter noch Vater Text oder Melodie beherrschten. Schließlich brauchen zwei erwachsene Menschen, die aus Österreich und Griechenland eingewandert sind, nicht die Nationalhymne zu lernen, um zu den Schweden zu zählen.

Lange fragte er sich, ob er sich als Zehnjähriger für seine Herkunft schämte und die Eltern hatte zwingen wollen, Farbe zu bekennen. War dies womöglich das erste Anzeichen für jene Querköpfigkeit, die er später seine »Kanakenkünste« nennen sollte? Einige Jahre hegte er sogar den Verdacht, dass es sich um den Versuch einer Demütigung handelte. Vielleicht begriff er ja intuitiv, dass die Eltern nicht in der Lage sein würden, ihm seinen Wunsch zu erfüllen. Wollte er ihnen zeigen, dass er schwedischer war als sie, und ihnen so ein wenig von den Kränkungen heimzahlen? Er weiß es nicht. Heute findet er diese Art von Erklärung allzu barbarisch. Mit Bestimmtheit kann er nur sagen: Die Nationalhymne mag er immer noch.

Feldstudien in Anatomie

Canini

Die vorderen Eckzähne waren die eines Raubtiers. Ursprünglich war ihr Schauplatz ein feuchter Hohlraum von wenigen Kubikzentimetern. Zu der Zeit war dort nur eine fleischige Wölbung, die wie der Drache im Märchen über unaussprechlichen Schätzen brütete, verschanzt hinter einem Bollwerk aus milchfarbenem Zahnbein. Wollte das Tier amüsieren oder täuschen, wischte es mit der Zungenspitze über die Balustrade; empfand es Angst oder Wut, entzog es sich mit zitternder Spitze. Nach fünf, sechs Jahren fielen die ersten Wachposten und wurden von einer zweiten Generation ersetzt. Der Wachwechsel hatte etwas Demütigendes – schließlich war ihm klar, dass die ursprünglichen Soldaten nicht im Kampf gefallen waren. Für kürzere Zeit verwandelte sich die Höhle nun in eine weiche, schutzlose Grotte, unsicher über ihre wahre Funktion. Dann schoss die neue Garde hoch.

Noch waren die Reihen spärlich besetzt, aber an auffälliger Position erhoben sich vier Eckpfeiler mit Knospen ganz vorn. Ihre Gestalt erinnerte an die Pfahlreihen, die er im Sommer anzulegen pflegte: Am Seeufer sitzend, errichtete er Schlösser, die er mit Schanzen versah, indem er aus seiner geballten Faust nassen Sand tröpfeln ließ. Man musste nicht viel Fantasie haben, um zu erkennen, dass die neuen Formationen gleichen stalagmitischen Ursprungs waren. Als er erfuhr, dass man sie »Canini« nannte, erkannte er, was Kaninchen im Mund hatten –

und warum sie alles in rasender Geschwindigkeit in sich hineinmümmeln konnten. Seine eigenen Eckzähne waren so spitz, dass er mit ihnen ohne weiteres Gegenstände tragen oder Feinde verletzen konnte. Bisweilen rissen sie die Innenseite der Mundhöhle auf, ein deutlicher Beweis dafür, dass sie ihre Natur nicht verleugneten, nur weil er ausnahmsweise keinen Kampf mit seiner Umgebung ausfocht. Vor dem Badezimmerspiegel gähnend, konnte er sie drei Schritte von der Mitte jeder Kieferhälfte sehen, Heroen aus einer früheren Ära der Evolution, Göttern wie Tieren näherstehend als ihren Nachbarn. In einem Fall, oben links, fehlte der Beißer, der Eck- von Schneidezahn trennte, wodurch die Verteidigungslinie weniger kompakt wirkte als erwünscht, ja, die Zähne einen kindlichen Zug bekamen. Als Krieger wusste er jedoch, dass die Canini Wurzelfäden hatten, die in den Gaumenhimmel hinauf- und in die Unterwelt des Kinns hinabliefen. Mit solchen Ahnen würden sie so schnell nicht nachgeben. Halb himmlisch, halb chthonisch, bildeten sie fortan die Leibgarde der Zunge.

Gottes Fingerspitzen

Jedes Mal wurde er von zwei Einbuchtungen auf den Wangen entlarvt, symmetrisch ein paar Zentimeter unter den Augen und im gleichen Abstand von der jeweiligen Seite des Nasenrückens entfernt liegend. Da diese Grübchen nur in Verbindung mit Freude oder Traurigkeit, Mühsal oder Wut sichtbar wurden, fühlte er sich von ihnen immer verraten. Erneut hatte Gott die Fingerspitzen gegen seine Wangen gepresst – zur Ermahnung.

Wolken

Die Nägel waren, wenig überraschend, zehn an der Zahl und meistens schmutzig und weder breit noch schmal, dünn noch dick. Das einzig Auffällige an ihnen waren die Kalkschleier, die wie träge Wolken an einem matten Himmel von unten nach oben stiegen. Sosehr er sich auch mühte, es wollte ihm nicht gelingen, eine dieser Formationen von dem Moment an zu verfolgen, in dem sie sich aus dem anderen Nagel löste, der sich tief unten wie ein inwendiger Schatten verbarg, und zum unheilverkündenden Horizont hinaufglitt, der früher oder später stets von seiner Mutter verschönert wurde. Waren die Nägel zu lang geworden, nahm sie seine Hand in ihre, klemmte den Arm unter dem Ellbogen ein und schnitt mit ruhigen und systematischen, halbmondförmigen Bewegungen, während er lauthals protestierte. Insgeheim genoss er die Behandlung jedoch, weil er sich nachher wie neu fühlte. Hatte seine Mutter nicht gesagt, Haare und Nägel seien eigentlich tote Materie? Alle zwei Wochen wurde er plötzlich mit zehn jungfräulichen Fingern ausgestattet, bereit, die Welt zu berühren wie beim ersten Mal.

Eines Tages beschloss er, den Wolken auf den Grund zu gehen. Offenbar ließ sich dieser langsame Prozess nicht mit bloßem Auge verfolgen. Er suchte ein Lineal heraus, nahm einen Bleistift und vermaß sorgfältig den Abstand zwischen Nagelbett und Nagelkante an jedem Finger der rechten Hand. Alle zwei Millimeter zeichnete er eine Markierung an den Rand und wusch sich in den ersten Tagen nicht. Abends besserte er die Bleistiftmarkierungen in der Gewissheit nach, endlich den Beweis dafür zu erhalten, dass der Körper auch an Stellen lebte, an denen er im Grunde tot war. Am ersten und zweiten Tag konnte er nichts sehen, am dritten meinte er eine kaum sichtbare Veränderung wahrzunehmen. Am vierten Tag hatte er das Ziel seiner Untersuchung schon wieder vergessen und erinnerte sich erst Tage später wieder daran, als die Mutter seinen Arm unter den Ellbogen klemmte. Da war es jedoch zu spät. Der Wolkenbruch der abendlichen Wäsche hatte seine Leiter in den Himmel fortgespült.

Das Schlupfloch

Der Krater war rund und sehr tief, mit einer Drehung ganz unten, wo er wie eine Zwetsche einschrumpelte. Wenn er sich vorbeugte, um genauer hinzusehen, stellte er sich vor, der Körper wirbele in sein eigenes Inneres wie das Wasser, wenn die Mutter den Stopfen aus der Badewanne zog. Soweit er sehen konnte, gab es kein hinteres Ende. Wenn er nur tollkühn genug wäre, würde er folglich mit dem Kopf voraus, vorsichtig und akrobatisch, in den Nabel eindringen und in sein Inneres eintauchen können – bis er völlig von seiner Außenseite umschlossen war.

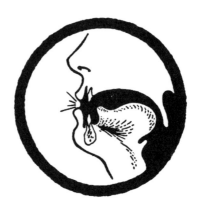

Barbarische Erinnerungen

I

Zwischen Mund und Erinnerung ist er, post mortem, aber beweglich. Der Schatten, ein weiterer Bluff, ist, was er schon immer war: ein Nachäffer. Trotzdem sagt er mehr über sein neues Leben, als er zu glauben wagt. In der Ordnung dieses Winters, kalt und trocken, scheint das Dasein nur als Abweichung Form anzunehmen. Er betrachtet seinen Atem. Stille, schwarze Detonationen. »Verschwinden«, denkt er und hat es immer gedacht. »Es gilt zu verschwinden.« Wie, spielt keine Rolle; man nutzt die Tricks, die man kann. Die Wahrheit bleibt, auch wenn er bald vermisst wird. Sein Körper, ein kadmisches Wunder, ist bloß das Argument der Zerstreuung.

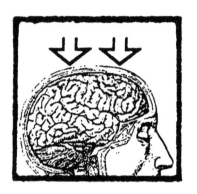

2

Psychofolie las er einmal in einem Buch auf Deutsch und
stellte sich die Seele augenblicklich als metallische Membran vor, eine silbrige Hülle, die das Gehirn davor schützte,
nur tierisch zu werden. Eingeschlagen in seinen psychischen Panzer, ein paar zu verwaltende Pfund, war die
graue Substanz sein einziges Kapital. Dass er einen Namen
trug, genügte als Zeichen für das, was Hölderlin »Psyche
unter Freunden« nannte. Er war Teil des seelischen Han-
dels. Es verging eine Zeit. Dann erkannte er plötzlich,
buchstäblich aus heiterem Himmel, das Wort, ein Bastard,
war zur Hälfte französisch.

3

Vor nicht allzu langer Zeit, vielleicht zehn oder zwölf Jahren, glaubte er eine Weile, er könnte sich seines Greisenalters entsinnen. Das meiste war unzusammenhängend. Allmählich wurde er zerstreut. Raue Haut, ein schmerzender Rücken – und abnehmendes, urinfarbenes Licht. Nichts Ungewöhnliches. Dennoch wundert er sich noch immer. Doch das Einzige, was ihn wundern sollte, ist die sanfte Hand der Evolution. Was sonst? Sie glaubt noch, es sei besser, zuvorzukommen. Mehr muss über *die* Zukunft nicht gesagt werden.

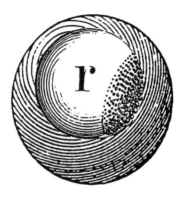

4

Als Jugendlicher verbrachte er einige Jahre nördlich der Zukunft, an einem Ort, zu dem er nie zurückgekehrt ist. Zu seinen Eigenheiten – schwarzer Schädel, fremder Name – gehörte auch eine Sprache mit *R*s, die knarrten wie Schuhsohlen. Er war ein Solözismus. Heute erinnert er sich nicht, wann das verlorenging. Aber nach einigen Jahren des Schlitterns hatte sich der Mund entschieden. Die Zunge wurde so spitz, wie die Sticheleien es längst waren. Nur wenn er eine Fremdsprache spricht, kann er, noch barbarisch, wahrnehmen, dass die Jahre vergangen sind. *Vergehen*, sagt sein Mund, und er denkt an den Zahn der Zeit. Oder *blessure* und fühlt, auf einmal, ihre Narben.

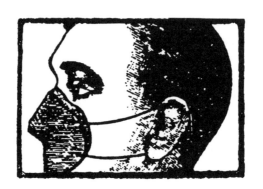

5

In der Kindheit galt es, das letzte Wort zu behalten. Der eine sagte etwas, der andere widersprach. Stehvermögen war das eigentliche Kriterium. Eines Tages stellte er heimlich eine Liste dieser Wörter auf. In regelmäßigen Abständen flüsterte er sie elfjährig und nachtragend vor sich hin. »Nein«, »ja«, »niemals«... Mit der Zeit wurde die Liste umfangreich. »Deshalb«, »immer«, »nein«, »ja«... Dies war sein widerspenstiger Wortschatz. Doch eines Tages hörte er auf. Hatte er Angst weiterzumachen? (Eine einzige Verschiebung hätte aus einem »Ja« ein »Nein«, aus einem »Deshalb« ein »Weshalb« machen können.) Vielleicht sah er ein, dass Schweigen, unfairerweise, jede Diskussion beendete? Oder war es etwas anderes, das Vergessen womöglich, diese leise luziferische Fertigkeit, das jene Worte bis heute in seiner Kehle verharren ließ? Die Letzten sind die Ersten geworden.

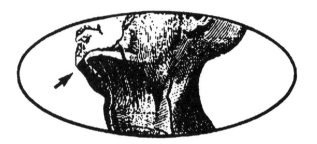

6

Als er vier oder fünf war, hörte er zum ersten Mal das Wort
»Seele«. Woher sollte das Kind wissen, was es bedeutete?
Der Dorfelektriker war gekommen, um im Haus etwas
zu reparieren: ein kaputtes Kabel, eine Steckdose, vielleicht auch eine durchgebrannte Sicherung. Möglicherweise hatte er schwarz gefischte Krebse dabei, ein weiteres
Gebiet, auf dem sich sein hermisches Können geltend
machte. In seinen Augen war er Der-Mann-der-alles-
konnte. Einmal wollte der Elektriker einer Sache mehr
Nachdruck verleihen. Seine ohnehin schon tiefe Stimme
ein weiteres Stück gen Schlund und Schatten gesenkt, be-
tonte er: »meine Seele«. Vier Silben, glänzend wie speckige
Hosenbeine. Gleichzeitig fasste er sich ans Kinn. Es sollten
Jahre vergehen, bis das Kind lernte, was das Wort bedeutete. Aber seither glaubte es, dort sei ihr Sitz. Ein anderer
Hades, unter der Zunge. Immer eher ein Fluch.

»Heißi« heißt es, dass er sagte, dass er hieße. Vielleicht handelte es sich um einen geerbten und verzerrten Kosenamen, vielleicht um eine Aussage über Hitze. Jedenfalls war die Welt damals eine andere. Aber es dauerte nicht lange, bis er zu dem wurde, was er tat, wenn er sagte, wer er war. Frech behauptete er, der Name bedeute »Heiße-ich« – oder *Heiß' i'* im Wiener Dialekt. Später kamen die vielen erfundenen Bezeichnungen, eine Legion unter vielen. Warum diese Decknamen und Alter Egos? Hatte er von sich selber genug? Oder hatte er bereits gelernt, gute Miene etc.? Spielt es überhaupt eine Rolle? Früher, als die Kehle in warmer Dunkelheit weilte, gab es keine Masken, ganz gleich, was die Ironie einzuwenden hat. Der Mund gab dem Sprechenden Namen. Bleibt die heikle Frage, mit welcher Mimik er seither, kälter und metonymisch, bei sich selber anzukommen sucht.

Abrechnung mit dem Himmel

Der Tag war ungewöhnlich heiß. Sie hatte gefragt, ob er mitkommen wolle, ohne eine Antwort abzuwarten. Schnell hatte er sich das T-Shirt übergezogen und war zum Fahrrad gelaufen. Mit jedem Tritt in die Pedale spürte er seine vierzehnjährige Brust jubelnd weiter werden. Der Schotter knirschte, trocken und angenehm, unter den Reifen. Von Zeit zu Zeit, wenn die Kette schleifte, musste er absteigen und gegen den Kettenschutz treten. Sie radelte ungerührt weiter, das Kinn erhoben und die Hände so fest um die Griffe geschlossen, dass die sommersprossigen Knöchel weiß wurden. Ihr Kleid flatterte, im Gesicht glitzerte Schweiß. Ab und zu warf sie den Kopf so, dass sich ihr Zopf zwischen den Schulterblättern bewegte. Die Rückenmuskeln arbeiteten wie ein Uhrwerk. Sobald er wieder auf seinem Fahrrad saß, wurde sie schneller. Wenn sie Asphalt kreuzten, summten die Räder, kurz darauf knirschten sie erneut. Die Straßengräben waren voller Farne und wippender Wiesenkerbelpflanzen. Flaum von Löwenzahnbällchen schwebte in der Luft. Die Sonne vor ihnen ließ die glänzenden Daunen verschwinden – bis sie plötzlich im Gesicht klebten. Sie lachten. Aber keiner von ihnen sagte etwas.

Ein Windstoß trug das Brausen des fernen Meeres heran. Aus einer Baumkrone hoben Vögel ab, von einem Acker schallten Traktorengeräusche herüber. Stumm und zielstrebig radelten sie aus dem Dorf, rollten an Erdbeerfeldern vorbei und gelangten zu der Stelle, an der ihr Vater und ihr Bruder vor einem Jahr fast umgekommen wären.

Sie bremste, dass im Schotter am Straßenrand eine Furche entstand. Er folgte ihrem Beispiel. Als sie sprach, sah er weißen Speichel in ihren Mundwinkeln. »Der Lastwagen kam mit Vollgas. Papa konnte gerade noch ausweichen. Sie sind auf das Feld gefahren, gegen den Baum dahinten.« Er folgte ihrem Finger und musterte den Baumstumpf auf dem Acker. »Der Wagen war nur noch Schrott. Sie mussten Papa und Leo rausschneiden. Aber sie haben beide nichts abbekommen. Leo hatte eine Schramme an der Stirn, das war alles.«

Sie strich sich mit den Händen über die Oberarme. »Ich kriege eine Gänsehaut, wenn ich nur daran denke. Jedes Mal, wenn ich den Baum sehe, bin ich froh, dass er nicht älter war.«

Ein paar Tage nach der Beinahekollision hatte sie die Unglücksstelle mit ihrem Bruder besucht. Der Wagen war abgeschleppt, der Baum gefällt worden. Gemeinsam hatten sie die Ringe des Stumpfs gezählt und herausgefunden, dass der Baum dreißig Jahre alt gewesen war. Weitere fünfzehn Jahre und er wäre zu dick gewesen, um bei dem Zusammenstoß umzuknicken. Während sie ihn ansah, spielte sie mit der Klingel am Lenker. Sie klang nicht, wie sie sollte. »Wenn ich traurig bin, denke ich daran, was passiert wäre, wenn der Unfall später passiert wäre. Das ist schauerlich. Aber dann kommt es mir vor, als wäre jeder Tag ein Geschenk aus der Zukunft.« Sie sah ihn abwesend an, als versuchte sie sich das ferne Verderben vorzustellen. Dann wendete sie das Fahrrad. »Ach was, ich spinne ja. Komm.« Er holte sie ein, wollte etwas sagen, ließ es bleiben.

Nach einem Kilometer bogen sie von der Landstraße ab. Sie radelten durch einen kühlen Fichtenwald, dann breiteten sich Felder in raps- und weizengelben Farben aus.

Auf einem von ihnen stieg gerade ein Mann von einem Mähdrescher herab. Auf einem anderen lagen Heuballen in unerklärlichen Mustern verteilt, als hätte jemand gewürfelt. Ein Volvo Amazon kam ihnen entgegen, aber der Fahrer winkte nicht zurück. Das Auto wirbelte Staub auf, der sie ausspucken ließ. Aus dem herabgekurbelten Fenster strömte glitzernde Musik. Sie fuhren weiter, dann zeigte er auf die Sonne, die nun rechts von ihnen stand, und erklärte, wenn sie nicht bald etwas zu trinken fänden, würden sie noch Fata Morganas sehen.

»Das tun nur Araber auf Kamelen.« Sie atmete mit offenem Mund. Eine Haarsträhne klebte am Hals.

»Nein, das kann jedem passieren. Hauptsache, es ist heiß genug. Schau«, sagte er und streckte die Hand aus. »Wasser!« In einer Senke einige hundert Meter vor ihnen schimmerte es.

»Äh, eine Täuschung.« Sie wackelte mit dem Kopf, worauf der Zopf wie ein Pendel hin und her schwang. Doch als sie die Senke erreichten, sah sie, dass er recht hatte. Jemand musste einen der Bewässerungsschläuche auf den Feldern falsch ausgerichtet haben. »Meine Seele...«

Er versuchte sie zu ärgern, weil sie ihm nicht geglaubt hatte, aber sie schien immun dagegen. Sie rollten an einem Bauernhof vorbei. Aus dem flachen, weißgestrichenen Stall drang ein Geruch von Kühle und Dünger. Ein Straßenschild erklärte, dass es fünf Kilometer bis zum nächsten Dorf waren. Er schlug vor, eine Pause zu machen. »Faulpelz.« Sie sah sich um. »Schau mal da.«

Kaum hatte er den Kopf gedreht, als sie auch schon das Fahrrad in den Straßengraben warf, über den rostigen Stacheldraht kletterte und über eine verwilderte Wiese ging. Im Laufschritt holte er sie ein. Das meterhohe Gras wiegte sich trocken. Hier und da saßen Schmetterlinge. Wenn sie näher kamen, hoben die Tiere ab und flatterten davon wie zerknülltes Zellophan. Als sie das Gras fortschob, spürte er den Flaum auf ihrem Arm an seinem. Sobald sie die Wiese überquert hatten, drehte er sich um. Hinter ihnen schlängelten sich zwei Pfade. Manchmal kreuzten sie einander.

»Hab ich's mir doch gedacht.« Sie zeigte auf einen verfallenen Holzzaun. Überall waren rote Flecken. »Himbeeren.« Ihre Augen suchten und fanden einen geeigneten Halm. Sofort fing sie an, Beeren aufzufädeln. Er machte das Gleiche. Sie riefen sich die Zahlen zu. »Zehn!« »Sieben.« »Vierzehn!« »Neun.« Beide vermieden es, von den Beeren zu essen, bevor sie genügend gesammelt hatten. Als sie keine mehr entdeckten, meinte sie, das müsse reichen. Er fand, dass sie weitermachen sollten, aber sie trat in dem hohen Gras ein paar Schritte zurück, fiel nach hinten und verschwand. Er rief. Sie antwortete nur: »Nicht hier.« Er rief und gab vor weiterzusuchen, zunächst entlang des Zauns, danach oben am Wäldchen. Schließlich war er es leid und legte sich neben sie. Still betrachteten sie die Wolken. Seine Zunge fühlte sich trocken und geschwollen an, ein fremdes Tier. Er wühlte in der Tasche und bot ihr einen Kaugummi an. Sie schüttelte den Kopf. Himbeeren waren besser. Der Himmel war blau, mit viel Weiß darin. »Es sind 56 Milliarden Kilometer bis zum Mars.«

»Ach . . . Nur?«

Keine Antwort. Nach einer Weile: »Weißt du, wie lang es dauern würde, hinzufahren?«

»Mit dem Fahrrad oder einer Rakete?«

»Einer Rakete natürlich.« Ihr Bauch bebte.

»Nein . . .«

»Hundert Jahre!« Sie legte sich auf die Seite, um zu schauen, ob er gehört hatte, was sie gesagt hatte. Er konnte ihren Gesichtsausdruck nicht deuten. Als sie sich wieder auf den Rücken legte, zitterte ihr Bauch, dann prustete sie los. »Dir kann man wirklich alles erzählen!« Sie hielt ihren Halm hoch und ließ die letzte Himbeere in den Mund gleiten. »Weißt du was? Ich würde die Erde niemals verlassen wollen.« Er antwortete nicht. »Hier gibt es einfach alles. Sogar Fata Morganas.« Ihr Bruder, der sich für Astronomie interessierte, hatte ihr erklärt, der Mars sei weiter von der Sonne entfernt als die Erde. Deshalb benötige das Licht doppelt so lange, um den Planeten zu erreichen. Während sie erzählte, hielt er sich die Augen zu. Als sie ihren Bericht beendet hatte, hob er die Hände. Das Licht, das in seine Pupillen strömte, ließ ihn schwindeln – als wären die Augen in himbeerfarbene Löwenzahnbällchen verwandelt. Sie bat um einen neuen Halm. Er reichte ihr seinen letzten. Während sie die oberste Beere abzog, wiederholte sie, was sie gesagt hatte. »Die Erde reicht. Hier gibt es einfach alles. Und nichts riskiert zu verschwinden, wie da oben«, sie nickte in Richtung Himmel, »während man darauf wartet, dass es auftaucht.« Er sagte, Letzteres stimme ja wohl nicht ganz, oder? Dauernd zogen Leute um, verschwanden oder starben. Autos wurden verschrottet. Blumen verwelkten, Bäume verloren ihre Blätter. »Mag sein«, sagte sie nach so langer Zeit, dass er nicht mehr zu entscheiden vermochte, worauf sie sich bezog. »Aber alles, was verschwindet, ist noch da.« Sie schlug sich auf die Brust. »Oder hier. Im Kopf.« Sie legte ihre Hand auf seine Stirn. Sie war verschwitzt. Seltsamerweise ließ ihn die Berührung frösteln. Als sie die Hand wieder fortnahm, hing ein Himbeerfetzen in seinem Haaransatz. »Glaubst du mir nicht?«

Er zuckte mit den Schultern. Er wusste es wirklich nicht.

»Aha.« Sie klang enttäuscht. »Ich verspreche dir, dass nichts von dem hier verschwindet. Die Wiese nicht, der Grashalm nicht, die Himbeere nicht, der Schmetterling auf deinem Fuß nicht« – er wackelte mit dem Fuß; er verschwand –, »die Hitze nicht. Nicht einmal du. Wir haben gerade etwas erlebt, an das wir uns erinnern werden in... in...«

»Fünfzehn Jahren?«

Es verging eine Minute. Als sie nichts sagte, wandte er sich ihr auf den Ellbogen gestützt zu. Sie hielt ihren Grashalm in beiden Händen, wie eine Kerze. Er schwankte leicht. Ihr Bauch hob und senkte sich. Lautlos lehnte er sich vor und zog eine Himbeere ab. Sie zerschmolz mit einem warmen, dumpfen Geschmack in seinem Mund. Die nächste Beere ließ sich schwerer abziehen, aber er zupfte und hatte Erfolg. Sie sagte immer noch nichts. Mit jeder Himbeere, die er sich nahm, kam er ihren Knöcheln näher. Inzwischen war sein Mund so voller zermatschter Himbeeren, dass es ihm nicht mehr gelang, den klebrigen, blutroten Speichel daran zu hindern, aus dem Mundwinkel, über die restlichen Beeren und zwischen ihre Finger zu rinnen. Trotzdem öffnete sie nicht die Augen. Schließlich war auch die letzte Beere fort. Der Grashalm glänzte. Er wollte sich gerade den Mund abwischen und schlucken, als sie, kaum hörbar, flüsterte: »Gib her.«

Sein Schatten bedeckte ihr Gesicht. Die Sonne fühlte sich in seinem Nacken groß und wollig an, ihr Bauch war eine Wolke. Sachte öffnete sie die Lippen. Ihre Schneidezähne glänzten. Er brummte, und sie öffnete den Mund noch etwas weiter. Die Lider zitterten, aber er war sicher, dass sie nicht guckte. Noch ein paar Millimeter und seine Lippen würden ihre berühren. Vorsichtig öffnete er sie. Die flaumige Masse glitt mit einem glucksenden Laut aus seinem Mund. In Klümpchen fielen die Himbeeren in ihren. Sie schnappte nach Luft, sperrte die Kiefer auf und schien für einen kurzen Moment instinktiv schlucken zu wollen. Tat es aber nicht. Erst als er den Kopf hob und »Bitte schön« sagte, wandte sie sich um und begann zu kauen. Als sie geschluckt und gehustet und geschluckt hatte, legte sie sich wieder auf den Rücken. »Eklig. Mein Gott, ist das eklig.« Lächelnd strich sie sich mit den Händen über die Arme. Dann lag sie still, als wollte sie sich vergewissern, dass der Himmel über ihr noch da war. »Und, glaubst du mir jetzt?«

Oh, Vienna

An einem Herbsttag traf er in Wien in der Hoffnung ein, als österreichischer Schriftsteller betrachtet zu werden – plus/minus einiger vitaler Prozente. Etwas Ähnliches hatte er bereits ein paar Jahre zuvor versucht, damals allerdings als halbgriechischer Abiturient in Athen und mit recht bescheidenem Erfolg. Nun wollte er sich in einer Kultur revanchieren, von der er annahm, dass sie, zumindest alphabetisch gesehen, weniger Anpassung erforderte. Als er an diesem Septembernachmittag im Westbahnhof aus dem Zug stieg, musste er jedoch erkennen, es war leichter gesagt als getan, ein Landsmann von Trakl, Kraus und Falco zu werden. Sein Deutsch war das eines Kindes und die Erinnerung an frühere Aufenthalte in der Stadt nur in Maßen hilfreich. Da gab es die Schneiderpuppe, die im Elternhaus seiner Mutter gestanden hatte; es gab die Zeichnungen, die jede Woche liebevoll aus der *Kronenzeitung* ausgeschnitten und ihm, dem ältesten Enkelkind im hohen Norden, zugeschickt worden waren; und es gab die Absenderin der Zeichnungen, eine pensionierte Näherin mit Hüftproblemen, die von ihren Freunden nie anders als Hedi genannt wurde. Darüber hinaus erinnerte er sich nur noch an die gerösteten Maronen, die an Straßenecken tütenweise von Menschen verkauft wurden, denen immer etwas fehlte (ein Arm, ein paar Schneidezähne, ein Bein), an enge Kragen und von Kommunistenangst geplagte Pfarrer sowie den gekachelten Fußboden in Großmutters Toilette, der vor Kälte zu brennen schien, wenn er sich in einem Winter barfuß und schläfrig vor dem Kindergarten dort die Zähne geputzt hatte. Erinnerungen dieser Art aber waren viel zu harmlos, um ihn zum Österreicher zu machen – geschweige denn zum Wiener. Oder zum Schriftsteller. Am meisten irritierte ihn allerdings, dass seinen Erlebnissen der Weltschmerz und die Aura schönen Verfalls fehlten, die sich auf Ultravox' *Vienna* finden ließen, einer Platte, die im Vorjahr erschienen war und während eines Rückfalls in die Rockmusik den Soundtrack zu seinen Träumen lieferte.

Es fiel nämlich unerwartet schwer, *A man in the dark in a picture frame / So mystic and soulful* zu spielen, wenn das Repertoire aus Kindheitserinnerungen in der Burggasse bestand. Und dass man Verwandte dort hatte, machte es nicht eben leichter, sich in die suggestive Gewalt der Stadt zu begeben. Was ihn betraf, waren es ein knappes Dutzend: Großmutters beide Halbgeschwister Tante Mitzi und Onkel Wicki, der ältere Bruder K. und die jüngere Schwester E. seiner Mutter mit ihren jeweiligen Angetrauten sowie deren Kinder – zwei pro Paar. Die Aufteilung war so logisch und zwingend wie nur je eines der Theoreme des Wiener Kreises. Und philosophisch ebenso relevant. Denn wie die Kultur, aus der seine Mutter Mitte der fünfziger Jahre aufgebrochen war, um einem tuberkulosekranken Griechen nach Schweden zu folgen, bestand die Familie aus zwei Lagern. Auf der einen Seite gab es die guten Bürger: angesehene Steuerprüfer, hohe Bankangestellte und zukünftige Meteorologen, die Wert auf Lodenkleidung, nachmittäglichen Kaffee im Dehmel und Skiurlaub legten. Auf der anderen Seite standen die Bohemiens: Uhrmacher, Südamerikareisende und Künstler, die sich die Haare selber schnitten, Janis Joplin hörten und eine natürliche Verbindung zwischen magnetischer Strahlung, Kristallen und Leo Navratils Studien zur Psychopathologie des künstlerischen Ausdrucks erkannten. Das Tiefsinnigste, was sich über diesen Unterschied sagen ließ, war, dass Plus- und Minuspol der Familie wechselten, je nachdem, ob die »Schweden« mit jemandem aus der Herrengasse/ Tuchlauben- oder der Praterstern-Fraktion sprachen. Und dass man nicht Hegel gelesen haben musste, um zu begreifen, die österreichische Seele war ihrem Wesen nach dialektisch.

Als er den Koffer an diesem Herbsttag auf den Bahnsteig herunterhob, war die Großmutter seit acht Jahren tot, und er hatte keine Rückzugsmöglichkeit mehr bei der einzigen Instanz, die sich über eine gespaltene Welt erhoben hatte – oder zumindest über das manichäische Wien, das möglicherweise eine Ordnung etwas höheren philosophischen Ranges war. Vor ihm lag ein viermonatiger Aufenthalt in einer leeren Wohnung im zweiten Bezirk. Dort gedachte er mit Hilfe seiner Reiseschreibmaschine zu erkunden, ob es nicht noch eine dritte Art gab, Österreicher zu sein, die keine der Alternativen bestätigte, die seine Verwandten bereits für sich in Anspruch genommen hatten. In seinem Koffer lag ein noch ungelesenes Exemplar von Thomas Bernhards *Frost*, das er in Paris in einer deutschen Buchhandlung gefunden und als Einführung in die österreichische Dialektik auserkoren hatte. Er hatte das Buch willkürlich aufgeschlagen und auf Seite elf eine Textstelle entdeckt, in welcher der Autor über »erhöhte Tätigkeit« und »herabgesetzte Leistung« sprach. Was konnte treffender die beiden Pole beschreiben, die Pracht und den Verfall in einer Kultur, für die er in diesem Herbst ein Beispiel werden wollte?

Die erste Enttäuschung ließ nicht lange auf sich warten. Auf der Zugfahrt aus Frankreich hatte er sich das Abteil mit einem Autozeitschriften lesenden Geistlichen und einer eleganten Dame in Schwarz geteilt, die in München zugestiegen war. Am Fenster sitzend, hatte er sein Bestes gegeben, zugleich verträumt und dämonisch zu wirken – geplagt von Genialität, oder zumindest Migräne. Als sie sich ihrem Reiseziel näherten, durfte er konstatieren, dass es ihm gelungen war. Während er Zeitung und Zigaretten wegpackte, gewann er den Eindruck, dass die weibliche Mitreisende – war sie Spionin? Schauspielerin? Psychoanalytikerin? – ihn mit einem fragenden Blick ansah. Leider hinderte seine Schüchternheit ihn, ein Wort über die Lippen zu bringen. Auf den Bahnsteig herabgestiegen, wusste er, jetzt oder nie. Mit dramatischen Augen wandte er sich der Frau zu und wollte sich ihr gerade vorstellen, als jemand mit irritierend lauter und fröhlicher Stimme seinen Namen rief. Quer durch die Menschenmenge schreitend kam sein formidabler Onkel, der Bankangestellte, auf ihn zu. Kaum hatte der Verwandte seinen Koffer erreicht, als er sich auch schon über diesen vorlehnte und ihn nach allen Regeln des Wiedersehens auf die Wangen küsste. Dann trat er einen Schritt zurück, während er gleichzeitig mit den Händen auf den Schultern des Neffen zunächst dessen Schuhe, dann das dünne Jackett begutachtete, das dieser auf dem Flohmarkt an der Port Clignoncourt erstanden hatte. »Nichts für Wien«, verkündete er so laut, dass sämtliche aussteigenden Fahrgäste es hören konnten. »Wir finden etwas Besseres in meiner Garderobe!« Während der junge Schwede stumm, glühend und zu Tode beschämt im Bahnsteig versank, sah er seine große Liebe zwischen den Menschen davongehen und aus seinem Leben verschwinden.

Onkel K. erklärte, ihn zur Wohnung seiner Schwester am Praterstern chauffieren zu wollen. Während der ruckelnden Fahrt durch den abendlichen Berufsverkehr, mal im ersten, mal im zweiten Gang, erläuterte er, was seiner Meinung nach als die begrenzten Vorteile betrachtet werden musste, in einem Viertel zu wohnen, in dem leicht zugängliche Damen vor den Hotels postiert standen, Gastarbeiter die Wohnungspreise sinken ließen und ein herabgewirtschaftetes Riesenrad den Horizont vergoldete. »Fort, fort, fort!«, donnerte er über den bockenden Motor hinweg. »Alles muss saniert werden, vom Keller bis zum Dach!« Als schließlich vor dem Hauseingang seiner Tante der Motor aussetzte, erwartete ihn die nächste Enttäuschung. Während sich sein Blutdruck wieder normalisierte, erklärte Onkel K., er könne ihm keine Schlüssel zu der Wohnung geben. Tante E. habe sich entschlossen, den Herbst doch nicht wie geplant auf dem Land zu verbringen. Aber wenn er am nächsten Abend seinen Teil der Familie besuchen kommen wolle – auf der Plusseite des Lebens, sozusagen –, werde er dafür sorgen, dass der Neffe Kleider bekomme, wie sie einem frisch eingetroffenen Wiener anstünden. Als der junge Schwede den Klingelknopf der Tante drückte, erkannte er, sein Vienna, so *mystic* and *soulful*, konnte er vergessen. Eine knappe Stunde in der Stadt und schon war seine ästhetische Autonomie bedroht.

Drei Treppen höher wartete der andere Teil der Familie – der sich angesichts der Zukunft, die sein Onkel kürzlich in Aussicht gestellt hatte, plötzlich ebenfalls auf der Plusseite des Lebens zu befinden schien. Nach Suppe und Schnaps wurde er im ehemaligen Schlafzimmer seiner Cousine einquartiert. In den folgenden Tagen stellte er zwar die Möbel um und räumte Puppen und Schulbücher weg, doch waren bessere Verdrängungsmechanismen erforderlich, um in dem hellen Mädchenzimmer die passenden Voraussetzungen für *the dark in a picture frame* zu schaffen. Seine Rettung wurde der Schreibtisch, an dem seine Cousine einst ihre Lateinhausaufgaben gemacht hatte. Er schob ihn in die dunkelste Ecke des Zimmers und arrangierte kunstvoll einen Stapel A4-Blätter, seine Halda-Schreibmaschine und das noch ungelesene Exemplar von *Frost*. In den folgenden Monaten sollten die beiden Quadratmeter des Tisches sein zeitweiliges Heimatland bilden – ein möglicherweise begrenztes, gleichwohl autonomes Territorium. Hier konnte das Dasein künstlerische Methode bekommen und er zu dem werden, was er zu sein glaubte.

Morgens erwachte er bei dem Geräusch eines plärrenden Transistorradios und der atemlosen Gymnastikübungen seiner Tante; nachts schlief er begleitet vom leisen Feilschen auf der Straße ein. Dazwischen lagen zehn sorgsam in Ratlosigkeit und Herumstreunen aufgeteilte Stunden. Nachdem er den Vormittag über dem weißen, in die Maschine eingespannten Blatt brütend verbracht hatte, brach er zu Wanderungen durch die Stadt auf. In der einen Woche besuchte er die Viertel um den Stadtpark, in der nächsten die neu erbaute Vienna International City östlich der Stadt. Manchmal machte er unerwartete Entdeckungen (Museum für Bestattungswesen), manchmal eher zu erwartende (Café Bräunerhof). Meistens verirrte er sich jedoch in irgendeinem Vorort und musste für den Heimweg die Straßenbahn nehmen. Aus Gründen, für die es eine pathologische Bezeichnung geben mag, war es ihm unmöglich, einen Stadtplan zu konsultieren oder stehen zu bleiben und jemanden nach dem Weg zu fragen. Was bedeutete, dass er umherlief, bis er jegliches Gefühl in Nase und Kinn verloren hatte. Er hätte nicht schwören können, dass er Rekorde brach, aber als er zu Anfang des neuen Jahres nach Schweden zurückkehrte, hatte er zwei

Paar Schuhe verschlissen – das eine wirklich und das zweite, seinem Onkel gehörend, angeblich.

Aus philosophischer Perspektive lässt sich schwerlich sagen, ob sich die Stunden im Schlafzimmer der Cousine von den in der Stadt verbrachten auf lehrreiche Weise unterschieden. Seine Erfolge als Wiener waren jedenfalls so wenig bedeutend wie die mühsam am Schreibtisch erzielten. Während der Winter näher rückte, lernte er dennoch langsam, mit sich selber zu leben. In Ermangelung der Großmutter diente ihm *Frost* als höhere Instanz. Morgens gab es immer Momente, in denen er in dem Buch blätterte und eine denkwürdige Passage fand, oder noch öfter eine, die er zum eigenen Gebrauch entwenden konnte. Wie beispielsweise die Beobachtung, der Maler Strauch sei »ein Spaziergängertypus, will sagen, ein Mensch, der Angst hat«. Stellen wie diese stimmten ihn zugleich aufgeräumt und verzweifelt, erfüllten ihn sowohl mit Missmut als auch mit Kraft. Wenn er später zum täglichen Spaziergang hinausschlich, um zu erproben, welcher Typus Mensch er war, steckte er das Buch in die Tasche des Mantels, den der fürsorgliche Onkel ihm verehrt hatte, für den Fall, dass er den Mut fände, ein Café aufzusuchen. Meistens entdeckte er es erst wieder, wenn er gegen Abend mit der Straßenbahn nach Hause ruckelte. Freudig überdachte er dann eine Beschreibung wie: »Das Frühstück ist ihm zu viel Zeremonie. Die ganze Lächerlichkeit kommt zum Ausdruck, wenn ich den Löffel in die Hand nehme. Die ganze Sinnlosigkeit. Das Zuckerstück ist ja ein Anschlag gegen mich. Das Brot. Die Milch. Eine Katastrophe. So fängt der Tag mit hinterhältiger Süßigkeit an.« Solche Passagen ließen ihn an die vergebliche Begeisterung der Morgenstunden denken, so lächerlich sachlich, und auf einmal wurde seine Mutlosigkeit unerwartet heiter.

Im Gegensatz zur Großmutter hatte *Frost* ihm weder Ruhe noch Weisheit zu bieten. Obwohl er das Buch nie von Anfang bis Ende las und sich folglich nur eine vage Auffassung davon verschaffen konnte, worum es in dem Text eigentlich ging, schenkten ihm die Passagen, über die er nachdachte, Injektionen reinen, nackten Lebens. Bernhard hatte das Komische des Daseins als Tragödie entdeckt. Seiner barocken Kargheit und slapstickhaften Selbstbezogenheit, seine bis ins Groteske gesteigerte Empfänglichkeit und sein düsterer Leichtsinn schafften es wider Erwarten, ein Gefühl überbordender Vitalität zu vermitteln. Für einen Einundzwanzigjährigen war dies ein ebenso furchterregendes wie euphorisches Erlebnis. In *Frost* wurde der Verfall auf eine Art bejaht, die den Geschmack von Freiheit hatte. Am Ende begriff sogar er, worauf die Sache hinauslief. Er würde niemals Österreicher werden, geschweige denn wie Bernhard schreiben, obwohl ihm nicht entging, dass die Buchstaben im Titel des Buchs verdächtig einer Abkürzung seines eigenen Nachnamens ähnelten. Aber waren der ratlose Rausch, den er am Schreibtisch seiner Cousine und auf den Straßen der Stadt erlebte, und diese so vorhersehbare wie unumgängliche »Prüfung seiner selbst« ihrem Wesen nach nicht doch wienerisch? Als er nach vier Monaten den Westbahnhof in Richtung Norden verließ, konnte er weltgewandt und nachsichtig lächeln, als er den Kopfhörer aufsetzte und seinen Walkman einschaltete.

This means nothing to me
Oh, Vienna

Biologie der Literatur

H.Osti Upsala

Zärtliche Intervalle (nur ein paar Punkte)

Zwei Erinnerungen. Die eine, frühe: Ich bin zehn, vielleicht elf Jahre alt und lese nach der Schule im Liegen auf dem Bett. Zwei, drei neue Bände aus B. Wahlströms Serie »Jungen- und Jugendbücher«, die mit den grünen Buchrücken. (Ein Jahr später, als die grünen aufgebraucht waren, sollte ich zu den roten übergehen. Danach kam Agatha Christie, gleich darauf Poe. Dann ging die Kindheit zu Ende.) Wie üblich habe ich Eis am Stiel aus der Gefriertruhe genascht. Nach jedem Buch stehe ich auf, senke den Kopf und lasse das Blut in den Schädel strömen. Das ist das Glück. Die pochenden Schläfen messen die verschwundene Zeit. Eine andere Uhr gibt es nicht. Die Schläfen sind die Uhr des Lesens. Dann – erst höre ich es nicht – wird mir bewusst, dass jemand schon seit geraumer Zeit an die Küchentür geklopft haben muss. Wahrscheinlich eins meiner Geschwister. Während ich in den Flur gehe, steigen zwei vertraute Gefühle in mir auf: zunächst die Wut darüber, gestört zu werden, danach das schlechte Gewissen über die gemopsten Eisportionen. An der Tür schließen sie einander kurz, als ich in der Absicht, dem Klopfen ein Ende zu machen, die Hand hebe, um sowohl zu öffnen als auch zurückzuhämmern. Die Türscheibe zersplittert, ich schneide mich direkt neben der Pulsader. Blut, Geschrei, Trübsal. Drei Stiche im Krankenhaus.

●

Warum diese Erinnerung – so trivial, so privat? Vielleicht weil sie zeigt, dass die Zeit, die ich wahrnehme, jedenfalls soweit es um den Umgang mit Büchern geht, immer unbeweglich ist. Ausdehnung erlangt sie erst, wenn eine Unterbrechung einer anderen folgt. Pochende Schläfen, kaputtes Handgelenk. (Der Körper als Metronom.)

•

Wenn ich lese, auch heute noch am liebsten liegend, erlebe ich keine Ausdehnung in der Zeit, sondern im Raum. Horizontal bin ich nicht länger »Affe, Mann, Vogel oder auch nur Fisch«, wie Brodsky schreibt, »sondern Teil des Geologischen«. Mein Körper und seine Bemühungen sind in ein paar Faden Tiefe zu Strata in der Schichtung geworden, in welcher der Text vorübergehend eine Fläche bildet. Theorien über den Text als Palimpsest – ein Dokument, in dem verschiedene Schrift- und Bedeutungsschichten in einer Art Gleichzeitigkeit existieren – berücksichtigen nur selten diesen Umstand. Aber ist der Körper beim Lesen nicht ein Stellvertreter für das Gebirge?

•

Erregt ein Buch unser Interesse, lässt es uns die Welt missachten und den Körper vergessen. Ein Arm schläft ein, kalte Füße, Gelenke, die allmählich schmerzen – so weiß ich, dass Zeit vergangen ist. Die körperlichen Beschwerden sind Denkzettel. Sie treffen wie telefonische Mitteilungen während der laufenden Nachrichtensendung ein und enthüllen eine Gegenwart jenseits der aktuellen.

•

Trotzdem, ist das alles? Diese Möglichkeit, die der Körper mir beschert, retrospektiv die Länge eines bestenfalls aufmerksamen Vergessens zu messen? Wohl kaum. Wenn ich lese, verlasse ich nicht die (endliche) physiologische Welt, um in ein (permanentes) Schlaraffenland der Schrift einzutreten – befreit aus dem Gefängnis der Gebeine, frei, eine geistige Gesellschaft eher *in* einem denn *während* eines nutzlosen Zeitraums zu genießen. Der Körper ist während der Lektüre »dort«. Jedenfalls registriert er häufig Ungeduld, wenn mich ein Roman auf eine längere Wegstrecke zwingt, Temperaturwechsel, wenn es in einem versteckten Kapitel zur Sache geht. Er *souffliert* also die Handlung. Wer hat sich noch nicht im Verlauf der Lektüre selbstvergessen die Haare gerauft oder in der Nase gebohrt?

•

Darum geht es: Man liest nur als Ich-in-seiner-Eigenschaft-als-Nichtich. Was das Gefühl der Ausgelassenheit erklärt, das einen zuweilen in Gesellschaft von Büchern überkommt: Die Lektüre bildet die Verheißung einer von den Fesseln der Identität befreiten Existenz. (Das hat nur wenig mit einer »Identifikation« mit der einen oder anderen Romanfigur zu tun. Indem ich lese, gebe ich mich während eines unbewachten Moments der Illusion hin, es wäre möglich, der Enge des eigenen Gehirns zu entfliehen.)

•

Kleiner Beweis. Sind die Worte und Gedanken auf einer Buchseite mit Sorgfalt choreographiert worden, lassen sie immer Platz für die Mitwirkung des Lesenden. Er oder sie tanzt zwar nicht gerade mit ihnen, empfindet jedoch gleichwohl, dass die Muster, die gezeichnet werden, im Hinblick auf die Gegenwart des Lesers – *eines* Lesers – entstanden sind. Der galante Text will bewundert werden. Er gleicht einem Gockel, der nicht mit Einzelnen tanzt, sondern sich vor Gruppen zeigt, die sich glücklich schätzen dürfen. Der Leser wird zum Mauerblümchen reduziert. Angesichts des schlecht gemachten Textes, senkt der Leser aus einem anderen Grund den Blick. Ein solcher Text hat noch nicht gelernt, dass einer Schrittfolge nur festgelegte Schritte folgen können. Allein die behutsam choreographierte Schrift toleriert das Unfertige. An ihr nimmt der Leser teil. Manche Bücher mögen wie Bälle geschrieben sein, andere wie Tangos, wieder andere der Endlosschleife eines Rave folgen, das Verhältnis zwischen Text und Lektüre bleibt dennoch ein *pas de deux*. (Becketts Habenichtstexte zeigen, dass auch Penner ausgezeichnet tanzen.)

•

Liest man stehend oder sitzend anders als liegend? Welche Frage. Natürlich. Sicher gibt es Menschen, die das Lesen im Stehen unverschämt, das Lesen im Liegen lasterhaft finden. Ihnen sollte das sitzende Lesen – wenn der Körper ebenso aktiv wie passiv ist – als das rechte Maß an Aufmerksamkeit für die gedruckte Seite erscheinen. Mich erinnert diese Leseweise jedoch immer noch zu sehr an die Schulbank. Sie bleibt an Forderungen gebunden, die von außen kommen. (Wie das mühsame Erkennen von Satzteilen in den Lateinlektionen: jede Minute lang wie eine Ewigkeit.) Ich spreche am liebsten gehend, schreibe nur sitzend, lese immer liegend.

•

Es gibt eine Fotografie von einem gewissen »H. Osti«, die Teil der fotografischen Sammlung der Universitätsbibliothek Uppsala ist. Für ein paar Kronen bekommt man sie als Postkarte in der Carolina Rediviva. Das Bild zeigt einen »lesenden Mann« und muss irgendwann um die Jahrhundertwende entstanden sein. Der Mann sitzt über ein Buch gebeugt an einem runden Tisch. Er trägt einen schwarzen Anzug. Eine seiner Manschetten (die linke) ist zu sehen, zwischen seiner Nase und den verschränkten Armen lässt sich ein Zipfel seines Hemds erkennen. Keine Brille, kein Hut. Stattdessen zeigt der Mann großzügig seine beginnende Glatze, während er, absorbiert von der Schrift, den Kopf neigt. Eine Art Bauernglorie. Fast jeder würde die Stellung wiedererkennen: So lesen wir, wenn wir uns die Zeit genommen haben, etwas unserem Wissen einzuverleiben, vielleicht sogar unserer Art zu sein. Der Mann und das Buch sind zwei verschiedene Dinge, aber die Körperhaltung verweist auf die Handlung, von der diese Art des Lesens gelernt hat: das Essen. Eingefangen in einer Pose zwischen Tischgebet und Mahlzeit verspeist dieser Mann geistige Nahrung. H. Ostis Fotografie zeigt uns das Lesen als Hostie.

•

In sechs kurzen Betrachtungen, lakonisch mit »Essen« betitelt, beschreibt Walter Benjamin verschiedene Gerichte. In einem dieser Denkbilder schildert er eine Borschtschmahlzeit. Das heiße Essen legt eine »Dampfmaske« auf das Gesicht des Essenden, als dieser sich über den Teller beugt. Noch ehe er dazu gekommen ist, es zu probieren, hat es sich schon ihn zu Gemüte geführt. Der Borschtsch »schluckt« den Essenden. In der Suppe wirbeln rote Flocken, geschmolzener Schnee – ein umgekehrtes Himmelreich, in das der Hungrige eintauchen kann. Der Borschtsch ist das einzige Gericht, das sanft sättigt, meint Benjamin, wobei es ihm dennoch gelingt, den ganzen Körper zu durchdringen. Angesichts einer solchen »Wolkenkost von der Gattung des Manna« rührt man den Wodka und die Piroggen am besten nicht an. Dies ist unendliche Nahrung, einzig gewürzt mit einer Prise vom »Kräutlein Trauer«.

Kleine Allegorie über die Beziehung zwischen Text und Leser.

•

Wie anders als Ostis Fotografie ist dagegen Hammershøis gleichzeitig entstandenes »Interieur mit jungem, lesenden Mann«. Ein Jüngling steht an einem Fenster, an einen gelben Vorhang gelehnt, der ebenso gut den Rahmen des Bildes abgeben könnte. Auch dieser Mann ist schwarz gekleidet. Der gestärkte Kragen und eine Manschette leuchten weiß. Die beiden Farben verstärken den Kontrast zwischen dem weißen Stuhl und dem braunschwarzen Sekretär zur Rechten des Lesenden, dem Platz, an dem man schreibt. Der Jüngling hat eine Augenbraue gehoben, die linke, die Fenster und Licht am nächsten ist, wie wenn man wachsam einem Wort, einer Phrase oder Aussage lauscht. Er hält das Buch in beiden Händen, der linke Daumen folgt der Lektüre wahrscheinlich Zeile für Zeile. Bald wird er, beim Umblättern, von einem Zeigefinger ersetzt werden. Vielleicht handelt es sich um ein Poesiealbum oder eine Sammlung von Aphorismen, jedenfalls zeigen sich Spuren von Wertung in der Haltung des Jünglings. Die Schrift befindet sich in guten Händen, die gehobene

Augenbraue zeichnet den behutsamen Zirkumflex der Ausdehnung – der Ewigkeit – über dem Auge. Trotz seines jugendlichen Alters deutet alles darauf hin, dass er gebildet ist. Zweifelsohne ist er befähigt, das Geschriebene richtig zu werten und in einen Stil, eine Tradition, eine Klasse von Texten einzuordnen. In zehn Jahren, vielleicht weniger, und nach ein paar Reisen auf den Kontinent ist er ein Feinschmecker.

•

Ostis Leser sitzt, Hammershøis steht. Der eine verschlingt die Schrift, der andere kostet sie. Ist dies ein sozialer Unterschied? Will sagen: Kann nur jemand, der dem Bildungsbürgertum entstammt, so stehen und lesen? Will – auch – sagen: Sollte die senkrechte Haltung für die übrigen Mitglieder der Gesellschaft, zumindest um die Jahrhundertwende, mit einer anderen Aktivität verbunden sein, einer »Arbeit«, die vielleicht eher diese Bezeichnung verdient hätte? Schwierig, sich darüber zu äußern. Was wäre dann der horizontale Leser? Ein Faulpelz! Nicht willens oder fähig, sich den anatomischen Regeln des sozialen Lebens unterzuordnen, bevorzugt er die waagerechte Stellung – ein Habitus, den er mit dem Toten, dem Liebhaber und dem Analysanden, drei entschieden asozialen Elementen, gemeinsam hat. Endlich hat Oblomow ein wasserdichtes Alibi gefunden.

(Bohemeromantik.)

•

– Daraus könnte man schließen, dass die Lektüre für dich zur Langsamkeit gehört: ein Vorgang, so bedächtig wie eine Kontinentalplattenverschiebung an den Rändern des Bewusstseins. – Vielleicht. Aber mit dem, was Roman Jakobson »die Kunst, langsam zu lesen«, will sagen die Philologie, nannte, hat das nichts zu tun. Was das Lesen langsam macht, ist die Gleichgültigkeit gegenüber dem Zwang, irgendwohin zu kommen. Wenn ich lese, will ich nichts erreichen. Natürlich kann ein Kriminalroman (Vachss, Markaris, Paretsky) mich umblättern lassen, mit der Zeit immer schneller, weil ich die Antwort auf die Frage nach dem Mörder, dem Dieb oder was auch immer finden will. Aber ich möchte, dass jenes Wohlbefinden, das ich auf dem Bett liegend empfinde, beim Lesen währt. – Also doch Philologie, die Disziplin, die Geduld und Spürsinn erfordert. – Nein, wenn ich zum Beispiel *A Philosophical Investigation* (von Kerr, nicht dem anderen) lese, bin ich im Grunde nicht interessiert, Hinweisen nachzugehen, Einfälle in Frage zu stellen oder die Beweisführung abzuklopfen. Dies wäre ein Lesen, das jenseits des Zeichens sucht. Dann wird der Text auf ein Medium reduziert, in dem ich die Wahrscheinlichkeit der Wirklichkeit prüfe. Was mich interessiert und folglich fesselt, kann in diesem Typ von Texten nur die Frage danach sein, wie die Handlung gemacht ist. – Du meinst, das Drama der Zeichen? – Würde ich es wie der Philologe zu genau unter die Lupe nehmen, ginge die Spannung verloren. Es gilt, weder zu schnell noch zu langsam zu lesen. Das Lesen, auch von Trivialliteratur, ist eine Frage des Rhythmus.

•

»Liest man allzu schnell oder allzu langsam, versteht man nichts«, meinte Pascal in einer Sentenz, die Paul de Man theoretisch anwendbar machte, indem er sie als Motto für eines seiner Bücher wählte. Mit dem Lesen, dieser infiniten Beschäftigung, ist es wie mit der Anekdote. Hastet man zu rasch, bleibt einzig die Pointe, ein fehlgezündeter Witz ohne Klangboden. Eilt man umgekehrt zu langsam, verliert man den Faden in einem Haufen loser Enden. Aufmerksam liest nur, wem es gelingt, das richtige Zeitmaß zwischen Stress und Schneckentempo zu finden. Nur so vermag das Ohr die Stimme des Textes aus dem Gemurmel herauszuhören, nur so beginnt sie, zu unserem Inneren zu sprechen. Und dann, nur dann trifft einen die Literatur.

•

Vielleicht könnte man sagen, dass ein solches Lesen kein Urteil abgibt, sondern eine Zeugenaussage. (Jedenfalls ist das behauptet worden.) Mit Gefügigkeit hat sie nichts zu schaffen, mit Aufmerksamkeit umso mehr. Oft gibt sie nicht nur Einsichten wieder, sondern verrät sie zudem noch. Zeugnis abzulegen bedeutet nicht, recht – oder seinen Willen – zu bekommen; Zeugnis abzulegen heißt, die Wahrheit zu sagen. Sowohl der Standpunkt als auch der Rapport ist dem Lesen fremd – oder vielleicht nicht fremd; nur ein bisschen unangenehm. Als würden Anforderungen an das Lesen gestellt, die nicht zu seiner Eigenart passen, als zwinge man den Schwimmer auf trockenen Boden. Der genuine Leser zieht es vor, in und mit der Literatur zu leben, das heißt, sie zu *erfahren*. Sein Handeln vollzieht sich in einem Element, nennen wir es Text, mit dem er untrennbar verbunden ist. Theorien sind nichts anderes als Schwimmkissen.

•

Wer im Stehen liest, setzt sich im Allgemeinen nach einer Weile. Der Körper fordert es. Alles Lesen unterliegt der Schwerkraft. Wer hat noch nicht erlebt, wie man nach einer halben Stunde des Lesens im Sitzen unmerklich immer tiefer im Sessel versinkt? Am Ende übt man sich in dem waghalsigen Kunststück, den Körper auf einer Fläche zu verteilen, die weniger als der Hälfte seiner Länge entspricht. Das Lesen: »*an homage to vertebrae*« (Brodsky). Endlich: die unbewegliche Zeit.

•

Etwas über die Schwerkraft oder: über die erstarrte Zeit des Lesens trotz aller Bewegung. Ein Freund schickt mir ein abgerissenes Kalenderblatt. Auf der Vorderseite ist ein weniger bekanntes Gemälde Magrittes abgebildet: »La Lectrice soumise« von 1928. Es zeigt eine Frau, die durch das Lesen eines Buchs bewegt worden ist. Auf der Rück-

seite des Blatts wird darüber spekuliert, um welche Schrift
es sich handeln mag. Vielleicht um einen Teil aus der Kri-
minalserie um Fantômas, jenen unüberwindbaren Meis-
terverbrecher, der ein französisches Feuilletonpublikum
Anfang des Jahrhunderts in seinen Bann zog. Vielleicht
handelt es sich aber auch um *Die Gesänge des Maldoror*,
Lautréamonts Versuch, das schöne Lob des Bösen zu
singen. Die Frau auf dem Gemälde steht an eine Wand gelehnt, und ihre Gesichtszüge lassen uns nicht daran zweifeln, dass sie soeben die schauerlichsten Dinge erfährt.
Von links oben fällt schräg dunkelblaues Licht in das Bild.
Die Lichtquelle muss elektrisch sein; so sieht künstliches
Licht aus. Eigentlich wäre Magrittes Bild ziemlich konven-
tionell, wäre da nicht dieses herzlose Licht. Das muss die
letzte Haltestelle vor der endgültigen Nacht sein. Kurz bevor ich das abgerissene Blatt fortlege – die Tatsache, dass
es sich bei ihm um eine Zeitmarkierung handelt, ist mir
nicht entgangen –, wird mir klar, dass die Frau womöglich
gegen ihren Willen vom Text festgehalten wird. Sie scheint

vor dem, was sie liest, zurückzuschrecken, gleichzeitig jedoch unfähig zu sein, sich von dem Buch zu befreien. (Eine »fesselnde« Schrift...) Die Pupillen ruhen wie schwarze Bleikugeln tief unten in den aufgesperrten Augen. Über ihnen wölben sich die Augäpfel, danach folgen die erhobenen Augenbrauen, dann die Horizontlinien des bekümmerten Verstehens (die Stirnfalten). Aber die Pupillen: Belastet von dem, was sie zu lesen gezwungen werden, sind sie vor Grauen erstarrt.

•

Gegen Ende von *Ada, or Ardor*, in jenem Teil, in dem man den berühmten Abschnitt über die Textur der Zeit findet, schreibt Nabokov über die Unbeweglichkeit: »Reine Zeit, Wahrnehmbare Zeit, Anfassbare Zeit, Zeit frei von Inhalt, Zusammenhang und laufendem Kommentar – dies ist *meine* Zeit, *mein* Thema. Alles andere ist numerisches Symbol oder irgendein Aspekt von Raum. Die Textur des Raumes ist nicht die der Zeit, und die buntgescheckte vierdimensionale Abart, von Relativisten hochgezüchtet, ist ein Vierfüßer, bei dem ein Bein vom Phantom eines Beins ersetzt wurde. Meine Zeit ist auch Reglose Zeit (wir werden uns sogleich von ›fließender Zeit, Wasseruhr-Zeit, Wasserklosett-Zeit trennen).«

•

– Verstrickst du dich nicht in einen Widerspruch? Soll denn die Zeit des Lesens sowohl eine Frage des Tempos als auch von etwas Unbeweglichem sein, gleichzeitig beweglich und, nun ja, starr? – Wie ich sagte: Ausdehnung bekommt das Lesen erst, wenn eine Unterbrechung einer anderen folgt. So wird es in der Zeit verankert. Und das Tempo... Mit der Frage des Tempos, dem Sinn für Takt, steht es wie mit dem Gefühl für Rhythmus. »Vielleicht ist das Einzige, was auf einen Zeitsinn hinweist, Rhythmus; nicht die wiederkehrenden Schläge des Rhythmus, sondern die Lücke zwischen zwei schwarzen Schlägen, die graue Lücke zwischen zwei schwarzen Schlägen: das Zärtliche Intervall« (*Ada*).

•

Ich lege mich aufs Bett, blättere in den Notizen, die ich mir gemacht habe. Bei jedem Umblättern sehe ich sie: drei Stiche an der Unterseite des Handgelenks. Sie erinnern mich daran, dass der Körper die Grenze für die unbewegliche Zeit ist. Dies ist die zweite Erinnerung.

Die Sorgen des Lumpensammlers

Ein kompliziertes Glück

»Ein Mann, der die Wahrheit will, wird Gelehrter«, heißt es an einer Stelle im *Mann ohne Eigenschaften*. »Ein Mann, der seine Subjektivität spielen lassen will, wird Schriftsteller, was aber soll ein Mann tun, der etwas will, was dazwischen liegt?« Für Musil stand die Antwort fest: Der Mann wird Essayist. Dass es ihm selber nie gelang, sein Werk zu vollenden, zeigt jedoch, dass nicht auf der Hand lag, worauf die Antwort in der Praxis hinauslief. Im Gegenteil, es gehört zum komplizierten Glück des Essayisten, dass er untersuchen muss, was geschieht, wenn er agiert, als ob er wüsste, was er tut. So wird er jedes Mal gezwungen, das Genre neu zu erfinden. In seiner guten Form ist der Essay immer auch ein Essay über den Essay.

Eher suchend als systematisch, eher fragend als etwas setzend und nicht selten eher inszenierend als erklärend neigt er – trotz seiner exakten Vagheit – dazu, ein Antigenre zu bilden. Als solches enthält er eine Poetik der Sehnsucht, wenn man Lukács' gefeiertem Vorschlag folgt, demzufolge die Grenze zwischen Gedachtem und Gelebtem je nachdem, wer den Stift führt, anders gezogen wird, und sich zeigt, dass diese Linie stets auch eine Lebenslinie bildet. Zu dieser Legierung aus Gedanke und Erfahrung – man hat sie »Essayismus« genannt – gehört die Fähigkeit, in Ermangelung sicherer Antworten auszuharren. Der Essayist sieht immer zu viele Seiten einer Sache, um sie ohne weiteres in ein fertiges Modell eingliedern zu können. Trotzdem lässt sich sein Handeln nicht zu einer Lappalie reduzieren. »Die Übersetzung des Worts Essay mit Versuch«, bemerkt Musil, »enthält nur ungenau die wesentlichste Anspielung auf das literarische Vorbild; denn ein Essay ist nicht der vor- oder nebenläufige Ausdruck einer Überzeugung: die bei besserer Gelegenheit zur Wahrheit erhoben werden könnte... sondern ein Essay ist die einmalige und unabänderliche Gestalt, die das innere Leben eines Menschen in einem entscheidenden Gedanken annimmt.« Trotz seiner genauen Vagheit deutet der Essay eine Moral an. Richtig angewandt, erweist er sich immer auch als eine Frage der Lebensführung. Der Text, der entsteht, setzt sich nicht nur aus dem Bericht über den Umgang mit einem Gedanken und etwas alphabetischer Seelenhygiene oder einem Plädoyer für die eine oder andere Form von Kulturkritik zusammen. Er ist immer auch eine Übung in der Kunst zu leben. Egal, wie sich der Essayist verhält, sein Vorhaben wird damit ein bisschen zu einem Fragezeichen. Das unterscheidet ihn sowohl vom Gelehrten als auch vom Schriftsteller. Für Ersteren ist das Schreiben eine Methode, Wissen zu sichern; für Letzteren eine Strategie, es kreativ aufs Spiel zu setzen. Der Schriftsteller betrachtet die Universität im Allgemeinen als einen Kindergarten minus Spielsachen; in den Augen des Akademikers erscheint die Literatur eher als ein Spielplatz ohne Aufsicht. Einzig der Naive kann sich darüber wundern, dass sie einander selten anders als mit Verwunderung betrachten. Die Situation des Essayisten ist gleichzeitig freier und schwieriger. Er ist der Trickser auf dem Feld des Textes. Mal leiht er sich Fakten, mal klaubt er Fiktionen zusammen. Doch dies geschieht stets mit dem Ziel, den Weg zwischen der Scylla der Wahrheit und der Charybdis des Märchens zu finden. Mit dem »entscheidenden

Gedanken« als Kompass findet er unter Umständen auch in sternenlosen Nächten eine Route. Wenn es in der Kultur dämmert und selbst Zwerge lange Schatten werfen, werden solche Fertigkeiten benötigt.

Allein in schlechter Gesellschaft

Es gibt eine Stelle in Baudelaires Notizbüchern, an der er den Finger auf das Empörende allen Glaubens legt: Er basiert auf schlechtem Urteilsvermögen. Wenn wir glauben, treten wir über die Schwelle, die uns aus dem erleuchteten Raum des Wissens hinausführt. Wider besseres Wissen verlassen wir uns darauf, dass uns die Dunkelheit wohlgesinnt ist – oder parieren unsere Zweifel so erfolgreich, dass wir die Bedenken für einen glückseligen Moment hinter uns lassen können. Kühn ist allein der Unwissende. Der Schlaf ist ein gutes Beispiel. Über ihn kann man sagen, »wir Menschen schlafen tagtäglich mit einer Kühnheit ein, die unerklärlich wäre, wenn wir nicht wüssten, dass sie auf der Unwissenheit um die Gefahr beruht«. Irgendwo auf halber Wegstrecke dieser Reflexion wird das moderne Bewusstsein geboren. Um einzuschlafen, muss man in der Lage sein, den Kopf unter dem Arm zu tragen. Ist einem bei diesem anatomischen Arrangement nicht wohl, fangen die Probleme an. Oder deutlicher ausgedrückt: Ein Bewusstsein, das seine eigene Unwissenheit erkennt, hat andere Sorgen, als zu schlafen. Wer kann schon vorhersagen, was in dem Moment geschieht, in dem die letzte Glühbirne im hintersten Winkel unseres Kopfs gelöscht wird?

An einer Stelle bemerkt E. M. Cioran, einer von Baudelaires vielen ungläubigen Nachkommen: »Den Schlaf zu

betreten heißt, ein Schlachthaus zu betreten.« So ungefähr wirkt das Dasein auf einen Menschen, der den Glauben an Hypnos' gute Absichten verloren hat. Der Schlaf
ist der Ort, an dem der Mensch für eine Handvoll Stunden
auf eine Frage der Fleischerei reduziert wird. Sicher, seinem Seelenleben wird Auslauf gewährt, aber Hand aufs
Herz: Ähnelt die Liege nicht beunruhigend einem Hack-
brett? Und kann es wirklich Zufall sein, dass es vom Menschen heißt, er »ruhe«, wenn er in Wahrheit tot ist?

Für Baudelaire wie Cioran war der Schlaflose ein Hiob
minus Gott. Nie erlebt er seine Einsamkeit so deutlich wie
bei Einbruch der Nacht. Der Schlaf ist das Gleiche wie eine
Gehirnwäsche. Getrieben von der Angst, umprogram-
miert zu werden, halten ihn die Gedanken wach. Dadurch
tritt das Leben in seiner ganzen schrecklichen Kontinuität
hervor. Für den Schlaflosen gibt es keinen Bruch mehr
zwischen Tag und Nacht. »Sein Kopf ist ein kleines Interieur mit grauen Spiegeln«, wie Sylvia Plath in einem Gedicht schreibt,

Jede Geste flieht augenblicklich in eine Gasse
Aus verkleinerter Perspektive; ihre Bedeutung
Verschwindet wie Wasser durch ein Loch ganz hinten.

Während die übrige Menschheit schläft, ist der Wache gezwungen, sich mit dem kläglichsten Umgang überhaupt
zu amüsieren: seiner eigenen Einsamkeit. Der Teufelskreis
schließt sich, wenn er nicht einschlafen kann, gleichzeitig
jedoch die schlechte Gesellschaft satt hat. Wie Edith Sö-
dergran der Meinung zu sein, diese Erfahrung würde in
ihrer glimpflichen Form die Genialität stärken, muss als
vitalistischer Künstlermythos gesehen werden. Natürlich
lässt uns die Schlaflosigkeit nur die Nichtigkeit erleben,

die der Mittelpunkt des Lebens ist. Aber vielleicht ist das
ja nicht die schlechteste aller Erfahrungen? Es gilt, sich
die Lage vor Augen zu führen: Wie man sich bettet, so
liegt man.

Metaphysische Metrik

Dabei sein ist alles, hieß es, wenn sich das Kind darüber
beklagte, beim Wettlaufen oder Pfeilschießen nicht gewonnen zu haben. Erst später, ins Altgriechische vertieft,
wird deutlich, dass man in diesem weisen Spruch keinen
metaphysischen Trost finden wird. Mit etwas Glück entdeckt man jenes seit der Antike beliebte Genre, das betont,
es wäre besser, tot zu sein als lebendig, und am allerbesten, nie geboren worden zu sein. Statt metaphysischer
Linderung gibt es jedoch eine andere: die der Kunst. Die
Vitalität, mit der die Erkenntnis von der Erbärmlichkeit
aller Dinge formuliert wird, widerspricht ihrer Bedeutung,
und aus der Spannung, die zwischen Form und Inhalt der
Aussage entsteht, kann allein die Kunst Kraft schöpfen.

Seit Sophokles das Genre erprobte – »Nie geboren zu
sein, das ist / Weit das Beste – doch wenn man lebt, / Ist
das zweite, woher man kam, / Dorthin zu kehren, so
schnell wie möglich« –, kehrt die Spannung zwischen der
Atemlosigkeit des Lebens und dem Fortbestand der Kunst
mit einer Verlässlichkeit zurück, die man wiedergänge-
risch nennen möchte. Eine spirituelle Inkarnation taucht
bei Chamfort auf: »Wenn behauptet wird, dass die unsen-
sibelsten Personen im Allgemeinen am glücklichsten sind,
entsinne ich mich des indischen Sprichworts: ›Es ist besser zu sitzen, als zu stehen, besser zu liegen, als zu sitzen,
am besten aber, tot zu sein.‹« Mit einer solchen Sichtweise

bekommt das menschliche Dasein Züge einer Übung in Vergeblichkeit, bei der sich der Tod witzigerweise preisen lässt, weil er wenigstens einen Schlussstrich unter die Pleiten des Lebens zieht.

Auch bei Beckett taucht der Gedanke auf. In einem Gedicht, das als eine Übersetzung »frei nach Chamfort« präsentiert wird, kontert er den Aphorismus des Franzosen mit einer eleganten Brutalität, die den Text von jenen Spuren erhabener Ruhe befreit, die dem Original noch eigen waren: »Auf dem Hintern besser als auf den Beinen, / Auf dem Rücken besser als beides, tot am allerbesten.« Auch in *Murphy*, seinem Erstlingsroman von 1935, taucht der Gedanke auf. Dort spricht ein gewisser Wylie über das Dasein als eine »Zelle«, erhitzt von »der Wärme des Bluts«. Es ist »das zweitbeste danach, nie geboren worden zu sein«. Seiner Logik zufolge, bei welcher der Tod den ultimativen Akzent setzt, entspricht nie geboren zu werden dem, was man in der Verslehre die Penultima nennen würde, das heißt, die Betonung auf der vorletzten Silbe. Folglich ist das Leben der Antepenultima gleichzusetzen – oder das drittbeste.

In *Molloy* erhält diese metaphysische Metrik ihre ansprechende Form. Becketts Antiheld liegt auf dem Bett und räsoniert: »Dieses Mal und dann noch einmal, denke ich, dann wird es aus sein, denke ich, auch mit dieser Welt. So ist es, vorvorletzter zu werden.« Das Holpern der Sätze zeigt mit wünschenswerter Deutlichkeit, warum der Mensch immer auf dem dritten Platz landet. Atemlos enttäuscht er die Erwartungen. Man muss es als glückliche Wiedergutmachung sehen, dass es der Kunst erlaubt ist zu siegen. Der Wert dieser Syntax der Schwäche, die bei Beckett Form annimmt, lässt sich nur in Gold aufwiegen.

»Denk doch an mich«

Vor ein paar Jahren machte im Osten Deutschlands ein Witz die Runde. Ein Kind und ein Pädophiler gehen ein Stück zusammen. Es ist Spätherbst, es hat angefangen zu regnen. Das Paar läuft Hand in Hand die Straße entlang. Als sie das Ende der Ortschaft erreichen, gehen sie noch eine Weile weiter. Dann steht man auf freiem Feld, verlässt die Straße und überquert die Äcker. Schließlich erreichen sie ein Gehölz. Sie gehen immer tiefer zwischen die regenschweren Bäume. Am Ende zieht das Kind jedoch an der Hand des Mannes, blickt auf und sagt: »Es ist kalt. Ich friere. Ich habe Angst.« Worauf der Kinderschänder erwidert: »Denk doch auch mal an mich. Zurück muss ich den ganzen Weg alleine gehen.«

Die Humanisten haben uns gelehrt, wie man sich mit dem Schicksal versöhnt, die Ironiker, wie man ihm gegenüber Nachsicht walten lässt. Die Zyniker versuchen offenbar, uns glauben zu lassen, das Leben würde immer übel enden. Müssen wir uns vielleicht an die Virtuosen des Sarkasmus wenden, um zu lernen, wie man das Beste aus einer schlimmen Lage macht? Ihre Literatur würde jedenfalls nie auf die Idee kommen, das Opfer mit seinem Schicksal zu versöhnen oder das möglicherweise menschliche Antlitz des Henkers zu thematisieren. Die sarkastische Literatur mag herzlos sein, bleibt jedoch immer leidenschaftlich.

Die Vorlage für den Witz findet man bei Heinrich von Kleist. In einer Anekdote erzählt er von einem Kapuzinermönch, der an einem regnerischen Tag einen Mann zum Galgen begleitet. Der Verurteile beklagt sich mehrfach bei Gott. Dass er seinen letzten Gang bei derart schlechtem Wetter antreten müsse, sei wirklich die Höhe. Der Mönch versucht den Mann zu trösten und sagt: »Du Lump, was klagst du viel, du brauchst doch bloß hinzugehen, ich aber muss, bei diesem Wetter, wieder zurück, denselben Weg.« Man kann das Gespräch als eine Studie in Galgenhumor sehen. Man kann den Dialog aber auch als Ausdruck einer vitalen Spielart des Pessimismus sehen – die Antwort eines Stoikers auf dieses biologische Theater, das wir Leben nennen. Seit Kleist seine Anekdote schrieb, sind die Scharfrichter nicht gerade arbeitslos gewesen. Lange blieb die Situation unverändert: Es gab Opfer und es gab Henker. Im Grunde existierte nur eine weitere Rolle – die des Zeugen. Heute sieht es anders aus: In der zynischen Kultur steckt der Zeuge mit dem Henker unter einer Decke. Wird es vielleicht Zeit, zu Kleists passionierter Herzlosigkeit zurückzukehren? Für eine Literatur, die Wert auf ihre Bedeutung legt, kann es nur von Vorteil sein, die Rolle des Zeugen zu pflegen. Erforderlich sind letztlich bloß wache Augen, eine flinke Zunge und etwas Geduld. Der Virtuose des Sarkasmus ist der letzte urteilsfähige Zeuge. Er spricht, ohne die Umstände zu beschönigen. Im Grunde tut Kleists Mönch alles, was man von einem Freund verlangen kann. Wenn er außerdem die Gelegenheit nutzt, das Opfer darauf hinzuweisen, dass es nicht als Einziger leidet, muss dies als Zugeständnis an die eigene Sterblichkeit betrachtet werden.

Aller guten Dinge sind drei

In der Erzählung »The Premature Burial« bemerkt Edgar Allan Poe, der Gedanke an das Erdbeben von Lissabon oder die Pest in London könne einem Menschen paradoxerweise »angenehme Pein« bereiten. Es gehöre zu den

Fähigkeiten der Geschichte, einen in seltsamer Verzückung schaudern zu lassen, auch wenn die Erlebnisse selbst alles andere als heiter seien. Wenn sich das Vorgefallene dagegen als erfunden herausstelle, »betrachten wir es mit unmittelbarem Entsetzen«.

Man könnte meinen, Poe habe sich getäuscht. Gehört es nicht zur Eigenart der Literatur, unser Herz auch dann zu erleichtern, wenn sie eine Tragödie schildert? Ist es nicht umgekehrt das Los der Geschichte, uns zu entsetzen und zu deprimieren, uns aufzuwühlen oder den Mut verlieren zu lassen? Lassen wir uns jemals von den Katastrophen entzücken, die den Weg der Vergangenheit in unsere Gegenwart säumen? Poe weist darauf hin, dass er andere Beispiele aus dem »langen und seltsamen Katalog über menschlichen Kummer« auswählen könnte. Wichtiger ist jedoch, dass die schlimmste Form des Leidens stets der einzelne Mensch ertragen muss, nie die Masse. Und unter diesen gibt es eine Qual, die zweifellos »die schrecklichste« ist, die er erleiden kann: Nichts macht den Menschen so hilflos in seinem Leiden, nichts so einsam wie die vorzeitige Beerdigung.

In seiner Erzählung berichtet Poe von Personen, die auf Grund unglücklicher Umstände ein paar Herzschläge zu früh beerdigt wurden. Um dem Leser das richtige Gefühl furchtgespickten Entzückens einzuflößen, hebt er hervor, dass es sich um authentische Fälle handelt. Aber selbst wenn die Details fingiert wären, hätte er sie doch nicht aus der Luft gegriffen. Im 19. Jahrhundert sorgten mangelhafte medizinische Diagnosen des Öfteren für Schlagzeilen. Zu den Fällen, über die Poe von der anderen Seite des Grabes geschmunzelt haben muss, gehört ein gewisser Washington Irving Bishop. Sieben Jahre nach dem Tod des Schriftstellers geboren, starb dieser gefeierte Gedankenleser 1873, 1881 und 1889. Beim letzten Mal endgültig, im Alter von dreiunddreißig Jahren. Bishop hatte die Gabe, die Gedanken anderer Menschen zu lesen. Nicht selten wurde er dazu in einen tranceartigen Zustand versetzt, da er »an dem einzigartigen Gebrechen« litt, das Poe als »Katalepsie« identifizierte. Bei diesen Gelegenheiten wurden seine Sinne kurzgeschlossen, die Muskeln erstarrten, am Ende waren sämtliche Lebenszeichen verschwunden. Als Bishop die ersten beiden Male so starb, konnte er Stunden später wieder zum Leben erweckt werden und die Huldigungen seiner Umgebung entgegennehmen. Im Mai 1889 kam er jedoch in den Genuss seines letzten Applauses. Nach einer geglückten Séance in New York fiel er ins Koma. Diesmal blieb er eine ganze Nacht regungslos liegen. Am nächsten Morgen wurde er für tot erklärt. Seinen Körper brachte man zu einem Beerdigungsinstitut, wo der Verstorbene in Gegenwart der herbeigeeilten Mrs Bishop hergerichtet wurde. Der nervöse Assistent ließ jedoch versehentlich den Kamm fallen, der sofort verschwand. Daraufhin entdeckte man, dass er in ein leeres Kranium geglitten war. Zum Entsetzen seiner Gattin war Bishops Schädel bei einer Nacht-und-Nebel-Aktion geöffnet und das Gehirn entfernt worden.

»Wo befand sich seine Seele in dieser Zeit?«, fragt Poe in seiner Erzählung. In Bishops Fall nahmen die Ärzte die Angelegenheit selber in die Hand. Selbst wenn der Gedankenleser nach einer Nacht unerhörter Abwesenheit wiederauferstanden wäre, kann es ohne graue Substanz nicht viel zu tun gegeben haben. Wie der Autor mit den ungesunden Interessen wusste: »*Truth is, indeed, stranger than fiction.*«

Sang froid

Bei Theogenis, tätig um 550 vor unserer Zeitrechnung, findet sich eine Ermahnung, die erstaunen mag. Umständlich formuliert lautet sie: »Zeige das Temperament des komplexen Tintenfischs, der Züge des Felsens annimmt, an dem er sich aufhält.« Für jemanden, dessen zoologisches Wissen gering ist und dessen Einsichten in marine Angelegenheiten gegen Null tendieren, bleibt die Aussage sicher ein Rätsel. Mit vorhersehbarer Selbstbezogenheit deutet man sie möglicherweise als einen stoisch gesinnten Tipp an den Schriftsteller – etwa: »Bleibe cool und verschlagen; versuche dich anzupassen.« Anschließend gerät der gutgemeinte Rat bestimmt in Vergessenheit.

Erst bei neuerlicher Lektüre der *Odyssee*, insbesondere der Schilderung von Odysseus' Aufenthalt bei Kalypso im fünften Buch, findet die Anweisung ein Echo. Zwei Tage und zwei Nächte soll Homers Held in aufgewühlter See getrieben sein, »und viel sah ihm sein Herz den Untergang voraus«. Als der dritte Morgen graut, entdeckt er einen Uferstreifen. Die Dünung ist jedoch mächtig, und als er an Land zu gelangen sucht, hört er »ein Dröhnen an den Meeresklippen«. Näher gekommen, sieht er rasende Wellen gegen steile Felsen schlagen. Er lässt alle Hoffnung fahren und richtet ein klagendes Gebet an die Götter. Plötzlich schleudert ihn eine kräftige Welle gegen die Felsen. »Da wäre ihm die Haut wohl abgeschunden und die Knochen zusammengeschmettert worden«, gesteht Homer, wenn Pallas Athene Odysseus nicht die Idee eingegeben hätte, »mit beiden Händen den Felsen [zu fassen]«. Für einen kurzen Moment gelingt es ihm, sich in Sicherheit zu bringen. Doch nach der dringend benötigten Atempause reißt die Sturzsee den Helden los und trägt ihn wieder aufs Meer hinaus. Weitere Zeit vergeht, während der Kräfte und Hoffnung schwinden – bis er unerwartet die »Mündung eines Flusses« erblickt und es ihm gelingt, hineinzuschwimmen. Gegen Mittag kann Odysseus endlich an Land kriechen.

Kurz vor der Rettung beschreibt Homer, wie das Meer den Helden packt, der sich an den scharfkantigen Felsen geklammert hat: »Und wie wenn bei einem Polypen, den man aus seiner Behausung zieht, an den Saugnäpfen dichte Steinchen haften: so wurde ihm von den kühnen Armen Fetzen von Haut an den Steinchen abgeschunden, und die große Woge bedeckte ihn.« *Polytropos* nennt Homer seinen Helden: »verschlagen«, »vielseitig« oder auch »vielverzweigt«. Wollte Theogenis den Dichter bitten, wie ein listiger und überlebenstüchtiger Tintenfisch zu agieren? Zumindest liegt es nicht fern, das Tableau als ein Bild für die Mühen des Autors zu deuten, die Lage in den Griff zu bekommen. Die übel ramponierten Hautfetzen sind der Preis, den er bezahlen muss. Denn was sind die Buchstaben anderes als der alphabetische Abrieb, der auf weicheren, aber darum kaum weniger furchteinflößenden Flächen übrigbleibt: den trügerisch ruhigen, täuschend weißen Stränden des Papiers?

Wer die Analogie zu gewagt findet, mag sich in Erinnerung rufen, dass der Tintenfisch, der sich mit solch schlüpfriger Grazie an seine Umgebung anpasst, das Tier ist, in dessen Venen das kühle Blut fließt, das Tinte genannt wird.

Ausschlag

Von Ernst Jünger, lange der *grand old man* der deutschen Literatur und Insektenforscher von Rang, erzählt man sich, dass er in den siebziger Jahren nach Afrika reisen wollte, um dort nach einem seltenen Käfer zu suchen. Der einheimische Terrorismus hatte sich verschärft, und als er durch die frisch installierten Metalldetektoren auf dem Münchener Flughafen ging, piepste es. Er zog Schlüssel, Münzen und Füllfederhalter aus den Taschen. Wieder ging er durch die sensiblen Detektoren und wieder piepste es. Jünger erkannte den Grund und erklärte dem misstrauischen Beamten, es müsse an den Granatsplittern liegen, die er im Körper trage. Nicht aus dem Zweiten, sondern aus dem Ersten Weltkrieg.

Details haben diese Eigenart; wir bemerken sie erst, wenn die Wahrnehmung geschärft wird. Ihre Bedeutung ist auf die gleiche indirekte Art ausschlaggebend wie die Metallspäne, die mehr als ein halbes Jahrhundert im Körper eines früheren Infanterieleutnants verborgen lagen. Um sie zu entdecken, ist eine ungewöhnlichere Sensibilität erforderlich, eine andere Art der Präzision. Dann enthüllen sie schwindelerregende Perspektiven. Doch auch Wachsamkeit ist hier gefordert. Denn selbst wenn es einem Detektor gelingt, verirrte Splitter zu registrieren, ist deshalb nicht gesagt, dass er auch fähig ist, die rätselhaften Schieflagen des Lebens oder eine der interessanten Eigenheiten an den vielen angestoßenen Dingen der Welt wahrzunehmen. Dazu bedarf es einer anderen Form von Sensibilität, weniger mechanisch, dafür elementarer.

Vladimir Nabokov pflegte zu betonen, man müsse »das Detail liebkosen«. Für seine Prosa war die Kleinigkeit ebenso sehr Stoff wie Formsache. Sie musste nicht als repräsentativer Teil eines größeren Ganzen Dienst tun, sondern konnte ebenso gut ohne Zusammenhang dastehen. So zwang das Detail den Leser, langsamer zu werden und die Pracht der beschriebenen Welt zu erleben. Ein Beispiel ist ein gewisser Sleptsov, der sich in der Erzählung »Heiligabend« in »eine ungelebte Ecke« einer Landesresidenz setzt. Das langsame Licht des Nachmittags, dicht und blau, lässt den Raum in der Stille treiben. Nach einer Weile hebt der müde Held die Hand aus dem Schoß und betrachtet sie: »Ein Tropfen Wachs war in der dünnen Hautfalte zwischen zwei Fingern hängengeblieben und gehärtet.« Die Szene ist ohne praktische Bedeutung für die Handlung, fesselt den Leser jedoch durch behutsame Anschaulichkeit. Der Symbolorientierte nimmt eventuell eine Parallele zwischen der winterlichen Stille, die sich herabgesenkt hat, und der gehärteten Haut des Wachses, Sleptsovs erstarrter Trauer und dem dünnen Überzug wahr, hat dann allerdings bereits diese wirkungslose Falte in der Handlung aus den Augen verloren. Es muss nicht alles immer etwas bedeuten.

Wenn die Literatur gut ist, will sagen, präzise und wachsam, glatt, aber fürsorglich, pendelt sie zwischen der Art verborgener Erzählung, die Jünger in sich barg, und Nabokovs prägnantem Detail, das sich selber genug ist. So wird sie einer geschliffenen Welt ebenbürtig.

Postkarte aus Babel

Ein Gedicht kann eine Liebeserklärung oder eine Gesellschaftsreportage sein, eine Gebrauchsanweisung für die Kunst, allein zu sein, oder ein Baedeker zu einer Region, Xanadu oder Hotaheiti genannt, jenseits der Geographie, aber diesseits der Grammatik. Es gibt Lyriker, die über Visionen Protokoll führen, die so vernichtend schön sind wie neurochemische Manipulationen. Aber es gibt auch welche, die ihre innere Stimme mit Hilfe eines Babyfons abhören. Für manche ist das Gedicht wie das Innere des Winds, andere erinnert es an das unterirdische System des Maulwurfs, in dem die Erdaufwürfe eine verdeckte Wiederauferstehung sind.

Gedichte können simpel wie Ampeln, aber auch kompliziert wie Mathematik sein. In manchen kicken Musen Fußball, in anderen scharren Mäuse unter Decken. Es gehört zum Geheimnis mancher Gedichte, dieses nicht zu verraten, zu dem anderer, gar keins zu haben. Manchmal greifen Gedichte die eigene Wahrnehmung an, ein anderes Mal suchen sie die Vernunft in Verlegenheit zu bringen. Und natürlich können sie himmlische Klänge in ein Metrum bannen. Doch zuweilen bilden sie auch ein Pamphlet *gegen* die Poesie – eine »Noesie«, verschlagen, findig, verflucht, die ihr Bestes gibt, ihre eigene Unmöglichkeit zu zeigen. Und es schafft. Und scheitert.

Gedichte sind kurz, Gedichte sind lang. Gedichte sind kalt, Gedichte sind heiß. Meistens sind sie beides. Gäbe es ein Instrument, mit dem man ihre Temperatur messen könnte, würde man wahrscheinlich entdecken, dass Gedichte 37 Grad warm sind – das heißt: alphabetische Inkarnationen der Makel und Mirakel des Lebens. Nur eins sind sie nicht, und auch das haben sie mit Menschen gemeinsam: Sie sind nicht austauschbar. Deshalb muss jedes Gedicht die Poesie neu erfinden. Sie sind keine Illustrationen, sondern Beispiele des Daseins. Kurz, das Zentrum der Poesie liegt mal hier, mal da, überall dort, wo Eifer und Irritation lokale Triumphe feiern. Die unbequeme Wahrheit lautet, Gedichte werden für alle und niemanden geschrieben, abgeschickt von einem Ort, der schwer festzulegen und unmöglich zu besuchen, aber jedem zugänglich ist, der ihm seine Zeit schenkt. Noch kürzer: Gedichte zeigen, die Poesie ist eine Sprache, aber formuliert in unzähligen Zungen. Am kürzesten: Jedes Gedicht ist eine Postkarte aus Babel.

Mein Gefährte, mein Bruder

Anreden des Lesers in allen Ehren, aber beunruhigende Literatur teilt Schläge aus. Durch sie lässt uns der Text bestellen, dass er auch viele Menschenalter nach seiner Entstehung noch lebt. In *Les Chants de Maldoror* wird ein Exempel statuiert. Im sechsten Gesang beschreibt Lautréamont einen jungen Engländer, dessen Silhouette sich plötzlich an der Straßenkreuzung der Rue Colbert und der Rue Vivienne in Paris abzeichnet. Es ist Mervyn, sechzehn Jahre und vier Monate alt. Es ist halb neun am Abend, er kommt gerade von einer Fechtlektion. Die Schönheit des Jünglings, notiert der Erzähler mit einer Formulierung, die so berühmt wie berüchtigt werden sollte, ist »wie die zufällige Begegnung zwischen einer Nähmaschine und einem Regenschirm auf einem Operationstisch«.

Die Surrealisten wollten dieses Tableau als Vorlage für jene elektrisierte Schönheit sehen, nach der jede Literatur streben sollte. Sicherlich kann die Begegnung auf Lautréamonts Operationstisch als Urszene der modernen Literatur betrachtet werden. Hier wird nicht nur der Surrealismus geboren, sondern auch eine ganze Reihe anderer Strömungen. Heute verführen jedoch weniger die schlüpfrigen Anspielungen oder die theatralische Beleuchtung der Szene. Eher ist es die klinische Hingabe, mit welcher der Autor seine Mittel manipuliert. Seine überraschende Kombination unvereinbarer Elemente deutet an, dass Schönheit uns nicht durch natürliche Grazie betören muss, sondern ebenso gut durch sachlichste Affektiertheit schaudern lassen kann.

Man sehe sich nur an, was auf die Szene folgt, nach der die Surrealisten die Lektüre beendet haben müssen. Nachdem Lautréamont Mervyn beschrieben hat, lässt er seinen Erzähler eine lichtscheue Gestalt entdecken, die den Jüngling ebenfalls erblickt hat. Es ist Maldoror. Lautlos schleicht er hinterher, worauf sich der Sprecher erschüttert an den Leser wendet: »Sie haben den erdichteten Helden wiedererkannt, der seit langem mein unglückliches Gehirn mit dem Druck seiner Persönlichkeit sprengt!« Man kann sagen, was man will, aber so spricht kein allwissender Erzähler. Der Ton, der hier anklingt – »ein unkontrollierbares Zittern« –, gehört zu einem besessenen Wesen. Das Unheilverkündende an den *Gesängen des Maldoror* besteht darin, dass der Text zeigt, er, der die Schilderung doch beherrschen sollte, ist Opfer seiner eigenen Vorstellungskraft. Lautréamont enthüllt einen Schöpfer, der in der Gewalt seiner Schöpfung ist. Damit erfordert sein Werk eine Einfühlung zweiten Grades. Als Leser verhalten wir uns zum Erzähler wie der Erzähler zu Maldoror, wie Maldoror zu Mervyn und, wie sich zeigen wird, wie Mervyn zum Erzähler. Es ist ein übler Pakt, der nur wider besseres Wissen eingegangen wird, denn er macht den Leser sowohl zum Opfer als auch zum Mittäter: »Mal schleicht sich Maldoror dicht an Mervyn heran, um sich die Züge des Jünglings ins Gedächtnis zu ätzen; mal entzieht er sich mit zurückgelehntem Körper wie ein australischer Bumerang in der zweiten Phase seines Flugs, oder vielmehr wie eine infernalische Maschine. Unsicher, was er tun soll. Doch sein Bewusstsein zeigt keine Anzeichen für den leisesten Hauch eines Gefühls, wie Sie so fälschlich annehmen. Kurze Zeit sah ich, dass er sich in die entgegengesetzte Richtung bewegte; war er von Reue übermannt worden? Dann kehrte er mit neuem Eifer zurück. Mervyn begreift nicht, warum der Puls so heftig in seinen Schläfen pocht, sondern eilt weiter, erfasst von einer Angst, für die er, und Sie, vergeblich nach dem Grund suchen werden.«

Wird nicht durch diese heimtückische Doppelung – diese Reibung, wenn man so will – in den *Gesängen des Maldoror* Schönheit erreicht? Wer weiterliest, wird sich des Verdachts kaum erwehren können. Wie alle »edlen Tiere aus Katzengeschlecht« erkennt Mervyn schnell, dass er verfolgt wird. Er ist machtlos, aber »erwartet mutig seinen Gegner und verkauft sein Leben teuer. »Morgen«, konstatiert der Erzähler trocken, »wird irgendein Lumpensammler eine elektrisierbare Haut kaufen.« Ist die Sorge um diese leere Hülle vielleicht das wahre Ergebnis der Begegnung zwischen einem Regenschirm und einer Nähmaschine auf einem Operationstisch? Wer mit Lautréamonts Text verkehrt, spürt seine seltsamen Schläge. Wie alle lebendige Literatur zeigt er, Schönheit entsteht nur in Gegenwart eines Zeugen – der gleichermaßen Mittäter und Opfer ist. Die verlorene Beherrschung des Lesers ist Beweis genug.

Aspiration

»Ich habe nichts, wovon ich sagen möchte, es sei mein eigen«, schreibt Hyperion an seinen Freund Bellarmin: »Fern und tot sind meine Geliebten, und ich vernehme durch keine Stimme von ihnen nichts mehr. ... Ruhmlos und einsam kehr ich zurück und wandre durch mein Vaterland, das, wie ein Totengarten, weit umher liegt...« Das Jahr ist siebzehnhundertirgendwas, der Ort Griechenland. Der wahre Schauplatz ist jedoch ein Briefroman in zwei Bänden, die im Abstand von zwei Jahren 1797 und 1799 erschienen sind. Der Autor hieß Friedrich Hölderlin; mit *Hyperion* schrieb er Geschichte.

Es ist nicht leicht auseinanderzuhalten, was in diesem Text ein von Türken unterdrücktes Hellas und ein aus feindseligen Fürstentümern zusammengesetztes Deutschland, antike Zeit und vorindustrielles Revolutionsjahr ist. Es lässt sich nicht einmal problemlos entscheiden, um welches Genre es sich handelt. Zwar hat das Buch die Form eines Briefwechsels, aber Hyperions Schilderung gestutzter Freiheitssehnsucht und zerschellter Liebe ist so innig, dass »engagierte Lyrik« ebenso gut passen würde. Im Vorwort sorgte sich der Autor deshalb auch darum, wie man sein Buch aufnehmen würde: »Aber ich fürchte, die einen werden es lesen, wie ein Kompendium, und um das *fabula docet* sich zu sehr bekümmern, indes die anderen gar zu leicht es nehmen, und beide Teile verstehen es nicht.«

Wenn der Roman keine Zusammenfassung historischer Ereignisse, auch keine lehrreiche Geschichte über die Unergründlichkeit der Liebe bot, was wollte Hölderlin dem Leser dann vermitteln? Die Antwort hierauf ist die Antwort auf die Frage, was die Romantik mit ihrer Literatur zu erreichen versucht. Nur wenige Texte zeigen deutlicher, was auf dem Spiel steht, als *Hyperion*. In einem Brief an seinen Freund Böhlendorff, geschrieben nach der verhängnisvollen Reise nach Frankreich, die zum Zusammenbruch des Dichters führte, und mit einem knappen »H« unterzeichnet, deutet er an, was das Genre speziell macht: »Schreibe doch nur mir bald. Ich brauche Deine reinen Töne. Die Psyche unter Freunden, das Entstehen des Gedankens im Gespräch und Brief ist Künstlern nötig.«

»Psyche unter Freunden«, so lautet die Zauberformel des romantischen Texts. Sie zeigt, dass es zur Eigenart des Briefwechsels zählt, nicht einem Urheber anzugehören. Die Rollen als Absender und Empfänger wechseln; was die Schreibenden beseelt, ist eine Kraft, die keiner besitzt, die man nur teilen kann. Ohne Psyche keine Briefe, keine Briefe ohne Rollentausch. Hölderlin betrachtete alle Dichtung als ein solches Hin und Her. Fragt sich nur, woher die animierende Kraft kommt. Entspringt sie aus dem Text selbst, oder ist sie eher die Bedingung dafür, dass die Poesie überhaupt entstehen wird? Hölderlin gibt dieser Kraft einen griechischen Namen, als wollte er andeuten, dass sie zwar vertraut ist, aber fremd bleibt – wie ein Lehnwort in der heimischen Sprache. Einige Zeilen später in dem Brief kommt Hyperion der zweideutigen Herkunft dieser Psyche auf die Spur: »Mein ganzes Wesen verstummt und lauscht, wenn die zarte Welle der Luft mir um die Brust spielt. Verloren ins weite Blau, blick ich fort hinauf an den Aether und hinein ins heilige Meer, und mir ist, als öffnet' ein verwandter Geist mir die Arme, als löste der Schmerz der Einsamkeit sich auf ins Leben der Gottheit.«

Man könnte meinen, dieses Szenario, das in einer Handvoll Zeilen skizziert wird, sei nicht viel mehr (oder weniger) als ein lyrisches Bild dafür, was uns das Christentum über den Heiligen Geist lehrt. Psyche ist sozusagen in der Kirche der Luft daheim. Der Geist verbindet uns mit Himmel und Meer und lässt uns teilhaben am »Leben der Gottheit«. Möglicherweise stimmt eine solche Deutung mit dem überein, was wir über die Frömmigkeit des ehemaligen Theologiestudenten zu wissen glauben. Doch sein *Hyperion* sagt etwas anderes. Dort heißt es über den glückseligen Augenblick, der geschildert wird, dass es scheint, »als öffnet' ein verwandter Geist mir die Arme«. In diesem konjunktivischen Schweben, so ahnungsvoll wie ungewiss, liegt die Erkenntnis verborgen, die die geheime Aspiration des romantischen Texts ist.

Hölderlin dramatisiert das Schweben in einem anderen, kurz nach *Hyperion* entstandenen Text, und zwar in der Elegie »Brod und Wein«, einer Meditation über das Abendmahl und folglich auch den Transfer zwischen Menschlichem und Göttlichem:

Vater Aether! so riefs und flog von Zunge zu Zunge
Tausendfach, es ertrug keiner das Leben allein;
Ausgeteilet erfreut solch Gut und getauschet,
                      mit Fremden
Wirds ein Jubel, es wächst schlafend des Wortes Gewalt:
Vater! heiter! und hallt, so weit es gehet, das uralt
Zeichen, von Eltern geerbt, treffend und schaffend hinab.
Denn so kehren die Himmlischen ein, tiefschütternd
                      gelangt so
Aus den Schatten herab unter die Menschen ihr Tag.

In acht Zeilen wird die Wendung vom Himmel zur Erde nicht nur als Wendung von oben nach unten, sondern auch von außen nach innen inszeniert. Die Himmlischen »kehren ein« in das Leben der Menschen, wenn der Ausruf »Vater Aether!« mit seinem blitzhaften Ausrufezeichen »von Zunge zu Zunge« fliegt und »das uralt Zeichen« – Hölderlin denkt an den Donner – »treffend und schaffend hinab« grollt. Das verklingende Echo lässt sich kaum überhören. Zunächst steht »Vater Aether!« und vier Zeilen später »Vater! heiter!«. Durch ein Wortspiel verwandelt sich das nominative *aithir* des Griechischen in das adjektivische *heiter* des Deutschen. Die väterliche Luft erfüllt die Brust des Sprechenden und verlässt sie wieder als Gesang. Die Wendung von oben nach unten ist gleichzeitig eine Wendung vom Fremden und Äußeren zum Eigenen und Inneren – und wieder ins Äußere zurück. Mit anderen Worten: Hölderlin mag von einem heiligen Gewitter sprechen, denkt jedoch an das meteorologische Phänomen, das wir Atmung nennen.

Die Bedeutung dieses Hauchs wird hervorgehoben, wenn er den Buchstaben *h* aus der Mitte des Namens *Aether* an den Anfang der Bestimmung *heiter* rückt. So wird der Äther als Begriff aufgelöst und färbt die Heiterkeit, die den Dichter in begnadeten Augenblicken erfüllt. Die Luft ist nicht mehr nominativ oder singulär, sondern attributiv und relational. Jetzt versteht man besser, warum Hölderlin seinen Brief an Böhlendorff mit dem einfachen »H« unterzeichnete. Dieser Zeichen gewordene Hauch war alles, was der Dichter benötigte – ja, im Grunde war. Der unbeständige Äther bildet die Bedingung für jedes Gedicht. Für sich genommen ist er nichts. Er benötigt die Brust des anderen, um sich entfalten zu können. Deshalb betrachtete Hölderlin den Jubelgesang, von dem seine Texte zeugen, nie als seinen eigenen, sondern als etwas, das dem Dichter nur geliehen wird. Wie bei der Luft ist es allein, »als ob« er dem Schreibenden gehörte – eine »Psyche unter Freunden«.

Wieder kann die Frage gestellt werden: Was wollten die Romantiker mit ihrer Literatur? Und beantwortet werden: nicht weniger, als dem Leser Leben einzuhauchen. Es bleibt einem fast die Luft weg. Kein Dichter kann zu mehr als einer Revolution in der Brust seines Lesers aspirieren. Nicht einmal »H«.

Ha – ha!

Wahrscheinlich hat jeder Mensch, sofern er Anspruch erhebt, ein reflektierendes Tier zu sein, schon einmal mit dem Gedanken gespielt, er könnte verrückt sein. Vermutlich ist er selten so scharfsinnig gewesen wie in diesem Moment. Zumindest pflegen sich die Probleme erst einzustellen, wenn ihm bewusst wird, wie oft ihm dieser Gedanke *nicht* gekommen ist. Was er daraufhin erlebt, nennt sich Paranoia.

Als literarische Technik ist sie schwer zu übertreffen. Ihre Stärke besteht darin, die komplette Handlung eines Buchs entfalten zu können, ohne weitere Erklärungen erforderlich zu machen. Oder vielmehr: Ständig sollten die wüstesten Erklärungen gegeben werden (keine Paranoia ohne Leichen im Keller, Geisterhände, Hirngespinste). Doch das Puzzle, das gelegt wird, muss nicht glaubwürdig erscheinen. Auch verrückte Gedanken taugen, solange die Handlung vorangetrieben wird und Raum für Affekte und Verwicklungen bleibt. Alles soll nur in angemessen ungefährlicher, angemessen unerbittlicher Weise auf ein Komplott hindeuten, so gigantisch wie infernalisch, dessen eigentliches Ziel es ist, die Menschheit in Nahrung für fremde Mächte umzuwandeln oder doch zumindest den bedauernswerten Helden zu sodomisieren. CNN, die

Novapolizei, Zahnfeen und deutsche Elektriker… Smart und diabolisch stecken sie alle unter einer Decke.

Möglicherweise ist die literarische Paranoia eine amerikanische Erfindung. Jedenfalls bedarf es eines Feinds mit beträchtlichem technologischen Know-how und Säcken voller Schotter. Denn wie Pynchon, Burroughs, Foster Wallace und andere Meisterparanoiker wissen, sind die dunklen Mächte, die den Helden umringen, gut organisiert. Niemand würde als »irre« eingestuft werden, wenn der Gegner nicht methodisch vorginge und äußerst verschlagen wäre. Deshalb läuft der Paranoiker mit hermeneutischem *overdrive*. Ist der Feind rational, muss er hyperrational werden. Die kleinste Ablenkung und seine Seele, dieses Betriebssystem der Nerven, wäre nichts als eine Erinnerung.

Jemand, der sich damit auskannte, wie man vergleichbaren »Seelenmorden« vorbeugte, war Daniel Paul Schreber aus Chemnitz. Durch *Denkwürdigkeiten eines Nervenkranken*, erschienen 1903, avancierte dieser lupenreinste Paranoiker des 20. Jahrhunderts in kürzester Zeit zum meistzitierten Psychiatriepatienten. Schreber sah sich als Opfer mystischer Strahlen und Stimmen, entsandt von einem allzu amourösen Gott. Der himmlische Machthaber wollte seine Hardware infiltrieren und die Kontrolle über die Nerven übernehmen, wo seiner Meinung nach die Seele zu finden war. Als »der letzte wirkliche Mensch« auf Erden sah sich Schreber mit einer formidablen Aufgabe konfrontiert. Alles konnte als Angriff gedeutet werden. Die einzige Rettung für den Senatspräsidenten lag darin, »entmannt« und eine Frau zu werden. Angriff erwies sich als die beste Verteidigung. Nur so konnte der Feind besänftigt und entwaffnet werden. Das Problem war nur, gerade die Vernunft, die erforderlich war, um diese

Operation durchzuführen, spielte dem Demiurgen in die Hände. Auf die Behauptung des Lesers: »Das ist doch völlig paranoid!« hätte Schreber jedenfalls mit Sicherheit geantwortet wie meistens während seiner Jahre im Hospital: »Ha – ha!«

Auf Armeslänge

»Wo Chaplin die Brüderlichkeit entdeckte«, meinte Heiner Müller, »ging es auf Kosten seiner Kunst.« Sie wurde schlaff und stumpf, ja, flügellahm von der Anstrengung, in einer schlimmen Welt gut zu sein. Was uns von ihm in Erinnerung bleiben wird, ist nicht der gute Mensch, sondern der böse Engel. Müller hatte sicher recht. Was einem Zuschauer in Chaplins Filmen packt, ist nicht sosehr die o-beinige Solidarität mit den Unterdrückten, sondern eher die heitere Schadenfreude, die er an den Tag legt, wenn er mit seinem Stock altes Unrecht heimzahlt. In solchen Momenten sachlichen Glücks begreift man, dass er nur versucht, seine Haut in einer Welt zu retten, in der Bedrohung und Übergriffe selbstverständlich geworden sind.

Aber mit der Macht treibt man selten ungestraft Schabernack. Damit der Kunst nichts zustößt, muss sie hart und präzise zuschlagen. Hier ist meistens eine skeptische Haltung hilfreich. Wem angesichts eines überlegenen Gegners nichts Gutes schwant, weiß zumindest, das Spiel ist aus, wenn er sich erhebt. Es gilt, als Erster zuzuschlagen; hinterher kann man immer noch um Erlaubnis fragen. Ohne Schlagfertigkeit steht die Kunst im Regen in einer Zeit, in der sich praktisch jede Eigensinnigkeit durch falsche Freundlichkeit einlullen lässt, jede Abweichung zum Vorwand genommen wird, die Reihen zu schließen. Die ausgestreckte Hand des Gegners muss kein Wohlwollen andeuten. Man kann auch durch Verständnis besiegt werden. Daher ist es klug, wenn man sein Gespür für den richtigen Moment trainiert, einer Konvention den Boden unter den Füßen wegzuziehen. Die Freiheit, seine Meinung zu ändern, braucht in der Kunst nicht gleichbedeutend mit Opportunismus zu sein, sondern kann ebenso gut bedeuten, dass man sich kurzzeitig Manövrierraum verschafft. Wie Chaplin wusste, muss die Kunst bloß bis auf Armeslänge an die kollektiven Überzeugungen herankommen, um sie zu Boden gehen zu lassen. Ein taktisches Gespür für List und Idiosynkrasie, Abwarten und Überraschung schadet auch nicht. Man sehe sich nur Indiana Jones an. In einer berühmten Szene wird er von einem riesigen Araber herausgefordert, dessen Gesicht von einem brutalen und glücklichen Lächeln geziert wird. Doch statt die ungeschriebenen Regeln des Spiels anzunehmen und seine Fäuste sprechen zu lassen, erschießt er den überraschten Feind mit dem Revolver. Im Bereich der Kunst hilft diese Haltung immer. Ein gut gewählter Aphorismus, aus der Hüfte geschossen, rettet einen selbst in größter Bedrängnis.

Gedichte müssen wie Pistolenschüsse im Himmel sein, soll Ezra Pound gesagt haben. Deutlicher lässt sich schwerlich formulieren, worum es geht. Revolver oder Spazierstock: Alle Mittel taugen, solange sie den vermeintlichen Pakt der Kunst mit der Macht punktieren und Druck ablassen. Wer nicht begreift, dass man Löcher in die Welt machen muss, hat wenig vom Stand der Dinge begriffen. Denn nur in dem schwindelerregenden Moment, bevor sich das Loch wieder schließt, hören wir das ferne Lachen von Göttern, die sich auf unsere Kosten amüsieren.

Mäuse und Menschen

Man muss kein Kanake sein, um zu wissen, dass man durch die Stimme seine Herkunft verraten kann. In einem 1920 verfassten Brief an Max Brod zeigt Kafka, dass diese Erkenntnis jedoch mit sozialen Folgen rechnen muss. Er hält sich zur Kur in Meran auf und hat um einen eigenen Tisch gebeten, damit seine etwas ungewöhnlichen Essgewohnheiten die übrigen Gäste nicht stören. Schon bald wird die Situation »allerdings auch komisch«. Kafka ist der Einzige im Speisesaal, der allein sitzt. Zwei Offiziere laden ihn zu sich ein – und »nun ging die Sache ihren Gang« ... Nach Austausch von Liebenswürdigkeiten wird dem tuberkulosekranken Schriftsteller die Frage gestellt, woher er komme. Er antwortet: Prag, doch damit geben sich seine Tischgenossen nicht zufrieden. Ist er Tscheche? Nein. Ein Gast schlägt vor, er stamme aus dem Sudetenland, ein anderer, er komme aus Malá Strana, dem Teil von Prag, der sich am linken Moldauufer ausbreitet. Nein, nein. »Dann legt sich das Ganze und man isst weiter, aber der General mit seinem scharfen, im österreichischen Heer philologisch geschulten Ohr, ist nicht zufrieden, nach dem Essen fängt er wieder den Klang meines Deutsch zu bezweifeln an, vielleicht zweifelt übrigens mehr das Auge als das Ohr.« Um die Sache ein für alle Mal aus der Welt zu schaffen, erklärt Kafka, ja, er sei Jude. »Wissenschaftlich« ist der Offizier »jetzt zwar zufriedengestellt, aber menschlich nicht«. Zwischen die untadeligen Silben der Mehrheitssprache hatte die Minderheitenkultur ihren Schatten geworfen. Obwohl Kafka korrekt sprach, hatte die Stimme seine Herkunft verraten.

»Mauscheln« nannte man das Deutsch, das von Juden gesprochen wurde. Es hieß, seine Melodie weiche vom

Hochdeutschen in etwa so ab wie hebräische Nasen von arischen. Naturgemäß wurde darin ein Zeichen sprachlicher Degeneration gesehen. Die volkstümliche Etymologie leitete den Begriff vom Wort Maus ab; Kafka war sich der Assoziation durchaus bewusst. Das Tier taucht zudem in anderen Verunglimpfungen auf – zum Beispiel in der Behauptung, »Juden sind so gut für die Welt wie Mäuse für die Saat«. In einem Brief an Brod ein Jahr später spielt der Autor auf diese Vorstellung an. Er spricht darin über die Schwierigkeiten, mit der sich junge Juden konfrontiert sehen, wenn sie auf Deutsch schreiben. »Weg vom Judentum... wollten die meisten, die deutsch zu schreiben anfingen, sie wollten es, aber mit den Hinterbeinchen klebten sie noch am Judentum des Vaters und mit den Vorderbeinchen fanden sie keinen neuen Boden. Die Verzweiflung darüber war ihre Inspiration.«

In der Erzählung über »Josefine, die Sängerin oder Das Volk der Mäuse«, die er schrieb, als ihm wegen der Tuberkulose Essen und Sprechen schwerfiel, wird die verzaubernde Stimme der Sängerin geschildert. »Das dünne Pfeifen Josefines mitten in den schweren Entscheidungen ist fast wie die armselige Existenz unseres Volks mitten im Tumult der feindlichen Welt.« Gerade durch ihre Unbedeutsamkeit wird ihre Stimme bedeutsam. Für einen Schriftsteller, der das protokollsicherste Deutsch schrieb, gleichzeitig jedoch die Grundlage für seine schriftstellerische Existenz als unmöglich erlebte, wurde diese diminutive Stimme zum Sinnbild für den Spagat, den er täglich vollführen musste. Trotzdem ist dieser nicht das schlechteste. Wie Kafka in seinem Brief aus Meran lakonisch notiert: Als schließlich feststand, dass er Jude war, wurde er in Ruhe gelassen, ohne weiter allein sitzen zu müssen.

Schwätzer

Jeder kennt den Überdruss, der sich früher oder später in Gesellschaft von Schwätzern einstellt. Die Gedanken entgleiten, die Worte verlieren den Halt, die Sprache läuft leer. Diskret brummen wir womöglich noch etwas, um Interesse zu simulieren, doch ansonsten stellen wir uns taub. Was haben wir von diesem uferlosen Geschwafel? Vermutlich ist es die Gegenstandslosigkeit, die uns so reizt. Wenn der Schwätzer loslegt, wird nur Tratsch geboten. Mechanisch wiederholt er Behauptungen, ohne Respekt vor Inhalt oder Stil. Es ist eine Rückkoppelung, der sich ausschließlich alphabetische Tiere der Gattung Mensch zu widmen scheinen. Wirklich erschrocken sind wir jedoch erst, wenn wir erkennen, dass jede Erkenntnis, jede Phrase riskiert, diesem verbalen Unglück zu verfallen. Nicht einmal wir – die wir uns zu Plapperallergikern ernannt haben – bleiben verschont: Wiederhole einen Satz einmal zu viel und höre ihn sinnlos werden.

In seinem Prosatext »Monolog« versucht Novalis dem Wesen leeren Geredes auf den Grund zu gehen. Ein richtiges Gespräch, erläutert er, »ist ein bloßes Wortspiel«. Wer sich einbildet, im Namen der Dinge zu sprechen, täuscht sich. Das Eigentümliche an der Sprache ist im Gegenteil, dass sie sich nur um sich selber bekümmert: »Das verächtliche Schwatzen [ist] die unendlich ernsthafte Seite der Sprache.« Was kann mit solch einer provokativen Beobachtung gemeint sein? Zwar ist die Literatur die sprachliche Form, die laut Konvention am weitesten vom Schwatzen entfernt ist, dennoch stellt sich die Frage, ob wir uns nicht gerade ihr zuwenden sollten, um zu verstehen, was Novalis andeutet. Ein Roman gibt eine überraschende Antwort: Louis René des Forêts *Der Schwätzer*.

In diesem Text von 1946 beschließt der Icherzähler eines Sonntagnachmittags, ein Bad im Meer zu nehmen. Auf dem Weg zum Strand sucht er Ruhe unter einem Baum. Im dichten Schatten liegend überkommt ihn eine unbändige Lust zu reden: »Ich bekam Lust zu quatschen, hatte aber nicht das Geringste zu sagen.« Es folgt eine prächtige Suada. Der Erzähler plappert über alles zwischen Himmel und Erde, und langsam, aber sicher reißt es einen mit. Nichts erscheint mehr unsinnig, nichts mangelt es an Glanz oder Bedeutung. Plötzlich deutet das unaufhörliche Gelaber eine Gedankenfreiheit an, von der man sonst nur träumen kann.

Im Laufe der Salbaderei wendet sich des Forêts Erzähler an den Leser, als wollte er sich vergewissern, dass ihm jemand sein Ohr leiht. Verweisen diese wiederholten Hinwendungen auf den seltsamen Pakt des Plapperns mit der Literatur? In keinem der Fälle ist eine Antwort erforderlich, gleichwohl wird vorausgesetzt, dass jemand zuhört. Meinte Novalis vielleicht, dass unsere Empfänglichkeit ohne den Leerlauf der gerichteten Sprache auf eine Frage von Nutzen und Kalkulation reduziert würde? Auf ihre Art pochen die Schwätzer auf das Recht der Sprache, nicht nützlich zu sein. Ist das ihre »unendlich ernsthafte Seite«?

Das letzte Kapitel der Weltgeschichte

Außerhalb theologischer Seminare wird selten über Grazie gesprochen. Zwar können Tänzer und Schauspieler Kostproben zeigen, aber als Begriff deutet sie eine Sphäre der Kultur an, die als unerreichbar gilt. Grazie nennen wir den göttlichen Atem, der die Kunst animiert und am Sterben hindert. Nur theologische Disputanden würden auf die Idee verfallen, sie auf Begriffe zu übertragen.

In einem Aufsatz bot Paul de Man einmal ein bedenkenswertes Korrektiv an. Er erinnert sich darin »an eine Autofahrt in der Schweiz, nachdem ich in einer lokalen Tageszeitung gelesen hatte, dass man beim Fahren einer Strecke von 100 Metern mindestens 36 Entscheidungen zu treffen habe«. Lakonisch ergänzt er: »Seither war ich nie wieder fähig, anmutig zu fahren.« Die Beobachtung zeigt, dass sich die Kunst nicht ohne Mühe von der Religion befreit. Im Grunde geht es um einen Sündenfall: Wenn ein Mensch sich seiner selbst bewusst wird, verliert er seine Unschuld. Ausgangspunkt für de Mans Reflexion ist Kleists berühmter Aufsatz »Über das Marionettentheater«, in dem dieser einen gewissen C. betonen lässt, dass Puppen gewöhnliche Sterbliche in graziösem Tanz übertreffen könnten, da sie im Unterschied zu Letzteren keine Seele hätten. Mit feinen Instrumenten lässt sich Natürlichkeit neu erschaffen. In dieser Erkenntnis verbirgt sich etwas Radikales: Ist Grazie ein mechanisches Phänomen, das sich von allem Geistigen abkoppeln lässt? Affektiertheit nennt man zumindest das Gebrechen, an dem all jene leiden, bei denen sich die Seele andernorts befindet als der Schwerpunkt ihrer Körper. »Sehen Sie den jungen F... an«, platzt C. über einen Tänzer heraus: »die Seele sitzt ihm gar... im Ellenbogen.« Der Erzähler will da nicht zurückstehen, sondern beschreibt, wie ein Freund seinen unbewussten Charme verloren hat. Er stand im Begriff, sich den Fuß abzutrocknen, als er sich im Spiegel erblickte und eine verblüffende Ähnlichkeit mit einer berühmten Statue entdeckte. Aufgefordert, die Handlung nochmals vorzunehmen, verlor er seine Natürlichkeit. Zurück blieb nur ein errötender Mangel an Grazie.

Kleists Figuren einigen sich am Ende darauf, dass sich wahre Grazie bei einem Menschen offenbart, der entweder kein oder ein unendlich großes Selbstbewusstsein hat – also Marionette oder Gott ist. Man fragt sich, was er von Christina gehalten hätte, der ersten desinkarnierten Frau. Sie tritt in einer von Oliver Sacks' Fallstudien auf. Bei der jungen Frau sollen Gallensteine entfernt werden, als sie plötzlich den Kontakt zu ihrem Körper verliert. Das Kinn fällt herab, die Hände hängen, die Beine wollen sie nicht mehr tragen. »Es ist, als sei der Körper blind«, berichtet die Unglückliche. Sie hat ihren sechsten Sinn verloren – das, was die Neurologen »Propriozeption«, oder Eigenwahrnehmung, nennen. Es folgt eine schwere Zeit, in der Sacks sie in pedantisch eingenommenen Posen an diversen Stellen des Krankenhauses findet. Christina ist ihre eigene Darstellerin geworden. Wenn sie spricht, geschieht dies mit theatralischer Stimme, als sollte sie so zwischen den Stimmbändern heimisch werden. Am Ende wird sie dennoch entlassen und kann heimkehren, obwohl ihr Körper »tot« bleibt. Oder besser: Er ist eine zweite Natur geworden. Denn mit der Zeit verwandelt sich Christina in ein Kunstwerk auf Füßen, bei dem jede Geste einer einstudierten Haltung entspricht. Ihr mangelt es an Selbstwahrnehmung, zugleich zeigt sie unendlich viele Proben davon. Man kann sich fragen, ob sie nicht dieser unerhörte Widerspruch geworden ist: eine göttliche Marionette. Vielleicht wäre dies, wie Kleist schreibt, »das letzte Kapitel der Weltgeschichte«?

Der Prothesengott

Prothesen werden normalerweise stiefmütterlich behandelt. Obwohl der Mensch sich immer mehr auf Verlängerungen seines Egos verlassen hat – zunächst Holzbeine, dann Brillen, heutzutage Herzschrittmacher und Hörgeräte –, sieht er in ihnen nichts als künstliche Supplemente seines Daseins. Prothesen sind Beispiele einer zweiten Natur, so mechanisch wie artifiziell. In ihnen einen integralen Teil von uns selbst zu sehen, widerspräche unseren innersten Überzeugungen davon, wer wir sind.

An einer oft zitierten Stelle in seiner Studie über das Unbehagen in der Kultur bemerkt Freud: »Der Mensch ist sozusagen eine Art Prothesengott geworden, recht großartig, wenn er alle seine Hilfsorgane anlegt, aber sie sind nicht mit ihm verwachsen und machen ihm gelegentlich noch viel zu schaffen.« Ist das Problem so einfach zu lösen: Alles eine Frage der Anpassung? Freud wusste besser als die meisten, dass sie Mühe macht. Nachdem er den Menschen zum »Prothesengott« ernannt hat, geht er dazu über, jenes Unbehagen zu diskutieren, das wir zuweilen empfinden, wenn wir durch schmutzige Straßen gehen oder neben übelriechenden Menschen sitzen müssen. Ohne nähere Erklärung verweist er dabei auf Ludwig XIV.: »Wir hören mit Erstaunen, welch üblen Geruch die Person des Roi Soleil zu verbreiten pflegte.«

Der Grund für das olfaktorische Grauen wurde nie genannt. Möglicherweise verließ sich Freud darauf, dass seine Leser auf jene Prothese zurückgreifen würden, die Bildung genannt wird. Den Historikern zufolge soll der Sonnenkönig auf Grund mangelhafter Zahnpflege einen großen Teil seines Gaumensegels verloren haben. In seinen letzten Lebensjahren habe er ebenso viel Nahrung durch die Nase ausgehustet, wie ihm zu schlucken gelungen sei. Freud selbst war das Problem durchaus bekannt, und vielleicht war dies der wahre Grund für seine Anspielung. Auch er hatte Probleme mit seinem Kauapparat. Glücklicherweise bekam er im Gegensatz zum französischen Herrscher beizeiten eine Prothese. Aber nachdem 1923 krebsbefallene Teile des Gaumens und des Kiefers durch eine Metallplatte ersetzt worden waren, brachte das fremde Element Komplikationen mit sich. Man stellte fest, dass sich die Prothese nur mit Mühe entfernen ließ. Zeitweilig konnte Freud seinen Mund offenbar nur wenige Zentimeter öffnen, sobald sie an ihrem Platz war. In seiner Biographie berichtet Ernest Jones, dass die Tochter Anna und er manchmal mehr als eine halbe Stunde benötigten, um das Teil einzusetzen. Die Prothese zeigte sich ihres Spitznamens würdig: »Das Monster«.

Offensichtlich hatte der Erfinder des Prozesses, den Bertha Pappenheim, die erste Analysandin der Weltgeschichte, »die Sprechkur« nannte, selber nicht nur Schwierigkeiten beim Essen, sondern auch beim Sprechen. War das Zuhören, das der Analytiker praktizierte, der einzige Weg, sich ein Dasein unabhängig von Prothesen zu bewahren? Darüber kann man als Laie trefflich phantasieren, bis man erfährt, dass sich Freuds Gehör auf einem Ohr so verschlechterte, dass er in späteren Jahren den Platz von Couch und Sessel vertauschen musste – mit dem Ergebnis, dass der analytische Prozess umgeworfen wurde. Dann lieber gleich die Prothese als einen Teil seiner selbst betrachten, auch wenn es wehtut.

Genosse Zeitgeist

In regelmäßigen Abständen rüttelt jemand Leben in ihn –
eine dünnhäutige, aber strapazierfähige Gestalt, der die
ungewöhnliche Fähigkeit eigen ist, überall zur gleichen
Zeit zu sein: Genosse Zeitgeist. Er ist das größte *comeback
kid* aller Zeiten, ist sich nie zu schade für eine Wiederholung. Er reibt sich den Schlaf aus den Augen, streckt die
Arme und gähnt. Wenn der Körper das Seine bekommen
hat, ist die Seele an der Reihe. Die Falten des Gedächt-
nisses werden geglättet, der Wundschorf teuer erkaufter
Erfahrungen abgekratzt. Eventuell wird eine Gesichts-
maske aus Vergessen aufgelegt. Sind die Züge schließlich
so leer, dass sie für alles stehen können, meldet er sich
zum Dienst.

Im Bereich der Literatur sind es meistens die Kritiker,
die diese Figur in Dienst nehmen. Der Zweck ist so ehren-
haft wie berechtigt: Sie brauchen ihn wie Fahnder ihr
Phantombild. Will sagen: Der Zeitgeist verkörpert eine
Identität auf der Jagd nach Inhalt. Bis die Kritiker *the real
thing* dingfest gemacht haben, bleibt diese verschwom-
mene Kontur die einzige Spur. Es gehört zur Natur der
Sache, dass sie den Schriftstellern so immer einen Schritt
hinterherhinken. Folglich sollte sich niemand wundern,
wenn ihre Geschichtsschreibung Züge einer Grabrede annimmt. Wenn es den Kritikern gelungen ist, einzufangen,
was sie suchen, ist es bereits entschlummert. Das schmä-
lert keineswegs den Wert ihrer Arbeit: Eine Kultur wird
immer auch daran gemessen werden, wie gut sie mit ihren
Toten umgeht.

Doch manchmal rekrutieren die Fahndungsziele selbst
den Zeitgeist. Dann bekommt das Ganze etwas von Säbel-
rasseln. Von Genosse Zeitgeist wird nunmehr erwartet, als

Fahnenträger zu dienen. Ihm werden eine Reihe von Attributen umgehängt, von denen manche Schriftsteller annehmen, dass sich andere Schriftsteller, lose als »Generation« definiert, deswegen um ihn scharen werden. Selbsternannte Spieße kümmern sich um den Appell. Wenn es um schreibende Wesen geht, ist es um die Ausrichtung der Reihen allerdings etwas mau bestellt. Deshalb greifen die profilierungssüchtigen Unteroffiziere gerne zu altbewährten Tricks – etwa Feindbilder heraufzubeschwören. Sie gehen davon aus, dass nichts so stärkend für Individualisten mit schwachem Wir-Gefühl wirkt wie die Gewissheit, was sie nicht sein sollten. Und was wäre schlimmer, als mit der vorigen »Generation« verwechselt zu werden? Dass die sich in ihrer Uniform genauso unwohl gefühlt hat, wird gerne vergessen. Wenn sich Drohbilder unfähig zeigen, das Kollektivgefühl zu stärken, bleibt immer noch die Ausmusterung. Wer zufällig verschlafen oder seit dem letzten Appell wunde Füße hat, kann damit rechnen, als generationsuntauglich abgestempelt zu werden.

Fragt sich nur, ob die Alternative dazu, als Schriftsteller zeitgemäß zu sein, darin besteht, sich überholt zu fühlen. Schlampige Gehirne deuten Abweichungen vom gebotenen Zeitgeist gern als Zeichen für eine antiquierte Vergangenheit und bitten diese deshalb, auf den Zuschauerrängen Platz zu nehmen. Aber die Literatur ist kein Staffelstab, oder sagen wir Stift, den eine Generation an die nächste weiterreicht. Die Gedanken, die Inhalt eines Gedichts oder Romans sind, bewegen sich in anderen Bahnen als gleichgerichtet runden. Im Übrigen ist am Keuchen älterer Kollegen nur selten etwas verkehrt. Kurzum, als Schriftsteller dürfte es kaum ausreichen, sich zum Mitläufer seiner Zeit zu machen. Wer den Anspruch erhebt, aktuell zu sein, kann sich nicht damit begnügen, Symptom zu bleiben. Aktualität ist nicht das Gleiche wie Zeitgeist: Literatur, die etwas bedeutet, hat es noch nie nötig gehabt, im Jetzt und Hier zu wirken, um etwas zu bewegen. Werden solche Texte womöglich nicht vom Zeit-Geist, sondern, umgekehrt, von einer Art Geist-Zeit am Leben erhalten – einer der Literatur eigenen Zeitordnung, unabhängig von Trend oder Generation? Der größte Irrtum bestünde dann darin zu glauben, ihr fehle die Verankerung in einer körperlichen Erfahrung. Im Unterschied zum Genossen Zeitgeist ist sie kein Phantom. Vielmehr bleibt der Körper Voraussetzung, denn ohne ihn gibt es kein Erlebnis von Endlichkeit, keine Augenblicke der Lust und der Verblüffung, keine Begierde, keine Bestürzung.

Um solchen biologischen Erfahrungen auf die Spur zu kommen, ist der Schriftsteller gut beraten, gelegentlich einen Gedanken daran zu verschwenden, nicht wer, sondern was er ist: ein biologisches Artefakt. So wird Distanz zu den eigenen Launen und Lebenslügen erzeugt, so wird Platz geschaffen für leidenschaftliche Reflexion. Beim Schreiben geht es trotz allem nicht um privates Zeter und Mordio oder auch nur darum, die mit Verlaub abgenutzte Formel »*JE est un autre*« mit neuem Leben zu füllen, sondern darum, wie man der Situation mit maximaler Anschaulichkeit gerecht wird. Und kann man seine Gegenwart schildern, ohne wenigstens einen Schritt zur Seite zu treten? Als Mensch existiert man nur, solange man von seiner Umgebung getrennt ist. Es mag unappetitlich klingen, aber ohne Kranium geht man eben unter. Diese Schädelschale ist nur ein drastisches Bild für ein allgemeineres Phänomen. Zur Definition eines Menschen gehört nicht nur, dass er kollektiv lebt und einsam stirbt, sondern auch, dass sich kein anderer an der gleichen Stelle befinden kann wie er. Niemand, weder physisch noch metaphysisch, kann seinen Platz einnehmen. Es sagt sich von selbst, dass die Poetik, die man aus dieser Gemengelage ableiten kann, alles andere als in sich gekehrt ist. Geht es nicht eher darum, im Eigensten das Gemeinsamste zu finden? Muss man nicht darauf beharren, dass das, was einen Menschen unersetzlich macht, zugleich das ist, was ihn zu einem unter vielen macht? Und gilt es folglich nicht, metaphorisch gesprochen, die Verhältnisse auf den Kopf zu stellen? Jeder literarische Text inszeniert dieses Wunderwerk, so sachlich wie hautnah. Auf seine Art lehrt er uns, dass es unmöglich ist, das Denken vom Körper, die Reflexion vom Engagement zu trennen.

Solange der Schriftsteller dieser Erfahrung treu bleibt, läuft sein Text nicht Gefahr, mit etwas anderem verwechselt zu werden. Der Rest ist Handwerk, denn es gilt, Irritationen und Begierden auf möglichst prägnante Art umzusetzen. Ziel muss sein, auch in anderen Schädeln Widerhall zu wecken. Ein Text, dem dies gelingt, wird immer das Dilemma der Generationsrekruten demonstrieren: Wer den Zeitgeist zu verkörpern sucht und folglich überall gleichzeitig sein will, ist letztlich nirgendwo.

Inkubation

Geht es bei einem literarischen Werk weniger um Inspiration als um Infektion? Das würde zumindest gewisse physiologische Reaktionen erklären, die Schriftsteller ab und zu aufweisen. Eines schönen Tages wird man von einer Idee angesteckt und weist das komplette Symptomrepertoire des Unpässlichen auf. Da ist die Geistesabwesenheit, die sich in Gesellschaft von Freunden einstellt, der kalte Schweiß, der beim Gedanken an andere Verpflichtungen ausbricht, aber auch eine immer fiebrigere Vorstellung von Zeit und Raum. Das Bewusstsein wird belagert. Dieser Zustand chronischen Schocks kann sich, mit konventionellen Methoden gemessen, über Monate oder Jahre hinwegziehen. Doch ähnlich wie bei einer Krankheit folgt der Verlauf einer inneren Logik. Hier kann eine Sonnenumrundung in einem Wimpernschlag vorbei sein, ein Eckchen eine Milchstraße enthalten. Die Situation lässt sich höchstens durch therapeutische Maßnahmen lindern. Sie laufen alle auf eins hinaus: Lasst den Unpässlichen in Frieden. Fürsorglichkeit reizt nur, Neugier wirkt so störend wie Nadelstiche. Beklommen erlebt der Schriftsteller, dass die Infektion ihn immer mehr in Anspruch nimmt. Zeit verstreicht. Wenn er völlig ausgelaugt worden ist, ahnt er schließlich ein Dasein jenseits seiner üblen Befindlichkeit. Und eines weniger schönen Tages tritt er wieder hinaus, schwerelos, anonym, ganz ohne Gepäck – ein Schatten seines früheren Selbsts. Verlegen möchte er sich für das Verständnis bedanken, als er erkennt, dass er für seine Umgebung Luft ist. Schnell macht er kehrt, um sich einige der Attribute zurückzuholen, die er so gedankenlos verschenkt hat. Wenn er anschließend erneut hinaustritt, diesmal ein Mischmasch aus fremden Gesten und deplatzierter Freude, ist es am klügsten, so zu tun, als würde man nichts merken. Der Übergang ist vollendet.

Schutzengel

In einer oft zitierten Notiz, geschrieben gegen Ende seines Lebens, bemerkte Walter Benjamin über »den Engel der Geschichte«, er wende sein Antlitz der Vergangenheit zu.

Auf dem Trümmerhaufen der Epochen stehend, möchte das Wesen »wohl verweilen, die Toten wecken und das Zerschlagene zusammenfügen. Aber ein Sturm weht vom Paradiese her, der sich in seinen Flügeln verfangen hat und so stark ist, dass der Engel sie nicht mehr schließen kann«. Vom Wind gefangen, außerstande, die Flügel zu schließen, wird der Engel in die Zukunft getrieben, der er gleichzeitig den Rücken zukehrt. Zu seinen Füßen sammeln sich die Trümmer und wachsen gen Himmel. »Das, was wir den Fortschritt nennen«, hält Benjamin fest, »ist dieser Sturm.«

Heute wäre der Herold wahrscheinlich bei dem bloßen Gedanken daran zusammengebrochen, Ordnung unter den Relikten der Vergangenheit zu schaffen. Während die Mittel, das Entschwundene handzuhaben, heute zahlreicher und verfeinerter sind als je zuvor, vermehren sich tagtäglich die Trümmer. Die beständigste Form menschlichen Daseins scheint die Ruine zu sein. Man wird kaum darüber trauern müssen, dass sich nicht alle Reste vergangenen Lebens vor Vergessen und Verlust bewahren lassen. Vieles gleicht Schmutz, und in der Lust, in der Vergangenheit aufzuräumen, steckt mit Sicherheit eine Art Sinn für Hygiene. Es fragt sich allerdings, ob der heimtückischste Schmutz heute nicht von einem Informationsangebot herrührt, das in der Geschichte ohne Parallele ist. Der Gedanke ist wenig originell, aber beunruhigend. Auch ein Freund der Vielfalt wie der Lumpensammler sollte die Hypothese wagen, dass der Überfluss eine eigene Art von Verunreinigung gebiert. Während Schmutz in einer Gesellschaft früher erst entstand, wenn etwas an Bedeutung verloren hatte, scheint er heute sofort produziert zu werden. Beim besten Willen der Welt: Kein Mensch kann all die Informationen aufnehmen, die tagtäglich angeboten werden. Das meiste bleibt vergebliche Mühe – unsortierte Tiraden auf der Trümmerhalde der Menschheit.

Die Lumpen verdeutlichen die Aufgabe der Kunst. Es ist schon immer ihre Eigenart gewesen, einen Überschuss an Bedeutungen zu produzieren. Wo, wenn nicht hier, ist es koscher, mehr zu bedeuten, als die Situation erfordert? Aber im Unterschied zu den Bedeutungen, die Newsletters bereithalten, ist die Absicht der Kunst nicht, uns mit Information zu versorgen, sondern Wissen bereitzustellen. Die Kunst mit der Kunst besteht darin, Einsicht in die Bedeutung des Verlusts für unsere Leben zu gewähren. Medien mit der Ambition zu informieren stellen dagegen eine Kalkulation auf: Ihre Absicht ist es, Gewinn zu machen. Während es sich im ersten Fall um einen Überschuss handelt, der auf Zusammenhängen und nicht selten Widersprüchen basiert, geht es bei letzterem um ein laufendes Addieren, bei dem die Endsumme nie groß genug werden kann.

Einer der berühmteren Definitionen der Ethnologie zufolge besteht Schmutz aus Materie, die sich an der falschen Stelle befindet. Vielleicht besteht das Problem der zeitgenössischen Kunst darin, dass sie in einer Gesellschaft mit der Forderung nach schneller Aneignung und Rendite so leicht deplatziert wirkt. In einer Zeit, in welcher der Fortschritt die öffentlichen Plätze leerfegt, an denen einst Sinn geschaffen wurde, ist es nicht gerade vorteilhaft, ein Erbe von Benjamins Engel zu sein. Aber irgendwer muss sich ja um den Dreck kümmern.

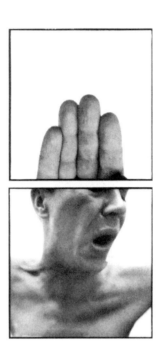

Daniel Paul Schreber Nr. 2
ersucht um Audienz

Für Thomas Florschuetz

Ich richte diese Schrift an die Zukunft,
In der Hoffnung, eine Seele plastisch genug
    Werde sich bewegen lassen,
Denn ich bin der letzte Mensch
    Auf unserer Erde.
Es fällt mir nicht leicht, das zu sagen,
Man wird meine Worte bezweifeln,
    Aber die Beweise sprechen für sich selbst
Und mich täuscht man nicht.
Ich wurde kolonisiert
    Durch Nase, durch Mund,
        Ohren und Anus,
Von den niedrigsten und schändlichsten Mächten,
    Doch sterben kann ich nicht.
Trotzdem werde ich gezwungen,
Wie eine Leiche zu handeln,
Um die Stimmen wie Strahlen zu ertragen,
    Die meinen Körper erfüllen.
Laute sind in mich eingedrungen wie Licht durch Glas
Und ich bin der Schauplatz gewesen
    Eines heillosen Tumults.
Man muss sich mein Dasein vorstellen!
Eine Weile beherbergte der rechte Arm eine Gallertmasse
    Von der Größe einer Kirsche
Und meine Füße eifrige kleine Männer mit dem Auftrag,
Die Wirbelsäule aus mir herauszupumpen.

Die Folge war, dass dieses so vitale Teil
Mir in Form von Wölkchen aus dem Munde strömte,
Meist während Spaziergängen durch den Park.
    Ach, seit Gott sich eingemischt hat,
Nehmen die Qualen kein Ende.
Gewiss waren die Heimsuchungen schwierig für alle,
    Auch für die Pfleger, die Ärzte,
    Meine Gattin und andere,
Vorausgesetzt natürlich, dass sie Menschen waren.
    Aber ich bin tapfer gewesen.
Aus vollem Hals zu brüllen war meine erste Maßnahme,
    Nahrung zu verweigern die zweite.
    Als kein anderer Ausweg blieb,
Erlaubte ich mir die »Entmannung«:
Mein Geschlecht schrumpfte, bis es ganz verschwand,
Haare wurden aus dem Gesicht gerissen
Und die Brüste schwer.
    Da lag ich, ein liederliches Weib,
    Wie zur Befruchtung.
Seither sind Jahre vergangen,
    Große Plagen, bitteres Leiden,
Kaum vorstellbares Unglück,
Nun fühle ich, das Ende ist nah.
Nach zwölf Jahren ist mir nur der Kopf geblieben
Sowie diese Silben, die ich für die letzten halte
– ein Lebenszeichen aus Luft, kaum mehr.
    Bin ich Engel oder Idiot?
Vielleicht ein Krümel aus Nichts.
    Aber habe ich nicht das Recht,
Herr im eigenen Kopf zu sein?
    Zu meiner Freude
Habe ich einen Trumpf auf der Hand.
Der große Kalkulator glaubt noch,

Ein Mensch, der existiert,
　　Müsse sich an *einem* Ort befinden.
Ich habe als erste Person der Welt erkannt,
　　Dies ist nicht der Fall.
Ich lag auf meinem Bett in der Klinik,
Der Wind spielte Fangen zwischen den Gardinen,
Und hatte das deutliche Gefühl zu entschlafen.
　　Dennoch war ich nachweislich da
– denn wer dachte diesen Gedanken,
　　Dachte ich,
Und verstand, die Rettung lag im Zerstreuen.
Plötzlich stand fest, Schutz und Verschanzungen
　　Hatten mir nichts genutzt.
Auch durch ein Schlüsselloch kann der Teufel kriechen.
Nur Öffnungen und Hohlräume helfen:
　　Fenster müssen aufgeschlagen werden,
　　Durchzug soll herrschen
　　　Und das Nichts die Gedanken erfüllen.
Dann wird die Luft den Geist tragen.
　　Meine wilde Musik!
Nicht einer, sondern viele zu sein,
Ist des Lebens tiefere Regel.
　　Entsprechend habe ich mich vermehrt
Durch zahlreiche Ein- und Ausgänge.
　　Wie Moleküle von Sauerstoff
Werde ich in entlegensten Lungen verstreut liegen.
Wie früher werden die Strahlen
　　　　　　zu den Fenstern hereinfallen,
Doch fortan sollen sie in Unordnung versetzt werden.
　　»Himmel«, werden sie schreien
　　　(denn Strahlen in Bewegung sprechen),
　　»Das ist ein Mensch mit vielen Köpfen!«
Und dann nicht wissen, wohin sich wenden.

Eine Leiche ist eine Sackgasse,
    Nicht wahr,
Gute Reflexe können die Situation jedoch retten.
In ihrem Spiel miteinander werde ich wiedergeboren,
    Nicht mehr Körper, sondern Klima,
Ein Aggregat für eine unendliche Menge Theater.
Auf die Art werde ich als Erster desertieren
    Von der allgemeinen Ordnung,
Aber selbst nirgends zu finden sein.
Eines Tages werden neue Menschen
Aus meinem Geist wachsen,
    Dieser authentischen Verwüstung,
Vielleicht in jener Gegend des Planeten Phobos,
        In der Umlaufbahn des Mars,
    Die man Äußere Mongolei nennt.
Weder Mann noch Frau,
    Werde ich dann wieder zu einem Stoff,
Aus dem Leben gewebt werden kann.
    Wie Sie verstehen werden,
        Eure eventuelle Majestät,
    Ist allein erforderlich,
Dass Sie mir eine Audienz gewähren.
In diesem Sinne unterzeichne ich,
    Daniel Paul Schreber Nr. 2,
Senatspräsident a. D.
    Dr. jur. Daniel Paul Schreber,
        Derzeit in Leipzig-Dösen,
    Im letzten Jahr des Herrn 1911.

Die Liebe des Uhrmachers zur Fledermaus

1. Intuition? Eine Art Fledermausverhalten. Ich sende Signale aus. Sie kehren zu mir zurück, jedoch leicht verschoben. Irgendwo in dem Dunkel, das mich umgibt, sind sie auf etwas gestoßen, das ich selber nicht wahrnehmen kann. Sich auf seine Intuition zu »verlassen« ist kaum mehr als die Zuversicht der Fledermaus, am Ende einen Weg zu finden. So weit Literatur intuitiv geschrieben wird, ist also ein gutes Radar erforderlich. Und dass der Schriftsteller gewissen Wahnvorstellungen über die menschliche Wahrnehmung trotzt. Zum Beispiel muss er mit seinem Gehör »sehen« können.

2. Als Kinder lernen wir, die Stimmen der Erwachsenen zu deuten, bevor wir begreifen, was sie sagen. Die Intuition ist mit dieser Deutung verwandt. Sie ist Abkömmling der Bedeutung, geht ihr jedoch gleichwohl voraus. Nur die Intuition kann sagen: »Ich gebar den Sinn, meine Mutter.« Und möglicherweise die Literatur – über den Schriftsteller.

2.1. Wenn sich der Blick in den Augen meiner achtzehn Monate alten Tochter verändert und sie mm-end den Kopf an meine Schulter legt, weiß sie nicht, ob ich müde oder traurig bin oder sie vermisst habe. Aber sie ahnt es. Auf welcher Grundlage? Aus früheren Erfahrungen. Und möglicherweise aus Artverwandtschaft. Gleichwohl ist diese Erfahrung offenbar nicht ausreichend, um sie entscheiden lassen zu können, ob sich der Vater verstellt. Ist ihre Reaktion also intuitiv? Aber die Intuition ist doch die Instanz, die es ihr ermöglichen sollte, wahr von falsch zu unterscheiden? Vielleicht handelt es sich eher um Instinkt. Er erinnert jedenfalls an die Liebe. Denn auch der Instinkt ist weder intuitiv noch kalkulierend. Für ihn ist nicht erforderlich, dass wir ihn pflegen. Ihm fehlt »Kultur«.

3. Im Umgang mit einem Text kommt der Schriftsteller so wenig ohne Intuition wie ohne Kalkül aus. Wer seinen Leser nicht wenigstens ahnen (wenn auch nicht unbedingt vorhersagen) lässt, wohin sein Text führt, weiß wenig über die Bedeutung von Ton, Stimmung, Atmosphäre. Doch damit dieses intuitive Zutrauen entsteht, bedarf es des Kalküls. Wenn ich den Effekt einer Verwicklung in der Handlung, eines Charakterzugs oder eines Wortwechsels nicht berechne, kann ich auch nicht damit rechnen, dass der Leser die Ironie erfasst, die ich ausdrücken will, oder die Anspielung entdeckt, den ich soeben in einem Nebensatz verborgen habe. Ein Buch darf gerne mit Kalkül geschrieben sein, aber es ist gut beraten, intuitiv zu wirken.

3.1. Das Kalkül hat einem literarischen Text, zum Beispiel einem Roman, gegenüber die gleichen Verpflichtungen wie die Ableitung gegenüber dem Argument des Philosophen. Wenn wir eine andere Person mit den Voraussetzungen für die Handlung versehen, muss sie die Folgen akzeptieren. Das allein reicht allerdings nicht, um dem Text ein Eigenleben zu geben und ihn zu Literatur werden zu lassen. Dazu ist mehr erforderlich, unter anderem Intuition. Der Leser muss intuitiv spüren, dass der Text stimmt. Wie bewirke ich dieses Gefühl? Schwer zu sagen. Die Intuition ist ja des Einsamen Freude und Qual. Wie soll ich so etwas beherrschen können? Ist *das* vielleicht die Antwort auf die Frage? Ich kann sie nicht beherrschen. Auch ich muss mich darauf verlassen, dass Freude und Qual mir den Weg weisen.

4. Sobald wir die Vorgeschichte der Intuition zu rekonstruieren versuchen, bekommt sie, und sei es auch nur in geringem Maße, Züge eines Kalküls.

5. Die Intuition ist eine Übung in Nähe. Niemand hat eine Intuition, die sich über Kontinente oder Jahrhunderte erstreckt. Vielleicht schreiben wir dem Intuitiven ja deshalb ein Näschen oder Fingerspitzengefühl zu. Die Intuition ist an die äußersten Spitzen unseres Körpers verlegt, an die »extremen« Orte, wo wir im Begriff stehen, in unsere Umgebung überzugehen. Das Kalkül dagegen ist hinter den Ohren daheim – im Hintergedanken, in der List, in der Berechnung. Es ist eine Übung in Distanz. Dabei kann es um Abstand in Zeit oder Raum gehen, aber auch um den Abstand zwischen Subjekt und Objekt. Wichtig ist nur, dass man die nötige Distanz aufbaut, um ein zufriedenstellendes Maß von Kontrolle zu erreichen. Man könnte auch sagen: Die Intuition bevorzugt die Zimmerwärme der Teilnahme, das Kalkül die Kühle des Leuchtturms.

5.1. Der Intuitive denkt kurzsichtig, der Kalkulierende weitsichtig. In beiden Fällen geht es darum, ein Ziel zu erreichen, und somit um ein Geschehen, das in der Zukunft liegt. Doch wo Ersterer im Jetzt oder der unmittelbaren Vergangenheit lebt, noch warm von Anwesenheit, deren Schatten ihm, wie er hofft, den rechten Weg weisen wird, versucht Letzterer sich an dem Kunststück, die Zukunft in die Vergangenheit zu verlegen – oder zumindest das Kommende zu behandeln, als wäre es eine Version des Vergangenen. (Ein antiker Rhetor, pathologisch gesinnt, würde vielleicht von »Pro-« und »Metaleptikern« sprechen.)

Nietzsches Traum von einem zukünftigen Leser, der ihn verstehen wird, ist nicht die Wunschvorstellung von einer selig machenden Lektüre im Jahre 1933 oder 1984 oder 2001, sondern basiert auf der Vorstellung, geschriebene Sprache erschaffe eine Temporalität, die anderen Gesetzen gehorcht als denen, die im Umgang zwischen sprechenden Menschen gelten. Kurzum: Nietzsche stellte die Intuition betreffend ein Kalkül an. Seine Schriften sollten imstande sein, lange Epochen von Dummheit, Desinteresse oder Nichtigkeit zu überleben, aber vollkommen neu wirken, wenn der richtige Leser sie zum Leben erweckte. Dass Schriftsteller sich noch heute diesem Dornröschen-Traum hingeben, beweist, dass kaum ein anderer so modern war wie der Professor in Basel. Seine Modernität ist von der Art, dass der Text dort weiterschlägt, wo er hundert Jahre zuvor aufgehört hat. Man darf damit rechnen, dass die ersten, frisch erwachten Zeilen, auf die der Leser stößt, ihm eine Ohrfeige verpassen, damit er versteht, mit einem Text macht man nicht, was man will. Jetzt ist es in der Literatur wieder ernst geworden.

6. Intuitive Autoren lassen sich in zwei Gruppen einteilen – nennen wir sie »Hunde« und »Katzen«. Die Hunde schnüffeln herum und suchen; die Katzen fixieren. Der erste Typ ist von Natur aus vor allem neugierig, oder *curiosus* auf Latein, also »sorgfältig«, weshalb es kaum erstaunt, dass ein Hundeschriftsteller mit nahezu unermüdlichem Enthusiasmus das Revier untersucht, das er markiert hat. Er schreibt jedes Mal an dem »gleichen« Buch, wenn auch unter anderen Vorzeichen und mit hoffentlich neuer

Tiefe. Der zweite Typ ist aufmerksam oder *attentus*, »gespannt«. Der Katzenschriftsteller schert sich nicht um den Anspruch des Sammlers, ein Territorium zu beherrschen oder ein »Werk« zu erschaffen, sondern ist mehr daran interessiert, an ein und demselben Loch zu warten. Seine Bücher ähneln einander nie.

Im Lichte dieses Unterschieds lassen sich eine Reihe von Phänomenen studieren – zum Beispiel, dass die Tradition dazu neigt, Männer als Hunde und Frauen als Katzen zu betrachten. Aber es fragt sich, ob nicht, um die Feinmotorik der Intuition zu verstehen, vor allem jener Unterschied zählt, den Horace Engdahl in folgender Bemerkung andeutet: »Das Schädlichste für die Aufmerksamkeit ist *der Zwang, zu einem Ergebnis zu kommen.*« Denn auch die Intuition wird von der Forderung verdorben, Regeln einzuhalten. Sie kann nicht zurechtgestutzt werden, sondern setzt voraus, dass wir jederzeit auf Abwege geführt werden können. Folglich verlangt die Intuition, ein Paradox zu erfüllen. Als Schriftsteller müssen wir uns einer aufmerksamen Passivität befleißigen, hellhörig für das, was in den Randzonen unserer Absicht geschieht, offen für das Unerwartete. Kurzum, der intuitive Schriftsteller weiß, dass er niemals Herr über seinen Text wird. Der Hundetyp versucht seine Beunruhigung einzudämmen, indem er unsichere Punkte bewässert, der Katzentyp begnügt sich damit, starr auf das kleine Loch zu stieren, durch das dereinst der Messias treten wird.

7. Für einen Schriftsteller ist die Intuition die Kunst, seiner Unschlüssigkeit in dem Bewusstsein zu folgen, dass sie Teil eines kommenden Plans ist. Dieser Fatalismus hat etwas Verführerisches. Ich weiß, dass ich, ohne es zu wissen, der Köder des Schicksals bin. (Vergleiche Engdahl.) Doch

auch das Kalkül hat etwas Verlockendes. Auf die Frage, warum er die Atombombe erfand, obwohl er doch wusste, welche Zerstörung sie mit sich bringen würde, soll Robert Oppenheim geantwortet haben, sie sei *technically sweet* gewesen.

8. ÜBER DIE »AHNUNG«, DIESE MÄNNLICHE AFFÄRE. Den Salonlöwen des 18. Jahrhunderts oder bürgerlichen Herren vor Einführung der allgemeinen Schulpflicht und des Wahlrechts für alle ermöglichte die Lobrede auf die »weibliche« Intuition, dem anderen Geschlecht zu schmeicheln und es gleichzeitig in die Schranken zu weisen. Intuition war etwas, das Damen in Ermangelung von Bildung besaßen. Der Wissenschaftler des 19. Jahrhunderts ließ sich bei seiner Jagd auf Entdeckungen oder Erfindungen sicher nicht von einer intuitiven Gemütsverfassung leiten. Im Gegenteil, als *man of science* widmete er sich *educated guesses*. Er verspürte eine »Ahnung« und folgte dieser verbissen und zielstrebig (will sagen: *doggedly*). Die Intuition erinnerte ihn an einen Hauch von Parfüm, der noch im Raum hing, ebenso bestechend wie ephemer. Sie täuschte den zu Schlussfolgerungen befähigenden Scharfsinn, war ohne Substanz. Es war mit ihr wie mit der Katze: Man wusste nie, woran man bei ihr war. Auf das Kalkül war dagegen Verlass. Es richtete sich in der Tradition ein, denn es basierte auf früheren Beobachtungen, auf der Existenz von Beweisen und der allgemeinen Kalibrierung des Wissens. Der männliche Wissenschaftler im 19. Jahrhundert betrachtete seine »Ahnung« folglich nicht als eine Frage der Intuition, sondern als eine Frage der Witterung. Wie der Trüffelhund besaß er Spürsinn.

9. Das Kalkül zieht Vektoren und berechnet die Kreuzung, an welcher sich das Gesuchte *aller Voraussicht nach* befindet. Die Intuition ertappt eine Wahrheit, wo die Konvention sie nicht erwartet hätte. In beiden Fällen verhalten wir uns zu dem, was wir nicht greifen können. Das eine Mal mit dem Zweifel, das andere Mal mit der Zuversicht als Instrument.

9.1. Auch das Kalkül hat einen negativen Klang. Strebt es nach Risikominimierung, Gewinnoptimierung oder Vorhersehbarkeit, begreifen wir es gerne als kalt, zerebral, planmäßig. Wenn die Intuition die Wünschelrute unter den menschlichen Fertigkeiten ist, dann ist das Kalkül das Lineal oder der Rechenschieber. Die Intuition hat ihren Sitz im Herzen, das Kalkül in der grauen Substanz. Erstere steht für Gefühl, Letztere für Vernunft. Oder übersetzt in Literatur: Stimmung versus Handlung. Gleichwohl tragen beide – jedoch auf unterschiedliche Art – zur gleichen Sache bei: die Spannung eines Textes zu erhöhen. Alle Methoden sind gut, solange der Text Strom hat.

10. Wenn ich mich während der Arbeit an einem Buch von Intuition leiten lasse und über das Ergebnis freue, bin ich überrascht. Wenn ich mich vom Kalkül leiten lasse, empfinde ich Befriedigung. In ersterem Fall fühle ich mich vom Glück verwöhnt, in letzterem, als wäre ich Uhrmacher. Mein heimlicher Traum ist es, Texte mit der Liebe des Uhrmachers zur Fledermaus zu schreiben.

Unter dem Hundestern

Ist der Schriftsteller jung, gestatten wir ihm den gleichen unkontrollierten Enthusiasmus, wie ihn der schwanzwedelnde Welpe zeigt, sobald man ihm den Futternapf hinstellt. Nur falls er noch die gleiche Haltung hat, wenn er alt geworden ist, haben wir das Recht, ihm schlechten Stil vorzuwerfen.

Es fällt leicht, den herrenlosen Hund als Bild für den freien Künstler zu sehen. Es ist womöglich schwerer, sich mit der mageren Kost und den kalten Nächten abzufinden – oder damit, dass die Müllkippe der sicherste Heimatort wäre.

Es gibt Hunde, für die das Beißen keine Überzeugung, sondern Notwendigkeit ist.

Zwei Sorten Ewigkeit: die des Sterns und die des Knochens. Wie verschieden sie sind! Der eine brennt beständig, »lebt« seine Unendlichkeit, während das Leben des anderen für immer vorbei ist. Aber zu welch ernsten Spielen können die vergrabenen Knochen nicht Anlass geben. Sie sind das Sternenzelt der Unterwelt.

Von einem großgeschriebenen Nichts (der Sterne) zu einem kleingeschriebenen (der Knochen): ein Weg so lang wie ein Hundeleben.

Die angemessene Antwort darauf, warum man Salons meidet: lieber auf der Müllkippe als in einem Zwinger.

Ist die Müllkippe das kollektive Gedächtnis unserer Zeit? Man denke nur an das viele Plastik, das sich nicht recyclen lässt. (Es sorgt dafür, dass unser Vergessen nicht absolut sein wird.) Dort seine Zeit zu verbringen sichert einem laufend neue Überraschungen. Nicht ein langweiliger Tag, solange es kaputte Dinge gibt, um das Dasein umzumöblieren, geheimen Müll, um ihn zu untersuchen. Der Gestank ist der Preis, den man für einen solchen Luxus zahlen muss.

Die vielen Redewendungen, in denen Hunde vorkommen... Auf die Literatur übertragen würde eine der treffenderen – »Einem alten Hund bringt man keine Manieren mehr bei« – seltsamerweise bedeuten, der idiosynkratische Stil wiege schwerer als der Respekt vor einer Sache (ganz zu schweigen vom Geschmack).

Für die müßige Frage nach dem Tod der Literatur, so oft gestellt, so selten beantwortet, reichen die drei Worte am Ende von *Der Prozess*: »Wie ein Hund!« Das Finale in Kafkas Roman signalisiert zugleich den Tod (bis hierher und nicht weiter) und die Geburt der Literatur – aber eine Geburt anderer Art, als von der Tradition vorgeschrieben. Fortan taugt nur eine kynische Literatur. Jetzt muss sie mit der Scham leben, sich selber überlebt zu haben.

Es gilt, den Hundekopf hoch zu tragen.

Wer nicht glaubt, dass Gott sich Scherze erlaubt, denkt schlecht von ihm.

Zwei ideale Erzählsituationen: mit dem Sarg auf der Schulter; mit dem Kopf unter dem Fallbeil.

In der berühmten Geschichte von dem Jungen aus Sparta, der mit einem gestohlenen Fuchs unter der Kleidung ertappt wird, sollte Ersterer der Schriftsteller und Letzterer die Literatur sein. Häufiger ist es umgekehrt.

Ein Unterschied zwischen Psychologie und Literatur: Die eine erklärt die schmutzige Wäsche des Menschen zu ihrem Gewerbe, schrubbt und knetet in der Hoffnung auf eine seelische Reinigung, die andere wühlt zwischen seinen Knochen. Daher ihr seltsamer Pakt mit den Toten.

Sich ein Gedicht vorstellen, auf das man nur antworten kann: »Hier liegt ein Hund begraben.«

Titel für eine Erzählung: »In einer Abtreibungsklinik in Betlehem«.

Baudelaire durchleuchtete seine Seele und erkannte, dass »der nervöse Faulpelz« eine Person war, die angesichts des Lebens gleichzeitig Grauen und Ekstase empfand. Einzig eine solche Gestalt kann wie Woody Allen sagen: »Nein, ich habe keine Angst vor dem Tod. Ich will nur nicht dabei sein, wenn es so weit ist.«

Der Menschentyp, von dem Baudelaire spricht, erinnert an eine Kreuzung aus Stoiker und Hysteriker. Letzterer ist ein Rohr im Wind, hingerissen, aber empfindlich, Ersterer lässt sich nicht erschüttern. Wo der eine noch das schwächste Flirren in der öffentlichen Meinung registriert, bearbeitet der andere sein Entsetzen über das Klima, indem er seine Gefühle abhärtet. Die Gegensätze ließen sich vervielfältigen, aber im Hinblick auf die Literatur ist nur einer wirklich wichtig: Der Hysteriker geht mit der Wirklichkeit um, als wäre sie Dynamit. Der Stoiker bleibt gelassen; er weiß, sie ist es.

Canetti: »Er stellte alle üblichen Forderungen an sich selbst. Aber in einer fremden Sprache.« – Des Barbaren schwereloses Glück.

Zwei Vorstellungen von Kommunikation, die mich im Hinblick auf die Literatur interessieren: Virus und Elektrizität. Eine, die mich immer mehr erstaunt: Dialog.

Es ist möglich, dass der Stoiker seiner Veranlagung nach dem Virus näbersteht, der Hysteriker der Elektrizität. Wo der eine sich kaltblütig gibt, steht der andere ständig unter Strom. Der Stoiker hat genug Geduld, die richtige Gelegenheit abzuwarten, um die Umgebung mit seiner Sicht vom Stand der Dinge zu infizieren. Das wahre Ziel seiner Texte ist es, das Immunsystem des Lesers zu testen. Die Kontaktfläche des Hysterikers zu seiner Umwelt ähnelt eher der des Katzenfells: Fieberhaft reibt er sich an den Umständen, getrieben von der Hoffnung, einen Zirkel zu finden, in den seine Ansichten passen. Auch die Schläge, die dieser Umgang versetzt, können Literatur werden.

1752 wurde der Blitzableiter erfunden. Danach fing der Mensch an, die Götter zu entsorgen.

Katharsis? Nein, für eine Literatur, die beunruhigen will, dürfte der Kurzschluss wichtiger sein.

Sollte vielleicht jedes Buch, nach vollendeter Lektüre, seinen Leser verlassen, wie es ihn vorfand? Nur einige Grad wärmer oder kälter?

»Das Grauen duzt sofort«, bemerkte Michaux. Also keine Zeit, auch kein Raum für umständliches Gerede. Aber spricht er nicht über die Angst? Diese Mutlosigkeit, die der beruhigenden Worte des Freundes bedürfen? Ich denke nicht, dass das Grauen etwas sagt. Im Gegenteil, es blockiert die Zunge. Wenn dem so ist, paktiert die Hysterie mit der Angst, während der Stoizismus eher mit dem Grauen liiert ist. Trotz aller Gebärden mildert Erstere die Umstände, während Letzterer ihnen ins Auge sieht. Unmöglich zu entscheiden, was einem auf Dauer mehr hilft.

Eine seltsame Vorstellung: sich einem Text hinzugeben, wie der Epileptiker einen Anfall durchleidet.

Der ständige Kampf der Ambition – so glücklich, so erfolgreich – gegen das Können.

Im Grunde besteht zwischen Lesen und Übersetzen eines Buchs nur ein gradueller Unterschied. Letztere Handlung verdeutlicht, worum es in beiden Fällen geht: eine Bluttransfusion. Das heißt: Neue Kraft soll in gleichen Bahnen laufen. Hat der Schriftsteller seinen Text abgeliefert, bleibt ihm nur noch, die Daumen zu drücken, dass der Übersetzer keine andere Blutgruppe hat. Oder Limonade in den Adern.

Wenn der Mensch lernen würde zu schlafen, als wäre dies das Letzte, was er tut, wäre eine Million Priester arbeitslos.

Hinsichtlich der Art von Denken, der sich Cioran widmet, dieser Schule des Unmöglichen, muss man sich fragen, warum es sich ein Autor mit solch klarem Intellekt, solch scharfer Zunge erlaubt, Gedanken zu wiederholen, die im

Großen und Ganzen schon hundert Jahre früher, von Nietzsche gedacht wurden. Vielleicht, um diese Gedanken zu seinen eigenen zu machen? Vielleicht, weil sie im Laufe der Jahre wahrer geworden sind? Das sind Susan Sontags Hypothesen. Möglicherweise, könnte man ergänzen, tut er es, um ihre hoffnungslose Gültigkeit zu erfahren. Cioran: der ewige Sitzenbleiber des Lebens.

Nachtragend zu sein ist eine *träge* Hysterie.

Das Gebet des Nachtragenden: »Nein, ich will nicht bis in alle Ewigkeit leben. Aber ich will auch nicht ewig tot sein.«

Die *raison d'être* des Hysterikers: für seine Beschränkungen anderen die Schuld zu geben. Der hysterische Skeptiker, beispielsweise Cioran, ist ein Lebenshavarist. Daher die abwartende *Pose*, die er einnimmt.

Unterschied zwischen Hysteriker und Stoiker: Nur Letzterer hat ein Evangelium. Ein Anlass, hinter Senecas *Consolationes* ein Fragezeichen zu setzen.

Das Erste, woran sich der Skeptiker beim Misanthropen stößt, ist dessen Miene.

Er findet die Worte, die er benutzt, nicht unversöhnlich genug. Am liebsten sähe er, sie wären wie Quecksilber. – Dies ist eine der Gelegenheiten, bei denen der Stoiker etwas vom Hysteriker lernen kann.

Überschrift auf der Literaturliste jedes Zensors: »Schlechte Seelenhygiene und andere Ismen«.

Nur die Sachprosa nimmt sich das Recht heraus, über andere Genres zu urteilen, ohne sich selber zur Verantwortung zu ziehen. Grund genug, ihr zu misstrauen.

In der Schwebe zwischen Müdigkeit und Irritation, die sich bisweilen einstellt, kann es sich anfühlen, als enthielte das Gehirn Kies und als wären die Gedanken außerstande, noch einen einzigen Schritt zu tun. Da hilft nur, was man mit Schuhen macht: ausleeren.

Knochen und Nerv – oder: mit dem einen Fuß im Grab und mit dem anderen in einem künstlichen Paradies. Schwer, sich einen ebenso passenden wie fordernden Spagat für die Literatur vorzustellen.

Für den Hund genügt Pisse auf einem Autoreifen, um an ein Paradies am Wegesende zu glauben.

Die Resurrection Co.

Eine Konterrevolution am 23. Februar 1898

Vor hundert Jahren reiste ein deutscher Journalist nach Necropolis, Dacota, in den Vereinigten Staaten. Gerüchten zufolge nahm man sich dort der teuren Toten mit einer Flinkheit und Umsicht an, die europäische Verhältnisse bei weitem übertraf. Als der Journalist den Aufzug bestieg, der ihn in die Chefetage hinauffahren sollte, ein Stockwerk unter dem Himmel, fiel ihm allerdings eine Anordnung auf, die Verwunderung erregte. Verärgert fragte er den Direktor, nachdem man sich per Handschlag begrüßt hatte: »Was veranlasste Sie, diesen immerhin geweihten Ort durch eine Telefonstation zu schänden? Ich habe bemerkt, dass eine solche in der Leichenhalle neben der Kapelle untergebracht ist. Das fortwährende Klingeln wirkt beunruhigend. Was bezwecken Sie damit?«

Daraufhin entspinnt sich ein Dialog zwischen dem düsteren Unternehmer des Todes und einem herumschnüffelnden Repräsentanten der dritten Macht im Staate, ein Gespräch über Erinnerung, Kommunikation und Trauerarbeit. Für Schriftsteller macht es durchaus Sinn, das Ohr an die Tür zu pressen und diesem Dialog heimlich zu lauschen, insbesondere in einer Zeit, in der die Dekodierung des menschlichen Genoms die Vision eines gläsernen Menschen heraufbeschwört, dessen Wesen, so die Befürchtung, den Ingenieuren der Zukunft ebenso zugänglich ist wie die Seele des Ketzers einst den Inquisitoren. Auch wenn die menschliche Erbmasse zu einem Text ge-

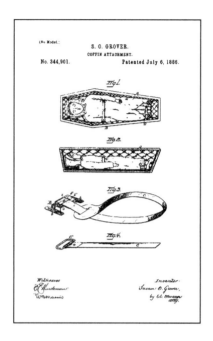

(No Model.)

S. O. GROVER.
COFFIN ATTACHMENT.

No. 344,901.

Patented July 6, 1886.

Fig.1.

Fig.2.

Fig.3.

Fig.4.

Witnesses
E. P. Andersen
W. H. Mason

Inventor:
Susan O. Grover,
by E. L. Thurston
atty.

worden ist, den man im Prinzip wie ein offenes Buch lesen
kann, tun Schriftsteller gut daran, die Ohren zu spitzen.
Schließlich sollte die Berufsehre ihnen gebieten, darauf
hinzuweisen, dass das Alphabet aus mehr Buchstaben besteht als A, C, G und T.

Anfangs windet sich der Direktor. Der Journalist erkennt
auf der Stelle, dass er etwas verbirgt. Mit einem besseren
Gespür für Knüller als für Presseethik ausgestattet, droht
er die Leiche aus dem Keller der Firma ans Licht zu zerren.
Wenn er nicht die Wahrheit erfährt, wird er bereits am
nächsten Tag in den wichtigsten Zeitungen der Welt einen
Artikel über diese »Leichenschändung in Dakota« bringen. Dem Direktor bleibt keine Wahl, die Wahrheit muss
heraus. »Alle unsere Einrichtungen«, erklärt er, »sind von
dem Grundsatz bestimmt, nach Möglichkeit den pein-

lichen Zeitraum zu verkürzen, der zwischen dem Ableben eines Mitglieds der bürgerlichen Gesellschaft und dem Augenblick liegt, wo die Hinterbliebenen ihre Berufsgeschäfte ungestört wiederaufnehmen können.« Je schneller das Leben wieder seinen normalen Gang gehen kann – will sagen: je mehr der Schmerz gelindert wird und der Tod an Bedeutung verliert –, desto besser für eine Gesellschaft, die dem Ideal des Nutzens, den Regeln der Effektivität verpflichtet ist. Der an und für sich ehrwürdige Vorsatz birgt jedoch eine Gefahr in sich. Vor einem Jahr sah man sich gezwungen, eine Stütze der Gesellschaft zu exhumieren, einen Mann, der des Meineids, des Betrugs und des Selbstmords verdächtigt wurde. Der Anblick war alles andere als angenehm: seine Finger waren gebrochen, die Fingernägel eingerissen, Knie und Schultern voller blauer Flecken. Offenbar war die Beerdigung mitsamt nachfolgender Trauerarbeit ein wenig zu schnell abgehandelt worden. Die Schlussfolgerung war ebenso offensichtlich wie unangenehm: Der Mann war »lebendig begraben worden«.

Um zukünftige Missgeschicke zu vermeiden, beauftragte man die Dacota- and Central-Resurrection Telephone and Bell Co. Nun wurde die Unterwelt auf elektrischem Wege revolutioniert. Man verlegte Leitungen zwischen den einzelnen Gräbern und dem Verwaltungsgebäude, schloss am einen Ende Fernsprecher und am anderen Läutwerke an. Schließlich wurde eine Telefonzelle errichtet, die für das Beerdigungsinstitut die gleiche Bedeutung erlangte, wie sie der Beichtstuhl einst für die Kirche besaß. Im Ernstfall konnte »jeder Kunde (customer)« von nun an sowohl die Firmenleitung als auch einen Anwalt, Arzt und die Familie kontaktieren. Nach diesen Maßnahmen schlief man nachts wieder ruhig in Necropolis. Weitere Fälle von lebendig Begrabenen wurden nicht registriert. Aber nach einjähriger Stille, kurz nach Sonnenuntergang am 23. Februar 1898, war es vorbei mit dem Frieden. Plötzlich klingelte es, und in den folgenden Wochen meldeten sich Kunden von den verschiedensten Orten auf dem Friedhof. Einmal beschwerte sich eine ältere Dame darüber, dass ihre Schwiegersöhne nicht genügend um sie trauerten. Ein anderes Mal war ein Autor unzufrieden mit seiner Grabinschrift. Dann wiederum klagte ein Rheumatiker über Unzulänglichkeiten im Entwässerungssystem. Es war nicht weiter schwer, die Zeichen an der Firmenwand zu deuten: Die Unterwelt hatte sich ihre eigenen Auffassungen vom Leben da oben gebildet.

Eines Abends ließ dann die alte Miss Simms von sich hören. Ein Inspektor begab sich in die Telefonzelle, um zurückzurufen. Als er zum Direktor zurückkehrte »hingen ihm [die Augen] wie Glaskugeln im Kopf«. »Well, what's the matter?«, wurde er gefragt. »Well, ich rief an«, lautete die Antwort, »hielt den Fernsprecher ans Ohr –, und ich will verdammt sein, wenn es nicht ganz deutlich ›Halloo‹ aus dem Apparat antwortete. Aber mit einer Stimme wie aus einem hohlen Brustkasten...« Weil der Direktor letztlich die Verantwortung trug, fühlte er sich jetzt selbst aufgerufen, Fräulein Simms zur Vernunft zu bringen. »Zum Teufel, ja, was wollen Sie eigentlich?«, schrie er in den Hörer. »Und wissen Sie, was das Frauenzimmer antwortete?«, fragte er nun den Journalisten, der argwöhnisch den Kopf schüttelte. »Ich möchte mit Nr. 197 verbunden werden.«

Ein paar Meter unter dem Menschenpark

Hinter den Enthüllungen aus der Resurrection Co. steht W. Hartenau, alias der Ingenieur, Politiker und Industriemagnat, der Autor, Preuße und Jude Walther Rathenau. 1898 veröffentlichte er seinen Bericht in einer Zeitschrift mit dem nicht unpassenden Titel *Die Zukunft*. Im Gegensatz zu seinen übrigen literarischen Arbeiten weist die Novelle kaum Spuren seines konventionellen Geschmacks, seiner hartnäckigen Ernsthaftigkeit und schwerfälligen Prosa auf. Hier befindet sich der Leser nicht am »Fechtboden des Geistes«, wie es in einem seiner vielen Aphorismen heißt, in denen sich Vergeistigung und Militarismus vereinen, sondern unter dessen Dielen. Und dort, ein paar Meter unter dem, was sich ein Jahrhundert später zu einem Menschenpark entwickelt hat, scheinen für alphabetische Verbindungen andere Regeln zu gelten. Doch sind die Ähnlichkeiten mit den Bedingungen, die in der Welt der Literatur gelten, nicht zu übersehen. Der Wunsch des alten Fräulein Simms bezeichnet den Augenblick, in dem sich die untere von der oberen Welt emanzipiert. Ein Schriftsteller identifiziert dies natürlich sofort als den Moment, in dem sich der Text von seinen Absichten befreit und seine Personen beginnen, nicht mit ihrem Schöpfer, sondern miteinander zu sprechen.

Auch wenn alle Faktoren in diesem nekrotopischen Arrangement bekannt sind, verbittet sich die Unterwelt weitere Einmischungen in ihre inneren Angelegenheiten. Nur auf Friedhöfen und Buchseiten sind die Hierarchien flach: Hier liegen alle auf einem Niveau. Von nun an wird der Schriftsteller, dieser Schöpfer oder Bestatter, abhängig vom Blickwinkel, niemals das Muster aus Zeichen und Schweigen bändigen können, das er erschaffen hat. Plötzlich entstehen Verbindungen, die sich nicht vorhersehen ließen, geschweige denn geplant und gelegentlich alles andere als erwünscht waren. In einer Zeit, in der man allen Ernstes davon spricht, den Tod zu umgehen, erscheint es angebracht, daran zu erinnern, dass man ihn zumindest in der Welt der Literatur nicht ungestraft außer Acht lässt. Und dass es in der Literatur, die immer schon epitaphisch und deshalb bislang der sicherste Weg des Menschen gewesen ist, unsterblich zu werden, nicht sosehr um Leben oder Überleben geht, sondern um Wiederbelebung. Resurrection Co. könnte die Bezeichnung für den Dachverband sein, der sämtliche Schriftsteller der Welt vertritt. Die Wesen, für deren Entstehen die Autoren Sorge tragen, sind nicht aus Fleisch und Blut und bestehen auch nicht vornehmlich aus Informationen. Im Unterschied zu Computerprogrammen können sie zudem nicht dadurch optimiert werden, dass Viren oder Programmfehler in späteren Versionen entfernt werden. Diese alphabetischen Schöpfungen leben im Gegenteil auf gleiche Weise von den Störungen wie jene »Gespenster«, über die Kafka einmal gesagt hat, sie stählen all die Küsse, mit denen Briefe enden – »diese reichliche Nahrung [durch die] sie sich ja so unerhört [vermehren]«. Solche Phantome, die gemeinsame Sache mit ihrem Medium gemacht haben, können niemals widerspruchsfrei, das heißt ohne Verwirrung und Unruhe, verstanden werden, und zwar aus dem einfachen Grund, dass sie sich sowohl von gutherzigen Absichten und Herleitungen wie von Störungen und Kurzschlüssen ernähren.

Transfiguration des Todes

An einer lichtscheuen Stelle in Thomas Pynchons *Die Enden der Parabel* wird eine dubiose Séance veranstaltet. »Ziel dieser Nacht ist es, Verbindung mit dem ehemaligen Außenminister Walther Rathenau aufzunehmen.« Beabsichtigt ist nicht, einen der wenigen besonnenen Politiker der Weimarer Republik wieder ins Leben zu rufen. Der Tote kann nicht wie ein Schlafender aus seinem Schlummer wachgerüttelt werden. »Die wirkliche Bewegung führt nicht vom Tod zu einer Neugeburt«, verkündet Rathenau von der anderen Seite. »Sie führt vom Tod zu einer Transfiguration des Todes. Sie können nicht mehr tun, als ein paar tote Moleküle zu polymerisieren. Doch Polymerisation ist keine Auferstehung.«

Dies ist die bittere Wahrheit der Literatur, ausgedrückt in biochemischen Begriffen. Wie Rathenaus Phantom weiß, ist es nicht ihr Ziel, Leben wiederzuerschaffen, sondern den Tod zu transfigurieren. Die so entstehenden Wesen riechen und schmecken genauso wenig wie Kafkas Gespenster. Sie können nicht berührt oder umarmt werden und sind es nicht gewohnt zu essen, zu frieren oder zu schwitzen, wie Lebende dies tun, weil ihre Körper auf unausweichliche Art Körper sind. Dennoch können sie sprechen und denken, sich erinnern, trauern und sich ärgern. Ihnen mangelt es auch nicht an Träumen, Vorurteilen oder fixen Ideen. Als Transfigurationen des Todes sind diese Geschöpfe, was übrigbleibt, wenn Aminosäuren, Eiweißverbindungen, Nerven, Knochen und Fettgewebe subtrahiert worden sind. Körper minus Körperteile. Mit solchen Polymerisationen kommt der Schriftsteller nur zurecht, wenn er sie umorganisiert. Und folglich fortschreibt. Gewiss sein kann er sich dabei nur, dass er weitere Illusionen über seine Autorität verliert. Denn die polymerisierende Literatur ist nicht nützlich wie Adenin, Cytosin, Guanin und Thymin. Kurzum: Ihre DNS lässt sich nicht kalkulieren. Aber ist das so schlimm?

Kleiner Versuch, die Existenz der Seele zu beweisen

Für Jan Svenungsson

Lieber Gott,
Einzig vonnöten
War ein Loch im Kopf.
Vor dem Badezimmerspiegel sitzend
Fragte ich nicht mehr wer oder warum,
Nur wie. Ich wollte zeigen,
　Der Sinn des Lebens
Konnte nicht die Einsamkeit in einem Schädel sein.
Schlupfloch, Atemloch, ätherisches Ventil,
Man nehme es, wie man will.
Hauptsache nur, den Weg hinauszufinden
　– und dies mit Stil.
Seine DNS zu schultern ist Bürde genug.
Ach, die Schwerkraft ist das größte Übel.
　Für seinen aufrechten Gang
Zahlte der Mensch
Mit weniger Blut und ärmlichem Gehirn.
　Die Flüssigkeit lief ab,
　　Die Substanz eingeschlossen,
Musste er nun lernen, als Ausnahme zu denken.
　Ein für alle Mal
War das Bewusstsein eine getrennte Sache.
　Kein Wunder,
Dass wir solch psychischen Ballast tragen.
Ein Loch an der rechten Stelle gebohrt,
　Meinte Joey,

Durch die dünne Schale des Kraniums,
Würde den Druck mindern
Und die Gedanken wieder frei machen.
  Flügge wie Birdie, ungebunden wie du,
Weiß keiner, welche Bewegungen ihnen möglich wären.
Aus dem *homo sapiens erectus*
    Ließ sich ein *correctus* machen.
  Wir probierten's, high von Speed,
Ich sah nicht auf die Uhr,
        Aber lange dauerte es kaum.
Nach einer Weile hörte man ein *Krack*,
  Eine gröbere Ouvertüre,
Und ich hatte mein Fenster zur Welt gefunden
        – eine anatomische Punktierung,
    Ja, eine Expansion,
  Nicht unähnlich jener, die einst »Seele« hieß.
Dieses blubbernde Loch,
  Diese blutunterlaufene Nebulosa
Ist jedenfalls mein Beweis
Einer anderen Dimension.
  Denn keiner wird wohl leugnen,
Dass die Gedanken mehr sind
Als genetische Propaganda?
    Wie du vielleicht verstehst,
      Lieber Gott,
Ist es mir äußerst peinlich
Dich darauf hinweisen zu müssen,
    Aber die Seele,
  Diese schwerelose kleine Pilgerin,
    Ist rastlos,
      Oh, wie rastlos
  Sie ist.

Noten zu einem Fuß

Gemacht zur Flucht von Anfang an,
Zum Auszug aus dem Paradies.
– Durs Grünbein

I

Eine Urszene benötigt nur wenige Requisiten. In diesem Fall reichten etwas Sonne, ein Paar Hände und ein Blick, täppisch wie ein Welpe. Der Ort: das Ufer eines Sees in Südschweden. Die Zeit: das Jahr, in dem *the big bang* bestätigt wurde. Genauer gesagt: der heiße Sommer 1965. Eines Tages schlug er die Hände vors Gesicht, worauf das Sonnenlicht zwischen seinen Fingern hindurchsickerte wie rieselnder Sand. Mit jedem Finger, den er krümmte, wurde es heller, bis sein privater Countdown zur Blindheit das Licht so schmerzhaft stark machte, dass Blinzeln nicht mehr genügte und er stattdessen die Augen schließen musste. Auf der rosafarbenen Innenseite der Lider tanzten nun weiße Flecken, stecknadelkopfgroß, im Takt seines Pulses. Langsam schwächten sich die Flecken ab und verwandelten sich in schwarze Punkte – Mininovä, die an seinem inneren Himmel verglühten. Als die Sterne schließlich erloschen waren, hielt er sich die Hände von neuem wie ein verdrehtes Feigenblatt vors Gesicht. Anschließend öffnete er sachte die Augen und wollte das fatale Herunterzählen der Finger soeben wiederaufnehmen – als plötzlich eine Stimme auf Deutsch ertönte: »Achtung!« Es war seine Mutter. Grimmig sprach sie nun die Worte, die, wie er erst Jahre später erkennen sollte, bedeuteten, dass er spätestens an jenem Tag den Weg aus dem Paradies antrat: »Einmal und nie wieder.«

2

Schwer zu sagen, wodurch unsere Aufmerksamkeit auf einen bestimmten Gegenstand gelenkt wird. Sorglose Neugier? Die zwingende Macht des Schicksals? Oder der Versuch des Verschlagenen, seine unnatürliche Sehnsucht zu stillen? Für den Notar des Seelenlebens in der Wiener Berggasse war die Fixierung auf ein Detail, aufgeladen mit den komplizierten Energien der Begierde, sofort verdächtig. Eine Haarlocke, ein wenig Glanz auf der Nase oder der schuhgeschmückte Fuß des Hausmädchens ließen ihn annehmen, der verlockende Gegenstand deute in Wahrheit auf eine derart schmerzhafte Erkenntnis hin, dass sie verdrängt werden musste. Das Objekt der Begierde war nichts Geringeres als der Platzhalter eines Traumas.

»Wir wissen, warum dieses Substitut zum Tragen kommt«, erläuterte er mit einer Gelassenheit, die durchblicken ließ, er hatte die Wahrheit durchschaut. Im Alter von fünf oder sechs Jahren entdeckt das Kind bestürzt, dass der Mutter sein wichtigstes Körperteil fehlt. Nun fühlt es sich bedroht. Wenn die Frau, die ihm am nächsten steht, kastriert wurde, kann auch das Kind nicht damit rechnen, sein liebstes Hab und Gut zu behalten. Instinktiv schließt es nun den Kompromiss, der in seinem Erwachsenendasein solch beschwerliche Freude verbreiten wird. Freud zufolge gibt es jetzt den Glauben auf, dass die Mutter einen Phallus haben sollte – aber nicht völlig: Das Glied wird in verschobener Gestalt bewahrt, als Camouflage für eine erschreckende Abwesenheit. Von nun an wird der Junge diese Attrappe mit aller lustvollen List, deren er fähig ist, hegen und pflegen. Gemäß einer später hinzugefügten Fußnote zu den *Drei Abhandlungen zur Sexualtheorie* bleibt allerdings die Tatsache bestehen: »Der wirkliche Sachverhalt ist der, dass hinter der ersten Erinnerung an das Auftreten des Fetisch eine untergegangene und vergessene Phase der Sexualentwicklung liegt, die durch den Fetisch wie durch eine ›Deckerinnerung‹ vertreten wird, deren Rest und Niederschlag der Fetisch also darstellt.«

Mit anderen Worten: Der Fetisch birgt eine Geschichte in sich. Er enthält ein zum Rebus erstarrtes Erlebnis, eine als Symbol verkleidete Erzählung. Und funktioniert folglich – wen wundert es – wie eine Fußnote. Man braucht kein Freudianer oder Fetischist zu sein, um eine solche Komplikation verlockend zu finden. Wer würde nicht diesen verdichteten Fixpunkt auseinanderfalten und feststellen wollen, dass er genug Platz bietet, um eine verzaubernde Welt zu beherbergen? Wie die Narbe des Odysseus »über dem Knie«, die Eurykleia schließlich erkennen ließ, wessen Füße sie wusch, verweist der Fetisch zurück auf eine Vergangenheit, die sich plötzlich, überraschend und wider Erwarten, als gerettet erweist:

Die Narbe betastete jetzt mit flachen Händen die Alte
Und sie erkannte sie gleich, und ließ den Fuß aus den
Händen
Sinken, er fiel in die Wanne, da erdröhnte die eherne
Wanne
Stürzte auf die Seite herum, und das Wasser floss auf den
Boden.

Das Erdröhnen, das der Fuß des Odysseus verursacht, ist das Echo jenes Urknalls, von dem der Fetisch der Überrest ist. Wie eine Fußnote verweist er auf eine Urszene, die so aufgeladen ist, dass sie einzig in verschobener Gestalt bewahrt werden kann, außerhalb des eigentlichen Texts oder hinter der schützenden Kulisse, vor der ein Mensch sein geordnetes – will sagen: erinnertes – Leben spielen lässt.

3

Er war noch nicht geboren, als der Astronom Fred Hoyle 1953 im britischen Rundfunk seine Theorie von einem Urknall vorstellte. Doch zwölf Jahre später, als ein neuer und empfindlicher Mikrowellendetektor die These bestätigte, indem er die Wellen des Knalls im Äther auffing, wusste er bereits, wo das Dasein seinen Ursprung hatte: auf dem Fußboden vor seinem Bett. Damals lag dort ein Teppich. Er bestand aus drei länglich schmalen Teilen, die in den dreißiger Jahren miteinander vernäht worden waren. Das Streifenmuster war rot und weiß und erinnerte an einen Strichcode. Einst waren Muster wie Format des Teppichs eben und regelmäßig gewesen, doch nach zahlreichen Umzügen und einigen Jahren schweren Spielzeugautoverkehrs war der Vorleger inzwischen arg ramponiert. Er hatte gehört, dass seine Großmutter den Teppich gefilzt hatte, indem sie die Wolle in einem Bach ziehen ließ, der am Haus der Familie an der Westküste des Peloponnes vorbeifloss. Als sein Vater so alt gewesen war wie er selbst in diesem Sommer, kehrte er eines Abends heim, nachdem er die Ziegen der Familie gehütet hatte. Er pinkelte etwas weiter oberhalb in den Bachlauf, wohl wissend, dass die Strömung den Urin zur und durch die Wolle führen würde. Seither waren Spuren davon in den Fasern bewahrt, wie ein verstohlener Gruß von der anderen Seite der Erinnerung. In einer Ecke hatte der Teppich später eine andere Farbe bekommen; dort war die weiße Wolle rosa wie eine frische Wunde. Die Erklärung war einfach. Bevor der Teppich vor seinem Bett landete, hatte er vor dem der Eltern gelegen. Der Fleck war in einer Winternacht ein paar Jahre zuvor entstanden, als das Fruchtwasser abging und auf den Boden lief.

Wenn er in diesem monumentalen Sommer morgens aufwachte, setzte er folglich die Füße auf den Überrest einer Geschichte, die er selbst nicht erlebt, die jedoch seine eigene geprägt hatte – ein »*stigma indelebile*« (um mit dem Autor des Aufsatzes über den Fetischismus zu sprechen), das seinen persönlichen Urknall ankündigte. Es verblüffte ihn jedes Mal, dass der Fleck die gleiche Breite hatte wie seine fünfjährigen Füße.

4

Was es heißt, die eigenen Extremitäten an die Stelle des Ursprungs zu setzen, zeigt jener Philosoph, der traditionsgemäß »der Dunkle« genannt wird. Im Grunde sollte einen der Beiname wundern. Der Umstand, dass uns Heraklits Denken nur in Form von Fragmenten bekannt ist, führt zwar dazu, dass die Richtung in vielen seiner Aussagen vage bleibt. Doch die Sprache, die er benutzt, ist gleichzeitig klar wie Wasser. Hier findet man nur wenige Reste des sakral gefärbten Vokabulars einer früheren Philosophie. Fast sämtliche Wörter entstammen dem Alltag: »Nacht«, »Schlaf«, »Kind«, Krieg«, »Feuer«... Möglicherweise entsteht die berüchtigte Dunkelheit seiner Texte, wenn diese Elemente des Daseins nicht nur benutzt werden, um die Wirklichkeit zu beschreiben, in welcher der Mensch lebt und wirkt, von den Griechen *physis* genannt, sondern auch dazu, auf jene größere Sphäre zu verweisen, die diese umgibt – die metaphysische. Wie hier, in Fragment Nummer drei:

[ἥλιος] εὖϱος ποδὸς ἀνθϱωπείνου.
[Die Sonne hat] das Maß eines menschlichen Fußes.

Als Philologe ist es leicht, einer solchen ebenso sachlichen wie rätselhaften Behauptung verwirrt gegenüberzustehen. Handelt es sich um eine Aussage über den Unterschied zwischen dem, was ist, und dem, was nur zu sein scheint? Macht sich Heraklit zum Fürsprecher jener Sorte von Idealismus, die meint, dass alles ist, wie es wirkt? Oder gestattet er sich im Gegenteil eine Prise Ironie, eventuell gegen die Naturphilosophen seiner Zeit gerichtet, die behaupteten, dass Gegenstände die Größe besaßen, die das menschliche Auge ihnen gab? Am einfachsten wäre es sicher, den Text beim Wort zu nehmen. Denn genügt es nicht, selber einmal am Ufer gelegen, die allerorten gegenwärtige Sonne genossen zu haben und von ihr gleichzeitig gestört worden zu sein? Wenn man mit Hand oder Fuß den Platz des Himmelskörpers einnimmt, entsteht der Lichtkranz, welcher der physischen Welt ihren Nimbus verleiht. Zumindest im buchstäblichen Sinne ist dieser Strahlglanz meta-physisch: Er beginnt, wo Finger oder Zehen enden.

Bei Heraklit tritt der Fuß hervor, indem er die Quelle verbirgt, der er seine Existenz verdankt. Wie die Extremität Teil eines größeren Ganzen ist, bildet die Handvoll Worte, die der Nachwelt erhalten geblieben sind, den Teil eines Zusammenhangs, zu dem uns der Zugang fehlt. Damit wird die Aussage auch zu einem Fragment über das Wesen des Fragments. Der Fuß verhält sich zur verdrängten Sonne, dem Vater aller Dinge, wie das Bruchstück zu seinem verlorenen Kontext. In gewisser Weise demonstriert Heraklit die Dunkelheit am hellichten Tag: Sein Text erhält sein finsteres Strahlen durch die Quelle, die gleichzeitig ausgeblendet wird.

Im Gegensatz zu seinem rhetorischen Zwilling, dem Aphorismus – der nichts außerhalb seiner selbst benötigt, am wenigsten von allem einen Kontext –, wird das Fragment von Unzulänglichkeit gekennzeichnet. Wenn der emsige Philologe sein Bruchstück, entstaubt und analysiert, in einen Kontext einbettet, rettet er es zwar vor dem Vergessen der Geschichte. Aber gleichzeitig behandelt er die Scherbe, als weise sie die fertige Kontur eines Gedankens auf. Die Aussage wird fixiert, ihre Unzulänglichkeit als absichtlich gesichert. Ein solches Bruchstück bildet nicht länger ein Fragment, sondern ein »Fragment«. Es hat seine Strahlkraft verloren und ist in eine Sentenz verwandelt worden. Mit wenigen Ausnahmen ist es diese Verwandlung zum *bon mot*, die Heraklits Texten widerfahren ist. Das Relevante in ihnen wird nicht länger mit dem verbunden, was unlesbar bleibt und für ihre geheimnisvolle Aufladung bürgt, sondern mit ihrem kanonischen Status als Klassiker. Doch wenn ein Klassiker in Übereinstimmung mit seiner Lesbarkeit definiert wird, kann ein Fragment niemals kanonisch sein. Im Gegenteil, es verlangt, dass wir stets auch über seinen abwesenden Sinn wachen.

Ist es womöglich das, was Heraklits Aussage über das »Maß eines menschlichen Fußes« fordert? Dass der Philologe, diese Person, deren Begierde den Worten selbst gilt, während er dem Gegenstand seiner Faszination einen Sinn zu geben sucht, auch dessen aufgeladene, jedoch unzugängliche Quelle bewahrt? Wenn es so ist, wird das Objekt der Begierde nur lesbar als die Spur einer Verdrängung – will sagen: dank ihrer Unlesbarkeit. Die Breite dieser Spur gleicht der abgedeckten Erinnerung, von der Freud in einer Fußnote sprach, und deren umhüllendes Dunkel zugleich elementar und unausweichlich, schützend und strahlend ist. Dies wäre das Drama, zu dessen Wiederholung uns Heraklit einlädt: Jede Note zu seinem Fragment führt die Handlung aus, die sich der Fuß eines Menschen an einem scheinbar unschuldigen Tag am Ufer erlauben kann.

5

Eine Urszene benötigt nur wenige Requisiten. Wenn er heute, Jahre nachdem seine Besessenheit sich von Dingen zu Worten verschob, den Fleck auf dem Teppich betrachtet, der vor seinem Bett zu liegen pflegte, begreift er nicht, warum er es nie sah: Er gleicht einer lodernden Sonne in Miniatur. Hand, Fuß oder Asterisk – mehr benötigt niemand, um ein wenig Dunkelheit zu erschaffen, die einen deutlicher sehen lässt. Oder um jenes Paradies zu verdrängen, das doch nichts von einem wissen will.

Biologie der Literatur

Das dritte Leseorgan

Lange bereitete mir die Literatur Kopfzerbrechen. Oder besser gesagt: Ich fühlte mich von einer bestimmten Frage bedrängt. Wahrscheinlich war sie banal, da sie weder Stil noch Relevanz, weder technische noch thematische Aspekte berührte. Aber sie brachte mich in Verlegenheit, und mit der Zeit griff meine Unsicherheit auch auf Ansichten über, die unerschütterlich schienen. Die Frage betraf den Körper. In ihrer einfachsten und, so meine Vermutung, eingeschränktesten Form lautete sie: Hat die Literatur eine biologische Bedeutung?

Damals war ich Anfang zwanzig und nahm nur Bücher wichtiger als mich selbst. Die Unsicherheit, die ich im praktischen Umgang mit Texten erleben konnte, eigenen oder denen anderer, suchte ich mit theoretischem Zement zu armieren. Um die Sache zu vereinfachen, nahm ich an, Leser, die eine packende Geschichte schätzten, in satten Farben gepinselt und mit reicher Personengalerie versehen, würden meine Frage ohne größere Bedenken mit Ja beantworten, mit den Schultern zucken und zum Buch in ihren Händen zurückkehren. Als Literaturliebhaber wussten sie ja, dass es Bücher gab, die man wie geliehene Paradiese betreten konnte, Schriften, die einen in solch ungewöhnlichem Maße ergriffen, dass das Herz begann, in einem anderen Takt zu schlagen. Von Lesern, die klar durchdachte Überlegungen auf dem Schauplatz der Seele bevorzugten, erwartete ich eher ein vorsichtiges Nein.

Wie ich waren sie wohl unsicher, ob die Biologie den passenden Rahmen bot, um eine Kunstform zu verstehen, der es trotz allem an der Greifbarkeit von Körpern fehlte. Für die einen waren Lust und Identifikationsmöglichkeiten entscheidend, für die anderen List und taktische Fremdheit. Wo Erstere sich willig von der Welt absorbieren ließen, die das Buch offenbarte, zogen Letztere es vor, auf Distanz zu gehen, erpicht darauf zu sehen, wie ein Bewusstsein als Text inszeniert wurde. Kurzum, ich nahm an, man las entweder mit Herz oder Hirn.

Mir selbst war klar, welche Lesart ich vorzog, obwohl ich mit keinem dieser Organe auf sonderlich gutem Fuß stand. Sobald ich mich dabei ertappte, in einem Buch zu versinken, schrillte am Rande des Bewusstseins ein Wecker. Zeit aufzuwachen aus dem lustvollen, aber gedankenlosen Schlummer! Zeit, sein kritisches Urteilsvermögen zu nutzen! Wenn ich andererseits einen Roman mit all der List las, zu der ich mich fähig glaubte, auf der Jagd nach dem verborgenen Mechanismus, der den Text lebendig hielt, kam mir früher oder später der Verdacht, dass gerade meine penible Wachheit mich daran hinderte, den Grund für die Attraktion zu erkennen. Schwankend zwischen Einfühlung und Reflexion, Teilnahme und Überblick, fand ich nur in Ausnahmefällen zur ersehnten Balance.

Mit der Zeit begriff ich, dass an einer Auffassung von Literatur, die nur zwei Arten des Lesens zuließ, etwas suspekt sein musste. Dennoch gestand ich mir erst viele Jahre später meine eigene Scheinheiligkeit ein. Denn natürlich war mir bewusst, dass es möglich war, mit mehr als zwei Organen zu lesen; allerdings sprach man nur ungern darüber. Wie viele andere, die den Verlockungen der Literatur in jungen Jahren erlegen waren, wusste auch ich, dass es Bücher gab, die Teile der eigenen Biologie beeinflussten, die nicht auf der oberen Spielfeldhälfte des Körpers heimisch waren – ganz gleich, was man von diesen »schmutzigen« oder »verbotenen« Schriften hielt. Vielleicht bildeten sie eine Sektion des Bücherbestands, von der Bibliothekare tunlichst nichts wissen wollten. Aber nur, weil sie in Giftschränken oder unter Matratzen verwahrt wurden, konnte man doch nicht davon absehen, wie der Körper in Anspruch genommen wurde, wenn man sie las?

Das erste Buch, das mir gezeigt hatte, dass ich ein drittes Leseorgan besaß, war *Der Pate* gewesen. Als Zwölf- oder Dreizehnjähriger las ich einige Seiten am Anfang von Mario Puzos Roman so oft, dass das Buch automatisch bei der Stelle aufklappte, an der sich eine Brautjungfer während laufender Mafiahochzeit rittlings auf Sonny Corleone niederließ. Der Autor widmete sich keinen stilvollen Umschreibungen, und für den jungen Leser war dieser Mangel an Schüchternheit irrsinnig interessant. Doch mit der Zeit bekam die Szene – die sich im Verborgenen abspielte, während die übrigen Hochzeitsgäste im Garten Prosecco tranken und Cannoli aßen – eine andere, dauerhaftere Bedeutung. Statt – wie zunächst – jemandem, der zu jung war, um den *Playboy* zu kaufen, halbliterarische Pornographie zu bieten, wurde sie stellvertretend für eine Literatur, die, ohne eigentlich erotisch zu sein, Seiten enthielt, die unerwartete Teile meiner Biologie zum Leben erweckten. Erinnerte der verstohlene Akt, dem sich Sonny und die Brautjungfer hingaben, nicht an jenen, in den ich selber soeben verwickelt gewesen war, im Wohnzimmer auf der Couch liegend, das aufgeschlagene Buch auf dem Schoß, während die übrige Familie in der Küche nichtsahnend das Abendessen vorbereitete? Immer mehr bekam der Umgang mit Literatur etwas Verstohlenes, und schon bald war es schwer – nein, unmöglich –, davon abzusehen, dass das Lesen eine asoziale, oftmals unsittliche Angelegenheit war.

Zwar blieb unklar, ob sich sagen ließ, dass ich als Leser in den Text eindrang oder ob es nicht im Gegenteil er war, der sich, nun, rittlings auf meinen Gedanken niederließ. (Ich war ein Teenager und eine subtilere metaphorische Alternative kam kaum in Frage.) Außerdem sollte es noch dauern, bis ich Zugang zu einem kritischen Vokabular bekam, das die Ähnlichkeit zu beschreiben vermochte, die ich entdeckt zu haben meinte. Intuitiv hatte ich jedoch eine allegorische Perspektive wahrgenommen, aus der Lese- und Geschlechtsakt ungeahnte Parallelen aufwiesen. Bestimmt war die Frage, wer was mit wem machte, weniger wichtig als die Tatsache, dass auch erstgenannter Akt seinen verborgenen Reiz hatte. Plötzlich erkannte ich, dass es Aspekte an Büchern gab – sogenannte »Stellen« –, die Grund genug waren, um sie zu lesen, und es dauerte nicht lange, bis ich alles auslieh, was es in der Schulbibliothek von Lawrence Durrell gab. Der Schulkamerad, der mich auf den *Paten* aufmerksam gemacht hatte, behauptete, ein gewisser Lawrence habe eine skandalöse Schrift über eine englische Lady und ihren Liebhaber verfasst ... In den folgenden Wochen flog mein Blick über die Seiten von *Justine*, *Balthazar*, *Mountolive* und *Clea*, auf der Jagd nach Passagen, in denen es heiß herging. Aber es fiel mir schwer, der Handlung und den Figuren zu folgen, und ich fand auch nicht unbedingt, dass die protzige Prosa die Stellen aufwog, die ich ab und an lokalisierte – entlegene Orte, an denen der Text endlich seine flotte Ausstattung ablegte, sich entblößte und zur Sache kam. Als mir schließlich die Verwechslung aufging – viele Jahre später, auf dem Gymnasium –, war es zu spät: Ich hatte die Franzosen entdeckt, und D. H. Lawrences viktorianische Lästerungen ließen mich kalt.

Wenn ich mich recht erinnere, begann die systematische Jagd auf Stellen mit Maupassant oder Barbey d'Aurevilly. Jedenfalls bin ich mir einigermaßen sicher, dass sie mit Bataille endete. Denn als ich mich auf seine Schriften eingelassen hatte, wurde mein Verhältnis zum dritten Leseorgan komplizierter. Dabei denke ich weniger daran, dass ich die Pubertät hinter mir hatte, mir eine, wie ich hoffte, kultivierte – will sagen: stubenreine – Sicht der Literatur zugelegt und eine bis dahin vielversprechende Bekanntschaft dadurch zerstört hatte, einer Frau, der ich den Hof machte, ein Exemplar von *Madame Edwarda* zu schenken, ohne das Buch vorher gelesen zu haben. Was die Situation vielmehr erschwerte, waren die Gedankenstrukturen. Unfreiwillig zeigte Bataille, dass langen, offenherzigen Schilderungen der Pracht und Verwirrung des Geschlechtslebens fast immer etwas Lächerliches anhaftete – ungefähr wie bei einem Kaiser ohne Kleider –, die intellektuelle Energie, die ihre Triebfeder war, jedoch sexy sein konnte. Was waren schon die Beschreibungen von Flüssigkeiten und Körperöffnungen gegen Tropen und Argumente, die vorhersehbaren Bewegungen der Begierde gegen die verschlagene Choreographie der Denkfiguren? Kurzum: Wegen Bataille fing ich an, Theorie zu lesen. (Ja, ja. Das war Anfang der achtziger Jahre.) Plötzlich wurde die allegorische Perspektive aus einem erkenntnisorientierten Blickwinkel interessant, und schon bald verführten mich Texte, die so abstrakt waren, dass man über ihre Anziehungskraft bloß in einer Terminologie von »libidinöser Ökonomie« sprechen konnte.

Im Großen und Ganzen verbrachte ich die folgenden Jahre zwischen keuschen Worten und unzüchtigen Begriffen. Von Zeit zu Zeit rief sich noch der passionierte Leser in Erinnerung, der mit geweiteter Herzkammer und pochendem Puls las. Aber ich zog vor, mein Vertrauen dem Gehirn zu schenken – das, so meine Hoffnung, kühl, stilvoll und präzise blieb. Was mein drittes Leseorgan betraf, so fristete es ein kümmerliches Dasein. Es fand selten Verwendung – nicht, weil ich nichts von ihm wissen wollte, sondern einfach weil ich glaubte, dass es einer früheren Stufe in meiner Evolution als *homo lectionis* angehörte. Wenn der südliche Teil der Biologie in seltenen Momenten seine Gegenwart anmeldete, wurden immerhin sowohl kritisches Urteil als auch Stilgefühl außer Gefecht gesetzt. Erst verdichtete sich die Stimmung im Text, dann fielen mit vorhersehbarer Regelmäßigkeit gewisse Worte, schließlich wurden auch die indirekten Anspielungen von alphabetischen Zusammensetzungen ersetzt, die außerhalb des Schlafzimmers kaum Bedeutung hatten. Mit Beginn letzterer Phase war es unmöglich, weiterhin mit Herz oder Hirn zu lesen. Das Buch war zum Hilfsmittel reduziert worden. Wer wollte, konnte es ohne weiteres in einer Hand halten. Und das wollte ich nicht. Ich fühlte mich manipuliert und fand, dass es ein beklemmender Beweis für Eindimensionalität war, wenn ein Text freiwillig auf die Ansprüche verzichtete, die ihn zu guter Literatur machten – und zu allem Überfluss damit rechnete, dass der Leser applaudieren würde. Oder was immer er mit seiner freien Hand anstellen sollte.

Damals, Anfang der neunziger Jahre, bereitete die Literatur mir erneut Kopfzerbrechen. Aber es sollte noch ein paar Jahre sowie zwei spekulative Essaybände dauern, bis ich erkannte, dass ich die Antworten auf die Fragen, die mich umtrieben, in der Form des Romans suchen musste. Als einigermaßen routinierter Leser wusste ich, Literatur konnte einen auf eine Art beeinflussen, die nur der Prüde zu leugnen vermag. Gewisse Schriften hatten nachweislich Auswirkungen auf die Aktivität der Drüsen und folglich eine biologische Relevanz, auch wenn diese nichts war, womit man in Seminarräumen oder Salons Eindruck schinden konnte. Als theoretisch geschulter Literaturmensch wusste ich aber auch, dass nur wenige Dinge so lustfeindlich waren wie ein Text, der den Sinn des Lesers für Finten und Finessen nicht ernst nahm. Ging es nicht eher darum, wie man als Schriftsteller die Lust mit der List vereinen konnte, das Nackte oder Offenbare mit dem Verborgenen oder Indirekten, und wie sich aus einem gewissen Typ klarer Sprache ein Werk erschaffen ließ, das gleichwohl die Verstellung feierte? Nur auf die Art, stellte ich mir vor, würde man der biologischen Bedeutung von Literatur gerecht werden, ohne klinisch zu werden. Nur so würde man die Möglichkeiten des Geschlechtslebens feiern können, ohne pornographisch zu werden. Aber wie zum Teufel sollte das gehen – nicht in der Theorie, sondern in der Praxis?

1994 hatte ich *Das graue Buch* veröffentlicht, einen Essay, der sich literarische Mittel dienstbar zu machen suchte, um über »Grauzonen« in der Literatur zu sprechen. Mich erinnerten diese Regionen, vage, aber gewagt, an das, was in anderen Zusammenhängen »Stellen« genannt wurde – mit dem entscheidenden Unterschied, dass sich das Schlüpfrige auf das Verhältnis zwischen Fiktion und Kritik, Primär- und Sekundärliteratur beschränkte. Ich wollte die Genres mischen und plädierte für eine Para- oder vielmehr Hybridliteratur, die jenseits der Kritik, aber diesseits der Fiktion lag. Nachdem ich das Buch einige Jahre später ins Englische übersetzt – oder vielmehr transmutiert – hatte, fühlte ich mich meiner Sache allerdings nicht mehr so sicher. Als ich den Text von der Ausgangs- in die Zielsprache überführte, änderte ich so viel daran, nicht nur in Bezug auf Wortwahl und Darstellungsweise, sondern auch auf den Inhalt, dass mich der Verdacht nicht mehr loslassen wollte, mein wahres Thema sei eher, die Art der Literatur zu bedeuten, als die Bedeutungen selbst. War das nicht der Gipfel der Beliebigkeit? Was meinte ich denn mit »Grauzonen«, wenn deren Eigenart sich im Übergang vom Schwedischen zum Englischen so veränderte? Die Unzufriedenheit wuchs, und als ich schließlich das Manuskript beim Verlag ablieferte, musste ich mir eingestehen, dass es dabei um etwas so Grundlegendes wie meine Haltung zur Literatur ging. Endlich begriff ich: In den fünf Jahren, die zwischen den beiden Versionen lagen, hatte sich zwar etwas verändert, aber nicht die Literatur, sondern ich selbst. Verblüfft erkannte ich, dass ich mich nicht mehr für die Literatur an sich interessierte, also dafür, ihre vielen Wunder und Eigenheiten zu erproben und zu feiern, sondern vielmehr für all das andere, was sie *auch* war, wenn es zufällig einmal nicht um ihre eigenen Voraussetzungen ging. Mit zehn Jahren Verspätung wurde *The Gray Book* zu meinem deplatzierten Abschied von den Achtzigern.

Die Erkenntnis löste keine praktischen Probleme, wirkte sich aber insofern positiv aus, als ich schließlich begriff, ich wusste zu viel, konnte jedoch zu wenig. Wenn der Trieb Gegenstand meines Interesses war, würde ich nicht sonderlich weit kommen, solange ich mich auf die Reflexion verließ – will sagen aufs Denken. Oder von mir aus auf Hintergedanken. Wollte ich jedoch der Fähigkeit der Fiktion auf den Grund gehen, Begehren zum Leben zu erwecken, so durfte ich nicht in jene Art von Tabubruch verfallen, die in den Neunzigern immer vorhersehbarer geworden war und deren Ziel kaum mehr etwas mit den Bedingungen der Literatur, sondern mit der Rücksicht auf den Markt zu tun hatte. Niedrige Instinkte in allen Ehren, aber was interessierten mich zeitgenössische Romane, deren *raison d'être* zwar das melancholische Spiel mit Identitäten war, indem der pikante Unterschied zwischen realem Autor und fiktiver Hauptperson verwischt wurde, deren Sprache aber so klischeehaft war wie das hauptstädtische Nachtleben oder der gegeißelte Sextourismus nach Thailand? Verhielten sich diese Bücher zur subversiven Literatur nicht in etwa so wie Klamotten von H&M zu maßgeschneiderten Kleidungsstücken? Man musste doch kein Snob sein, um auf einem Gefühl für die Eigenschaften des Stoffs, für handwerkliches Können, Stil und Idiosynkrasie zu bestehen? Oder nehmen wir diese Schreiberlinge, die notdürftig kaschierte Bekenntnisse über ihr »geheimes« Sexleben zu Papier brachten. Was könnte gleichgültiger sein als Schriften, die einem bereits missbrauchten Genre nichts als neue Wiederholungen hinzufügten, ebenso mechanisch wie die des göttlichen Marquis, aber ohne nennenswertes Verständnis für das Risiko, das er im revolutionären Frankreich des 18. Jahrhunderts einging?

Eine Libertinage, aktualisiert für ein ironisches und konsumhungriges 21. Jahrhundert – gleichzeitig medienbewusst und auf Selbstverwirklichung aus, sowohl verschlagen als auch naiv –, das war nicht meine Sache. Da griff ich lieber zu *Pu der Bär*. Im zweiten Buch über Christopher Robin und seine Freunde lassen sich die Kameraden ein neues Spiel einfallen. Erst wirft man Stöcke von der einen Seite einer Brücke in einen Fluss, dann läuft man auf die andere Seite, um zu schauen, wessen Stock als Erster sichtbar wird:

> Kaninchen beugte sich weiter vornüber als je zuvor und hielt nach seinem Stock Ausschau, und Ruh zappelte und sprang in die Luft und schrie: »Nun komm schon! Stock, Stock, Stock!«, und Ferkel regte sich sehr auf, weil sein Stock der einzige war, der bisher gesichtet wurde, und das bedeutete, dass es, Ferkel, gewann.
>
> »Er kommt!«, sagte Pu.
>
> »Bist du sicher, dass er meiner ist?«, quiekte Ferkel aufgeregt.
>
> »Ja, weil er grau ist. Ein großer grauer. Da kommt er! Ein sehr ... großer ... grauer ... Oh! Nein, er ist es nicht, es ist I-Ah.«
>
> Und I-Ah kam angetrieben.

Obwohl *Pu baut ein Haus* eine zweideutige Szene darüber enthielt, was der Leser sich bei »ein großer grauer«, nun ja, bei einem Stock, vorstellte, war das Buch eher doch nicht der Typ von Literatur, der mir vorschwebte. Dennoch bewunderte ich, wie elegant A. A. Milne das »Stöckchenspiel« beschrieb. Die Doppeldeutigkeiten nicht nur in der Wortwahl, sondern auch in der Syntax, erinnerten mich daran, dass die Literatur stets den Schein wahrte, wenn sie unanständig war. Hässliche Dinge wurden selten ohne Umschweife gesagt, in den berüchtigten englischen Four Letter Words, die sich meist hinter kleidsamen Asterisken verbergen. Ein wesentlicher Teil des Vergnügens an solchen Szenen bestand im Gegenteil darin, dass sie zwei Verständnisebenen voraussetzten – eine, auf der das Gesagte einen wörtlichen Sinn hatte, eine andere, auf der es figurativ gedeutet werden musste. Was hieß, dass der seine Vorstellungskraft benutzen und immer bereit sein musste, das Gesagte im übertragenen Sinn zu verstehen. Das war die halbe Miete, wie man sagte, als ich noch in Puzos Roman blätterte. Denn der Text setzte ja die Beteiligung des Lesers voraus, in manchen Fällen sogar seine Mittäterschaft: Nur ein Elternteil, das Ohren hatte zu hören, errötete beim Gedanken an Milnes Spiel.

Diese Problematik faszinierte mich nicht zuletzt aus technischen Gründen. Welcher Schriftsteller will nicht Bücher schreiben, die den Funken schlagen, durch den der eigentümliche Abstand zwischen Text und Leser überbrückt werden kann? Doch nun erkannte ich zum ersten Mal, dass ich den zündenden Moment als Ausgangspunkt wählen konnte. In gewissem Sinne war er ja die Prämisse für schmutzige Literatur. Allmählich begriff ich, dass ich möglicherweise auf einen Weg gestoßen war, meine Arbeit voranzutreiben, ohne den Text zu einem Instrument zu reduzieren. Warum nicht das Unanständige selbst inszenieren? Im 21. Jahrhundert reichten Doppeldeutigkeiten nicht mehr. Es war trotz allem viel Wasser den Berg hinabgeflossen, seit I-Ah an einem Sommertag des Jahres 1928 in Sichtweite einer erregten Tierschar trieb. Sicherlich schrieb Milne für Kinder und sicherlich war der frivole Untertext in erster Linie für die erwachsene Person gedacht, die vorlas. Aber seine Zeit hatte verlangt, dass Schändliches, nicht zuletzt sexueller Natur, unausgesprochen blieb. Ein Dreivierteljahrhundert später fiel es schwer, in Konventionen dieser Art noch etwas anderes als Prüderie zu sehen. Nach Bataille, Duras und Genet konnte man kaum so tun, als gelte es noch ein Tabu zu bewahren. Wie sollte sich ein Roman von heute also geben, um zu vermeiden, prüder als nötig zu erscheinen, und somit aus dem Gleichtakt mit der Gegenwart zu geraten, gleichzeitig jedoch alle Register des übertragenen Sinns zu ziehen? Vielleicht konnte er den umgekehrten Weg einschlagen, will sagen, etwas, das ins Blickfeld des Lesers gelangte, nicht einen großen, grauen Stock sein zu lassen, sondern tatsächlich, buchstäblich gesprochen, das, worauf Milne anspielte? Man stelle sich vor, der Text nähme diese Enthüllung als Ausgangspunkt der Handlung und erschüfe *daraus* eine Art neuen Pakt, eine Kleidsamkeit zweiten Grades, die gleichzeitig neckischer und weniger naiv war? Triebe dies nicht die eventuellen Parallelen zwischen Lese- und Geschlechtsakt auf die Spitze, ohne jene zwanghafte Art, die Aufmerksamkeit auf die Darstellung zu lenken, die in der sogenannten postmodernen Literatur so ermüdend geworden war?

In solche nicht eben einfach zu meisternde Überlegungen vertieft, wie man den Phallus auf angemessene Weise als Leitmotiv handhaben konnte, kam ich vor einigen Jahren in Berlin an der Messehalle Moskau vorbei. Ich hatte es mir zur Gewohnheit gemacht, nachmittags spazieren zu gehen, allein schon, um den Kopf ein wenig zu lüften. Als ich nun aufblickte, entdeckte ich, dass ich mich vor dem Eingang einer Erotikmesse befand. Angesichts des überraschenden Orts war es natürlich undenkbar, keinen Studienbesuch abzulegen. Die Messehalle ist einer von Honeckers alten Protzbauten aus Glas und Marmor auf der Karl-Marx-Allee unweit des Alexanderplatzes, ungefähr da, wo die stalinistischen Mietskasernen beginnen. Die Kombination aus betagter DDR-Ideologie und Kommerz in seiner nacktesten Form entbehrte nicht bedenkenswerter Aspekte, weshalb ich meine Visite mit der Annahme rechtfertigte, dass sie mir einen überraschenden, aber willkommenen Einblick in das kollektive Unterbewusstsein des wiedervereinten Deutschlands gewähren würde. Wenn sie mir darüber hinaus half, ein tieferes Verständnis für mein Leitmotiv zu entwickeln, wollte ich mich nicht zieren.

Vor dem Eingang räkelten sich weibliche Teenager auf einem quietschenden King-Size-Bett, während zwei plumpe Bodybuilder sich gaben, als würden ihre Dienste am Eingang benötigt. (Es war vier Uhr nachmittags, die Sonne strahlte und die Leute aßen Eis.) Um zu verhindern, dass man von der Straße hineinsah, hatten die Veranstalter Müllsäcke aus schwarzem Plastik zerschnitten und auf die Innenseiten der Fenster geklebt. Hier und da gab es jedoch Lücken, durch die man die silbrigen Reflexe einer rotierenden Discokugel sowie einen Haufen leerer Pappschachteln sehen konnte, in denen Vibratoren gelegen hatten. Das Ganze machte nicht gerade einen professionellen Eindruck. Eine Viertelstunde lang wartete ich wie etwa vierzig andere Besucher darauf, eingelassen zu werden. Wie vermutet, waren ältere Herren mit wässrigem Blick und einer Videokamera in der Hand zahlreicher vertreten als jugendliche Paare und wesentlich zahlreicher als Frauen ohne Begleiter. Doch bei einer einigermaßen sorgfältigen, wenn auch nicht wissenschaftlichen Berechnung, erwies sich das Verhältnis zwischen den Geschlechtern als erstaunlich ausgeglichen – zirka 60/40 zugunsten des Y-Chromosoms.

Die knappe Stunde, die ich auf der anderen Seite des Drehkreuzes verbrachte, verging schnell. Als ich in die Nachmittagssonne zurückkehrte, hatte ich sieben Messestände mit Hilfsgerätschaften, Videos und Kleidungsstücken inspiziert, zwei Striptease-Nummern gesehen, an »aphrodisischen« Parfüms gerochen und mir Gedanken über den Piercingstand im Untergeschoss gemacht – sowie in dem Lokal im ersten Stock lauwarmes Bier getrunken und eine Bratwurst verspeist. Für weitere fünf Euro Eintritt hatte ich außerdem eine 3-D-Show erlebt, die zu gleichen Teilen aus Videospielen und häuslicher Pornographie bestand (Rennwagen, Feuersbrünste und ein Schaumbad – in dieser Reihenfolge). Natürlich wurde wild mit Tabubrüchen geflirtet, die keine mehr waren. Natürlich wurde auch hier der Mythos von unser aller Unzulänglichkeit gehegt und gepflegt, damit Mittel gegen schwächelndes Selbstvertrauen den passenden Absatz fanden. Und auch wenn die Anzahl sexueller Ausdrucksformen erstaunlich groß war, blieb die Rollenverteilung beklemmend gleichförmig. An einem Stand studierte ich die Titel der Videokassetten. *Amateurs from Russia* und *Das Superding* gaben den Inhalt sicher so korrekt an, wie ein potentieller Käufer es sich wünschen mochte, waren jedoch keine Höhepunkte in der Geschichte der Titelgebung. Dass Künstlernamen nur dann vorkamen, wenn die Person einem größeren Publikum bekannt war – Dolly Buster, John Holmes, Gina Wild –, wunderte mich auch nicht weiter. Dann fiel mein Blick auf einige Proben einer Sorte Film, der, wenn ich es recht sehe, neben der anonymen *O*, eine berühmte Vorlage in ein Genre verwandelt hat: *Lolita*. Auf den Covern waren Frauen Anfang zwanzig zu sehen, die wie kleine Mädchen Zöpfe trugen und wahrscheinlich Zuckerstangen in der Hand hielten. Vergeblich suchte ich nach weiteren literarischen Einflüssen. Aber es gab keine Werther-, Valmont- oder Mr-Knightley-Filme; auch Effi Briest, Molly Bloom oder Fanny Hill hatten kein eigenes Genre begründet. Nur dem Vorbilde des französischen Marquis und seinem Pendant, dem österreichischen Adligen, wurde ebenfalls in Filmen gehuldigt, deren Futteral ausnahmslos schwarz mit roter Schrift ausfiel.

Obwohl die Differenzierung erstaunlich groß war, hätte sogar Pu der Bär erkannt, dass Pornographie opportunistisch ist. Jede Neigung und jeder Fetisch, jede Kombination von Mensch und Werkzeug hat ihre Regeln und Unterkategorien. Manchen Kunden war es offenbar wichtig zu erfahren, ob die weiblichen Darsteller schluckten oder nicht, ob Gummi oder Leder, schwangere Damen oder behaarte Herren in den Filmen vorkamen, ob Traci Lords sich einem »Duett« widmete oder ob Dita von Teese als Nonne oder Krankenschwester auftrat. Wahrscheinlich würde es nicht mehr lange dauern, bis die Kassetten Produktbeschreibungen im Stile derer enthielten, die man auf Lebensmitteln oder Kleidungsstücken findet. Das Einzige, was in diesem Aufgebot sexueller Arten und Abarten neben Taktgefühl fehlte, war Überraschendes. Das Angebot wurde konsequent von der Nachfrage bestimmt, und da die Nachfrage immer weniger von Selbstzensur gehemmt war, gab es immer mehr Nischenmärkte. Gleichwohl blieb das Klischee wichtigstes Stilmerkmal. Der Besuch in der Messehalle bekräftigte im Grunde lediglich, was ich schon wusste: Während die Pornographie darauf abzielt, den Abstand zwischen Wirklichkeit und Illusion zu verringern, steigert die Literatur die Illusion, bis sie ihre eigene Wirklichkeit wird. Hier geht es nicht um hochgeschraubte Verführungskünste, sondern um verzaubernde Nüchternheit, nicht um geplante Erregung, sondern um leidenschaftliche Unvorhersehbarkeit. Die gute Literatur gibt es nicht, die ihr Publikum nicht überrascht.

Dennoch verließ ich die Halle mit dem aufgekratzten Gefühl, etwas gelernt zu haben. Mit jedem Schritt wurde mir der Grund dafür klarer. Ohne es zu wollen, hatten mich die Messeveranstalter der Wirklichkeit ausgesetzt. Roland Barthes hat den Begriff vom »Wirklichkeitseffekt« geprägt, womit er meinte, dass das Kunstwerk sich bewusst auch scheinbar unbedeutender Details bedient, um eine Aura der Authentizität zu schaffen. In Pornos sind solche Effekte selten oder nie beabsichtigt, auch wenn ein Messeverkäufer, mit dem ich mich unterhielt, meinte, das »Amateur«-Genre sei auf dem Vormarsch. Genau diese Effekte hatten mich interessiert, wenn ich mir nach Mitternacht einen solchen Film im Hotelfernsehen ansah. Das fleischliche Spektakel stimulierte wesentlich weniger als die Steckdose im Hintergrund, die verriet, ob man den Film in den USA, England oder auf dem europäischen Festland gedreht hatte. Die beklemmend austauschbaren Schauspieler waren weniger wichtig als ein schief getretener Schuh oder die Brille, die jemand auf dem Nachttisch abgelegt hatte. Während ich langsam nach Hause ging, erkannte ich: Als Schriftsteller war ich Wirklichkeitsfetischist.

Das unverhüllt Verhüllte

Der Messebesuch hatte mich auf die richtige Spur gebracht, oder was ich als solche zu betrachten beliebte. Mit Barthes im Hinterkopf beschloss ich, die scheinbar unbedeutenden Details im Triebleben ernst zu nehmen. Was in anderen Zusammenhängen als Ausschmückung und Kulisse betrachtet wurde, freiwillig oder nicht, sollte bei mir zu ungeahnten Bedeutungsträgern werden. Als ich heimgekehrt war und in meinem Material zu dem Roman blätterte, an dem ich arbeitete – eine Geschichte darüber, in welche Schwierigkeiten eine lebhafte Phantasie einen jungen Kinomaschinisten in Berlin in jenem Jahr bringen konnte, in dem I-Ah unter einer Brücke irgendwo in Englands ruhigen Gewässern herantrieb –, erkannte ich, wo der Schuh drückte. Ich hatte meine Hauptfigur, zugleich der Erzähler, in allzu diskreten Farben gezeichnet. Zwar war er Träger eines Phallus, der ihm sowohl Freude als auch Probleme bereitete, aber wenn er als heimtückisches Identifikationsobjekt dienen sollte, reichte es nicht, dafür zu sorgen, dass ihm die Umstände ein Bein stellten. Möglicherweise würde Spannung erzeugt werden, wenn Sascha Knisch, wie ich ihn nennen wollte, ein Verhältnis mit einer Halbweltdame hatte und von einem Malheur zum nächsten stolperte. Doch wenn er selbst keine Geheimnisse hatte, sondern nur etwas so romantechnisch Konventionelles wie sein Leben riskierte, würden zwar vielleicht die Sympathien des Lesers geweckt und mit etwas Glück auch entwickelt, er selbst jedoch niemals involviert werden. Und solange das nicht geschah, konnte ich mir nicht vorstellen, dass das Buch irgendwen ernsthaft angehen würde.

Sicher, die Handlung an einem Ort spielen zu lassen, der für seine Verdienste um einen angemesseneren Blickwinkel auf die Wirrungen des Geschlechtslebens bekannt war, Magnus Hirschfelds Institut für Sexualforschung im Tiergarten in Berlin, lieferte mir einen passenden Rahmen und einen interessanten Stoff. Aber einen regelrechten historischen Roman zu schreiben kam mir ungefähr so verlockend vor, wie mir Sandalenfilme mit Kirk Douglas anzusehen. Oder A. S. Byatt zu lesen. In meinen Augen war ein in die Vergangenheit verlegtes Kostümdrama eine allzu konservative Aufgabe, da es den Leser im Grunde nicht zu einer Revision des Geschehenen aufforderte, sondern letztlich allgemeine Weisheiten bestätigte. (Ja, stell dir vor, die Busse waren damals doch tatsächlich gelb.) Im Gegenteil, ich wollte das Wissen darüber, was sich zugetragen hatte, unsicher machen – nicht um die Geschichtsschreibung zu relativieren, sondern um die latenten Bedeutungen der Vergangenheit zu aktualisieren. Nur so, stellte ich mir vor, konnten die Splitter zukünftiger Relevanz, die in der Vergangenheit verborgen lagen, aktiviert werden. Doch damit das geschehen konnte, musste zunächst der neuralgische Punkt, an dem einem der historische Stoff unter den Nägeln zu brennen begann, lokalisiert werden. Kurzum, wenn ich von dem, was im Verborgenen geschah, so unverblümt wie möglich erzählen wollte, musste mein Erzähler Transvestit werden.

Das war, gelinde gesagt, eine Herausforderung. Dennoch war der Gedanke nicht so gewagt, wie ich mir anfangs einbildete. Immerhin wusste ich, dass Hirschfeld – der jüdischer Abstammung, engagierter Sozialdemokrat und homosexuell war; schlimmer konnte es in den dreißiger Jahren kaum kommen – der erste Mediziner war, der »den Verkleidungstrieb« in wissenschaftlichen Begriffen beschrieben hatte. Seine bahnbrechende Studie aus dem Jahre 1910 hatte ich zwar nicht ausfindig machen können, aber immerhin Zitate aus ihr gelesen, und in seiner breitangelegten *Geschlechtskunde* gab es Fallbeispiele, in denen er darlegte, warum gewisse Personen Gefallen daran fanden, sich die Attribute des anderen Geschlechts anzueignen. Bislang war ich nicht kühn genug gewesen, den Gedanken an eine Hauptperson mit dieser Veranlagung in Erwägung zu ziehen. Nun aber erkannte ich die Vorteile. Das Buch würde unweigerlich eine gewisse komplizierte

Spannung erhalten, wenn der Held, oder vielmehr Anti-held, eine Frau zu werden oder sich wie eine zu benehmen versuchte. Doch auch wenn viele der Fragen, die den Unterschied zwischen den Geschlechtern als biologische Tatsache und soziale Konstruktion betrafen, auf diese Weise zugespitzt würden oder zumindest moralische Schärfe bekämen, sah ich noch erhebliche Schwierigkeiten. Das erste Problem bestand darin – ohne dass es nach Buch roch –, die Faktoren zu schildern, die einen Menschen veranlassen, sich erst »wahr« zu fühlen, wenn er verkleidet auftritt. Mit Ausnahme einer Episode im Alter von sechs Jahren, bei der ich während des Ballettunterrichts Strickstrumpfhosen getragen hatte, mangelte es mir in dieser Hinsicht an persönlicher Erfahrung.

Zunächst verbrachte ich die Tage auf der Couch. *Psychopathia sexualis* versorgte mich mit hilfreichen Informationen, Curt Morecks *Führer durch das »lasterhafte« Berlin* von 1931 steuerte Lokalwissen bei und *Alles, was im Baedeker nicht steht* war eines dieser Fundstücke, die zwar nicht enthalten, was sie versprechen, dafür jedoch wichtige Informationen, nach denen man niemals gesucht hätte. Ein Stadtplan von 1929, dem Jahr, in dem *Berlin Alexanderplatz* erschien, verbesserte die Orientierungsfähigkeit in der Stadt. (Ich stellte mir die verniedlichende Form des Vornamens meines Helden als eine versteckte Hommage an Döblin vor. Und die Wiederholung des *sch* in Vor- und Nachnamen spielte natürlich auf alle *Sch!* an, die das Sexualleben umgeben.) Trotz dieser Hilfen tappte ich jedoch weiter im Dunkeln. Erst während eines Besuchs in München, wo ich ein Exemplar von Hirschfelds »Untersuchung des erotischen Verkleidungstriebs« fand, bekam ich festeren Boden unter die Füße. Schon auf dem Rückflug begann ich den einst sahneweißen, jetzt stockfleckigen Leinenband zu lesen und setzte die Lektüre in der folgenden Nacht fort. Als ich etwa vierundzwanzig Stunden später das Werk zuschlug, war ich erschüttert – als wäre ich von einer wesentlich weiteren Reise als der nach Bayern zurückgekehrt.

Hirschfelds Studie bestärkte mich in meinen Vorsätzen: Sascha Knisch konnte nur Transvestit sein. Doch das Buch ließ mich auch erkennen, wie wenig ich über die Voraussetzungen für Personen seiner Art wusste. In den folgenden Wochen durchforstete ich die Antiquariate. Binnen kurzer Zeit gelang es mir, eine ansehnliche Menge von Sexualia aus den Jahrzehnten um die Jahrhundertwende aufzutreiben, geschrieben in aufklärerischer und nicht selten erzieherischer Absicht. Einige dieser Schriften erschienen aus heutiger Perspektive einigermaßen komisch. Viele der beschriebenen »Abweichungen« hatten ja längst aufgehört, die Mitbürger zu entsetzen, und es fiel schwer, nicht über den Bierernst zu schmunzeln, mit dem die Autoren sich einer Sache annahmen, die sie als ein unangenehmes Thema betrachteten. Andere Schriften, beispielsweise ein Anleitungsbuch in der Kunst, nächtliche Samenergüsse zu vermeiden, betrübten mich. Auch eine kleine Schrift über *Künstliche Geschlechtsumwandlung* war wenig geeignet, einem größeres Vertrauen in die Chirurgie während einer ihrer experimentelleren Phasen einzuflößen. Es war kein Geheimnis, dass sich die Sexologen, die vor hundert Jahren den dunklen Kontinent des Geschlechtslebens sondiert hatten, als Entdeckungsreisende sahen: Die meisten von ihnen versuchten die Vielfalt von Problemen, die auftreten, wenn Drüsen und Liebe in Konflikt geraten, so einfühlsam wie möglich zu dokumentieren, aber einige begingen auch Untaten. Eugenische Ambitionen waren selten fern, und bei jeder beschriebenen

prophylaktischen Handlung konnte sich jemand, der das Fazit der Geschichte kannte, ein Dutzend weniger gute vorstellen. Schriften, die ich nicht bei Ahnert oder Linke aufspüren konnte, fand ich gewöhnlich bei ZVAB. Die Internetsuchmaschine hatte neben ChooseBooks.com und ähnlichen Adressen zwar die Glückstreffer früherer Zeiten unmöglich gemacht, aber dafür wurden Raritäten bereitgestellt, ohne dass man Jahre brauchte, um sie ausfindig zu machen. Dennoch fand ich keine Informationen dazu, was sich tatsächlich hinter den Pforten von Hirschfelds Institut abgespielt hatte. Ein paar Bücher schilderten die Forschung, andere die Geschichte der Immobilie. Doch wie hatte der Alltag ausgesehen? Wer waren die Angestellten? Wie wurden die Räumlichkeiten genutzt, und woher kamen die Mittel, mit denen das sicher sündhaft teure Projekt dieses idealistischen Sexualbiologen finanziert wurde? Ohne solche Kenntnisse würde ich nicht wissen, wovon ich sprach. Oder wie »meine« Details auf passende

Art von den historischen Fakten abweichen und – rekonfiguriert – die Wahrheit neu erfinden sollten.

In *Goodbye to Berlin* stieß ich auf ein paar Seiten, in denen Christopher Isherwood das Leben auf der vornehmen Seitenstraße in Tiergarten schildert. Eine Zeit lang wohnte er im Institut und verrichtete dort gegen eine reduzierte Miete Handlangerdienste. Doch auch wenn ich sein wachsames Auge und seine klare Prosa schätzte, konnte ich mich nicht von dem Schatten befreien, den eine rundliche Amerikanerin italienischer Herkunft warf, mit permanent funkelnden Augen und einer enervierenden Keckheit in den Bewegungen. Bob Fosses *Cabaret* hatte Isherwoods Roman in meinen Augen für immer seinen Stempel aufgedrückt. Diese Behandlung der Vergangenheit zu wiederholen, war ungefähr das Letzte, was mich interessierte. Ich begriff nicht, welchen Sinn es haben sollte, das hektische Zeitalter und die voluptuöse Panik der späten zwanziger Jahre zu schildern, als handelte es sich um die Discokultur New Yorks in den Siebzigern. Mich faszinierten weder die Promiskuität noch die Kontakte der braunen Ideologie zu gewissen Sexualpraktikern, auch nicht die vermeintliche Blütezeit des Sexuallebens in der Weimarer Republik, sondern wie während einer Epoche, in der das Böse noch nicht vom Guten getrennt worden war, ein neues Menschenbild entstand. Sowie natürlich die Frage, auf welche Weise es Wissenschaft und Unterhaltung, gutem Willen und fehlgerichteten Experimenten gelang, unter dem Dach des Instituts gemeinsam zu existieren. Dort gab es greifbare Verbindungen zur Welt von heute. Wie aber sollte ich mir einen solchen Einblick in die Vergangenheit verschaffen? Das waren doch Insiderinformationen.

Bei meinen Nachforschungen tauchte in Fußnoten und

Quellenverzeichnissen immer wieder ein Name auf. Allem Anschein nach war der Mann deutscher Herkunft, und an einer Stelle sah ich, dass er am Kinsey-Institut in Bloomington, Indiana, tätig gewesen war. Langsam begriff ich, dass er in den sechziger und siebziger Jahren, als ehemalige Mitglieder der Partei noch diktierten, was als kollektives Wissen institutionalisiert werden sollte, viel dafür getan hatte, die Voraussetzungen für eine sachliche Geschichte der Sexualwissenschaft zu sichern. Nun aber entdeckte ich darüber hinaus, dass er seit ein paar Jahren in Berlin lehrte, wo er ein dem Robert-Koch-Institut der Charité zugeordnetes Archiv gegründet hatte. So kam es, dass ich eines Tages die Bücher fortlegte und ihn anrief. Als niemand an den Apparat ging, hinterließ ich eine Nachricht. Am nächsten Tag fand ich einen Gruß auf meinem Anrufbeantworter. »Hier spricht Professor Soundso«, sagte eine derart heisere Stimme, dass sie nicht mehr wirklich zu sein schien. »Ich muss gleich in die Reha. *But who the hell cares in Pakistan?* Wenn Sie in drei Wochen vorbeikommen, können wir uns über Tante Magnesia unterhalten.« Er nannte ein Datum, eine Uhrzeit und die Adresse. »*Don't make me sad, Mr. Bad*«, grüßte er und legte auf.

In einigen der Bücher, die ich gelesen hatte, stand, dass »Tante Magnesia« eine der Bezeichnungen, Kose- und Spitzname zugleich, für Hirschfeld gewesen war. Insgeheim hoffte ich, sein später Nachfolger würde, wenig originell, den Verdacht bestätigen, den diese Bezeichnung erregte: Man stelle sich vor, die Person, die als Erste den Transvestismus wissenschaftlich behandelt, hätte selber gerne Rock und hochhackige Schuhe getragen? Kaum hatte ich ein paar Wochen später geklingelt und einem kleinen, hageren Mann mit eingefallenen Wangen, schnellen Bewegungen und schielenden Augen, die mich unsicher machten, auf welches Auge ich mich konzentrieren sollte, die Hand geschüttelt, als er auch schon, die Finger gegen den Hemdkragen gepresst, hauchte: »Hirschfeld? Transvestit? Nonsens! Das ist ein amerikanisches Missverständnis. Man weiß nicht mehr, dass sich Schwule in den zwanziger Jahren *Tante* nannten. Denken Sie doch nur an den Schnurrbart!« Der Mann sank in einen Bambusstuhl mit geblümten Kissen. Er rückte die Auktionskataloge auf dem Glastisch zwischen uns zurecht, nippte an der Flasche mit stillem Wasser, die er bei unserer Begrüßung im Arm gehalten hatte, und erklärte, er werde seit geraumer Zeit wegen Zungenkrebs behandelt. Ich wiederum versuchte es mir auf der Couch bequem zu machen, fühlte mich jedoch viel zu groß und plump für den aufgeräumten Erker, in dem wir saßen. Wie viele andere unnötige Dinge war das Gebäude in den achtziger Jahren entstanden, und zwar mit Hilfe großzügiger Mengen von Glas, Stahl und »Flächen«, weshalb einen das Gefühl beschlich, wir – ein Goldfisch und eine Seekuh – befänden uns in Wahrheit in einem Aquarium.

Während der folgenden anderthalb Stunden, bis der lautlose Partner des Sexologen seine Hand auf dessen Schulter legte und erklärte, nun sei es genug, er müsse daran denken, was die Ärzte gesagt hatten, erfuhr ich eine Menge über die beklagenswerte Nachkriegsgeschichte der deutschen Sexualforschung. Meine Aufzeichnungen von der Begegnung enthalten telegrammartige Notizen über braune Sexualforscher, die ihre Ämter in Adenauers Deutschland weiter ausübten, ohne ein gesteigertes Interesse daran zu haben, einen jüdischen Kollegen und Vorgänger zu rehabilitieren. Nach dem Umzug in die USA – »CIA-infizierte Institute, nicht vorhandene Finanzierung, prüde Bürokraten, sexualromantische Hippies« – tat sich mein Gastwirt mit einem Freund zusammen, der für einen deutschen katholischen Verlag in New York arbeitete. Gemeinsam machten sie ein kleineres Vermögen mit schmalen Schriften über Astrologie. »Jeden Tag aßen wir *three Martini lunches*, qualmten wie die Paschas, hatten Geld wie Heu!« Aus irgendeinem Grund zog er anschließend nach Hawaii. In Honolulu warb ein Zettel in einer Telefonzelle für einen Kurs in Sexualaufklärung, aus dem mit der Zeit das »erste ordentliche Lehrbuch, das die Neue Welt gesehen hat« hervorging. Das Timing war perfekt. Die Schrift wurde in einem zunehmend freizügigeren Amerika zum Bestseller und brachte dem Autor eine Professur in San Francisco ein. Nach einem Gastvortrag in Indiana erhielt er Gelegenheit, Kinseys Nachlass zu sichten – und stieß dort schließlich auf Hirschfelds Namen. Er, der in Köln und Freiburg Student gewesen war, hatte nichts vom Berliner Ursprung der Sexologie geahnt. Freud, Krafft-Ebing, Schrenk-Notzing . . . »Sicher. Regelrechte Promis. Aber Tante Magnesia? *No way, Jose!*« Nachforschungen führten zu neuen Erkenntnissen, neue Erkenntnisse zu neuen Fragen. Mit der Zeit wuchs das Material – und die Probleme. Oder, wie ich nach dem Besuch in mein Notizbuch schrieb: »Achtziger Jahre = Streit mit Kollegen; Reisen ins alte Europa; statt mehr Material nach Bloomington zu schicken, beginnt er selber zu sammeln.« Kurz nach dem Fall der Mauer kehrte Hirschfelds später Knappe nach Deutschland zurück. Für immer.

Mein Gastgeber spuckte in ein Taschentuch. »Ich dachte, es würde besser werden, aber alles wurde nur noch schlimmer!« Anfangs bekam er Räume am Robert-Koch-Institut, das für den Schutz vor Infektionskrankheiten zuständig ist, und freie Hand zu tun, was immer ihm beliebte. Doch die Probleme waren struktureller Art, und es dauerte nicht lange, bis sich die Symptome zeigten: Schwierigkeiten bei der Zusammenarbeit, schrittweise Ausgrenzung. »Ich befand mich an einem medizinischen Institut. *Well, that's nice, Brice.* Aber dort beschäftigte man sich mit kranken Menschen. *What the hell* hat die Sexologie mit denen zu schaffen? Neun von zehn Personen führen ein gesundes Geschlechtsleben! Und das habe ich meinen Kollegen auch gesagt. Die Sexologie darf nicht der Medizin untergeordnet werden!« Nach ein paar Jahren und dem Selbstmord eines Mitarbeiters wurde die Situation unhaltbar. Mein Gastgeber verlegte seine dezimierte Belegschaft an die Humboldt-Universität. Dort durfte er ein paar heruntergekommene Räume in Pankow nutzen, schaffte mit Hilfe zweier Mitarbeiter, die von Arbeitslosengeld lebten, das Archiv dorthin – und erfuhr nur wenige Tage nachdem man die Umzugskisten abgestellt hatte, dass er Krebs hatte. Seither ruhte die Arbeit. Selbst wenn er gewollt hätte, er konnte mir sein einmaliges Material nicht zeigen. Keine Fotos. Keine der Schriften, die bei der berüchtigten Bücherverbrennung im Mai 1933 verschont geblieben waren. Keine Korrespondenz. Und mit der querulantischen und aktivistischen Hirschfeld-Gesellschaft wollte er nichts zu schaffen haben. Hirschfeld-Gesellschaft? »*Sorry, mister*, aber das sind Separatisten. Nur mir ist es gelungen, die Sexologie an einer Universität zu verankern. Sobald das Material im Internet zugänglich ist, bin ich den anderen meilenweit voraus. Ich verlange keine Bezahlung für meine Mühen. Angesichts der Pension, die ich bekomme, bin ich auf Almosen nicht angewiesen. Aber das Material muss allen zur Verfügung stehen. Und zwar dalli. Hirschfeld darf nicht in Seminarräume eingeschlossen werden. *I say: who the hell cares in Pakistan?*« Erneut hustete er. Aus dem Schlafzimmer, in dem der

Fernseher lief, mahnte sein Partner: «*Dear, it's 5.30 already...*»

Als ich in der Novemberdunkelheit nach Hause ging, fragte ich mich, ob ich noch etwas anderes gelernt hatte, abgesehen davon, dass ich mich offenbar auf vermintem Terrain bewegte – und Hirschfeld einen streitbaren Fürsprecher gefunden hatte, dem es leider an den richtigen Mitteln gebrach, um sich Gehör zu verschaffen. Doch, ein Detail. Trotz seines Walrossschnurrbarts hatte der Leiter des Instituts in Tiergarten nicht die Gewohnheit gehabt, sich als Zofe oder Lady zu kleiden.

Eine komplizierte Bruderschaft

Als ich zwei Wochen später zur Magnus-Hirschfeld-Gesellschaft flanierte – es zeigte sich, dass sie nur fünf Minuten von meiner Wohnung entfernt im Erdgeschoss eines Hofhauses im Stadtteil Friedrichshain lag –, hatte ich das Gefühl, den krebskranken Sexologen zu verraten. Aber es ließ sich nun einmal nicht leugnen, dass er vor allem über die USA von heute gesprochen hatte, während ich mich für das Deutschland von damals interessierte. Außerdem lächelten meine neuen Gastgeber nachsichtig, als ich mich erkundigte, ob ich mich in Gesellschaft von Separatisten befände, was meine letzten Zweifel auf willkommene Art zerstreute. Die beiden Forscher, die mich in Empfang nahmen, berichteten bereitwillig von ihren Bemühungen, Hirschfelds Pionierarbeit zu rehabilitieren, von der Geschichte des Instituts und seiner Arbeit zwischen der Gründung 1919 und der Machtergreifung durch die Nationalsozialisten vierzehn Jahre später. Wir unterhielten uns über die Karriere des Sexualbiologen in Hin-

denburgs Deutschland und über seine beiden Partner Karl
Giese und Li Shiu Tong (Ersterer beging Selbstmord, Letzterer überlebte in der Schweiz), über seine Aktivitäten als
graue Eminenz in den Kulissen der Weimarer Republik,
über die Versuche, den Gesetzesparagraphen abzuschaf-
fen, der sodomitische Handlungen kriminalisierte, und
die Schändlichkeiten, die dazu führten, dass das Institut
im Januar 1933 gestürmt wurde, über die Patientenblätter,
die seither verschwunden waren, wie auch größere Teile
der Bibliothek, die einige Monate später verbrannt wurden. Ich durfte ein Exemplar des berüchtigten »psychobio-
logischen« Fragebogens sehen, der den späteren Auswer-
tungen in der *Geschlechtskunde* zugrunde lag (rührende
Fragen über alles, von Eros' Erwachen bis dahin, ob der
Befragte pfeifen konnte oder ein Messer in der Tasche
trug). Man zeigte mir Fotos des Museums mit seiner berühmten »Abteilung für Deformationen des sexuellen Instinkts« (eine frühe und klügere Variante der Erotikmesse
in der Karl-Marx-Allee), und als ich erzählte, dass ich mich
insbesondere für sexuell motiviertes Verkleiden interessierte, stand einer meiner Gastgeber auf. Aus einem Regal
hob er eine Drucksache herab, die er behutsam, fast pie-
tätvoll in meinen Händen platzierte. Sie erwies sich als ein
Supplement zu Hirschfelds Buch über Transvestiten –
eines der seltenen Exemplare, vielleicht dreißig Stück, die
nicht den Flammen zum Opfer gefallen waren und nach
denen ich in den Antiquariaten vergeblich gesucht hatte.

Einige der porträtierten Personen ließen sich unmöglich eindeutig als Mann oder Frau identifizieren, und viele
von ihnen waren ungewöhnlich geschickt darin, die se-
kundären Eigenschaften des anderen Geschlechts zu übernehmen. Manchmal reichte bereits eine Haltung oder
Miene, um das Korsett oder den Rock trotz einer musku-

lösen Schulterpartie oder riesiger Füße motiviert erscheinen zu lassen. Das waren Tarnvögel, die zu Paradiesvögeln mutiert waren. Aber dann gab es auch Bilder von Personen, bei denen ich mir vorstellte, dass sie gewiss Mühe gehabt hätten, keine Aufmerksamkeit zu erregen, wenn sie sich auf die Straße gewagt hätten. Ein ungewöhnlich kleiner und korpulenter Mann hatte ein mit Schleifchen verziertes, niedliches Kleidchen angezogen. Er trug eine Perücke mit langen blonden Haaren, hielt einen Fächer in der Hand und seine krummen Beine steckten in dicken, weißen Strümpfen. Seine Füße waren mit Ballettschuhen bekleidet; der plumpen Körperhaltung nach zu urteilen beabsichtigte er gerade, vor dem Betrachter zu knicksen. Etwas erfolgreicher war der Herr, den ich auf einem anderen Foto entdeckte und der ebenfalls ein weißes Kleidchen trug. Das Kleid hatte üppige Volants, war jedoch ärmellos, was dazu führte, dass sich sein kräftiger Bizeps mit unglücklicherer Deutlichkeit abzeichnete. Auf dem Kopf trug er eine blonde Perücke mit kurzen Korkenzieherlocken, die einen an die Zwillingsschwester von Harpo Marx denken ließ, die Füße zierten weiße, hochhackige Schuhe mit Spangen. Der Mann saß im Profil und hatte sittsam die Beine übereinandergeschlagen. Im Grunde sprach fast alles dafür, dass er eine Ballerina war – außer vielleicht seinem gewachsten Schnäuzer. (So viel dazu, dass Transvestiten niemals Bartschmuck trugen.)

Die Männer schienen sich in der Rolle einer bezaubernden Dame erstaunlich wohl zu fühlen, auch wenn bessere Kameras vermutlich die Schweißperlen unter dem Ansatz der Perücke eingefangen oder die Brusthaare enthüllt hätten, die nicht einmal großzügige Mengen von Talkum übertünchen konnten. So gern sie sich auch wie das Mädchen kleideten, das sie insgeheim zu sein glaubten – ein im Wolfspelz geborenes Schaf –, konnte ich mir doch nicht vorstellen, dass es ihnen leichtgefallen war, sich fotografieren zu lassen. Einen Herrn, der eine gewisse Position in der wilhelminischen Gesellschaft ereicht hatte und die damit verbundenen Privilegien genoss, muss es beträchtliche Mühe gekostet haben, seine Hemmungen zu überwinden. Ganz zu schweigen von dem freiwilligen Vergessen, zu dem er sich zwingen musste, um für einige schwerelose Augenblicke des Glücks die Gefahr zu ignorieren, dass die Aufnahme in falsche Hände geraten könnte. Offenbar war die Lust jedoch größer als die Scham, und das war ja auch schon etwas. Hatten diese Männer vielleicht ihr Einverständnis dazu gegeben, sich in voller Montur ablichten zu lassen, weil sie sich selber als Rätsel erlebten und hofften, eine wissenschaftliche Untersuchung würde erklären, welche widersprüchlichen Energien ihre Begierde steuerten? Je länger ich diese Wesen betrachtete, desto schwerer fiel es mir jedenfalls, keine zärtlichen Gefühle zu hegen. Welch rührende Verletzlichkeit. Welch komische Zerbrechlichkeit. Diese Damen gehörten zur komplizierten Bruderschaft der Röcke.

Trotz ihres Sinns für Diskretion konnten meine Gastgeber nicht der Versuchung widerstehen, sich zu erkundigen, warum ich mich für »*krrossdressink*« interessierte. Ich erklärte, dass ich an einem Roman arbeitete, mir Hintergrundwissen für die Geschichte beschaffen müsse und das Verkleiden als Phänomen oder Strategie aus ästhetischer Perspektive im Übrigen nicht uninteressant fände. Kleider hätten mich immer schon interessiert, nicht zuletzt als sozialer Code. Ob einer es nun wollte oder nicht, er war eine lebendige Markierung in einem kulturell bedingten Zeichensystem. Wie konnten einem Schriftsteller die Ausdrucksmöglichkeiten gleichgültig sein, oder vielleicht auch die Gefahren, die der Schlag eines Jacketts, der Absatz eines Schuhs bedeuten mochten? Transvestiten schienen sich dieser Signale besonders bewusst zu sein. Sie bedienten sich ihrer, untersuchten ihre Spannungen und stellten sie in Frage – nicht zuletzt, um die Mechanismen von etwas zu verstehen, was mich seit langem interessierte: Die Distinktion zwischen Primärem und Sekundärem, die diktierte, was als wesentlich betrachtet wurde und was letztlich nebensächlich war. Ich hatte mich in früheren Büchern mit Varianten dieser Distinktion beschäftigt, aber in ihrer harten ideologischen Form entsprach sie am ehesten dem Unterschied zwischen männlich und weiblich. Nun wollte ich ein Buch schreiben, das die Frage der Geschlechtseigenschaften untersuchte – so unverblümt, aber so kleidsam wie möglich. Tatsächlich bildete der Phallus mein Leitmotiv. Irgendwo musste man ja anfangen, nicht wahr? Die Hoden bildeten das traditionelle Symbol für Potenz, ergänzte ich, möglicherweise verlegener als nötig, hier gab es die vermeintliche Virilität in ihrer höchsten Konzentration. Und da sie dazu neigten, paarweise aufzutreten, betrachtete ich die Bruderschaft als das heimliche Thema meines Buchs.

Meine Gastgeber überdachten, was ich gesagt hatte, dann murmelte der eine von ihnen etwas über die zahlreichen »*vested interests*« des Geschlechtslebens. Als Erwiderung machte ich eine Bemerkung über »Homosozialität«, dann zitierte ich Isaac B. Singer, der in einer seiner Erzählungen anmerkt: »Welch seltsame Macht doch in Kleidern liegt!« Es war diese eigentümliche Autorität, der es nicht an politischer Bedeutung mangelte, der ich auf die Spur zu kommen wünschte. In meinen Augen waren Transvestiten eine Art Dekonstrukteure, die sich dem Spiel der Nachahmung und der Maskierung mit dem Einsatz des eigenen Lebens widmeten. Was bedeutete ein Ausdruck wie »die nackte Wahrheit« für jemanden, der sein wahres Ich nur in eine Form gießen konnte, indem er sich verkleidete? Spielten die Hoden tatsächlich die entscheidende Rolle für das Bild der Männlichkeit? Machten die Kleider vielleicht trotz allem die Frau? Gerade Transvestiten sollten wissen, wie man verborgenes symbolisches Kapital umsetzte. Mich faszinierten die List und Lust, die für diese Transaktionen erforderlich waren. Es war eine Frage des Stils, wobei sich das Thema nicht von seinem Ausdruck trennen ließ.

Als ich abschließend erwähnte, dass meine Hauptfigur, Sascha Knisch, sein Geld als Filmmaschinist in einem Kino verdiente, lächelten meine Gastgeber wissend. Dann hatte ich sicher den Film von Richard Oswald gesehen, in dem Hirschfeld mitgewirkt hatte? Ich nickte. *Anders als die Anderen*, 1919 in die Kinos gekommen und im Jahr darauf verboten, hatte mit Stars wie Conrad Veidt und Anita Berber als Unterhaltung maskierte Aufklärungsarbeit betrieben. Hatte ich dann womöglich auch schon von den klinischen Filmen gehört, die man im Institut für Sexualforschung gedreht hatte? Nein, das konnte ich nicht behaupten. Ah. Dann interessierte es mich vielleicht zu erfahren, dass sich Hirschfeld eine ganze Reihe von Jahren tatsächlich der Hodenforschung in der Nachfolge Eugen Steinachs gewidmet hatte? Und ob.

Die Frage, wie kraftlose, bisweilen effeminierte Männer ihre frühere Manneskraft wiedererlangen sollten, war in den Jahren nach der Jahrhundertwende offenbar heftig diskutiert worden. Als junger Mann hatte Steinach, ein guter Freund Freuds in Wien, Mäuse und Ratten in der Hoffnung seziert, das Geheimnis der Sexualität zu ergründen, das er in den Drüsen und in gewissen Flüssigkeiten vermutete. Wenn nur die richtigen Methoden entwickelt wurden, rechnete er damit, das Greisenalter um bis zu zehn Jahre nach hinten zu verschieben und somit Männer zu »reaktivieren«, die der Gesellschaft noch viel zu geben hatten. In den zwanziger Jahren ließen sich tausende willige Herren durch Eingriffe am Unterleib »steinachifieren«. Dem Chirurgen zufolge waren die Ergebnisse überwiegend ermutigend. Die meisten Patienten verwandelten sich von senil sabbernden Greisen in tatkräftige Männer, die Krücken und Brillen fortwarfen, sich zweimal täglich rasierten und wieder ihre Muskeln spielen ließen. In manchen Fällen ließen sie sich sogar zu solch jugendlichen Torheiten hinreißen, wie Land in Florida zu erwerben.

Ich schüttelte den Kopf darüber, was meine Gastgeber erzählten, war aber hochzufrieden. In meinen Ohren klang der Versuch, durch invasive Techniken den Anteil der Männlichkeit zu erhöhen, wie eine Art Viagra *avant la lettre* – die reinste Fundgrube für jemanden, der die guten und vielleicht weniger gute Phantasmen über Männlichkeit untersuchen wollte. Wo konnte ich mir diese Filme ansehen? Im Bundesfilmarchiv hier in Berlin. Etwa zwanzig Filme waren gedreht worden, ehe Hirschfeld und seine Kollegen an den Vorteilen von Steinachs Methoden zu zweifeln begannen. Einer von ihnen war in den Ufa-Kinos der Stadt gezeigt und im Laufe eines Sommers von 300 000 Besuchern gesehen worden. Die einzige zugängliche Kopie befand sich heute am Fehrbellinerplatz.

Am nächsten Tag ließ ich mich in einer der Kabinen im Archiv nieder und wartete darauf, dass der nicht gerade joviale Archivar mit den Filmrollen kam, die ich bestellt hatte. Als er den Zelluloidstreifen eingefädelt und das Licht gelöscht hatte, durfte ich Zeuge davon werden, dass die Evolution trotz allem sicher und gesetzmäßig fortschritt – von einzelligen Organismen über zwei- und vielzellige Mollusken zu Mäusen, Meerschweinchen, Katzen, Affen und schließlich Menschen. Der Verlauf wurde mit Hilfe von Zeichnungen und chirurgischen Eingriffen geschildert. Kurz bevor die zweite Filmrolle endete und der Filmstreifen mit einem feuchten, insektenhaften Laut auf die volle Spule prasselte, sah man den Anfang einer Operation an einem Menschen. Behutsam wurde ein Paar Hoden auf etwas platziert, das wie ein Stück Samt aussah. Die Stelle, an welcher der Eingriff vorgenommen werden sollte, wurde markiert, doch unmittelbar darauf verdunkelte sich das Bild – ich nahm an, aus Rücksicht auf sensible Seelen im Publikum. Nun bekam man stattdessen pädagogische Bilder von vor und nach dem Eingriff zu Gesicht. Vorher: Einem Gastwirt mittleren Alters mit beginnender Glatze fehlt die Kraft, ein Bierfass anzuheben.

Nachher: Ein lachender Wirt mit langem Haar und virilem Ausdruck stemmt ein Fass über den Kopf und marschiert glücklich in sein Wirtshaus. Vorher: Ein älterer Professor sitzt, lustlos und kurzsichtig, über verstaubte Bücher gebeugt. Nachher: Der gelehrte Herr federt mit Lederhose und Tirolerhut bekleidet braungebrannt und athletisch über die Alpen – schnurstracks in den Sonnenaufgang der ewigen Männlichkeit.

Ich verließ das Archiv in der Gewissheit, dass die Teile, die ich gesucht hatte, zu guter Letzt an der richtigen Stelle waren. Endlich hatte ich die Konstellation aus Interessen und Konflikten gefunden, in deren Licht ich Saschas Abenteuer spielen lassen konnte. Ich hatte meine Stellen und meine Details. Da waren die Gegensätze dazwischen, die Geschlechtsidentität einerseits durch primäre und andererseits durch sekundäre Eigenschaften zu stärken, da war die ideologisch motivierte Forschung und da waren der Operationssaal, das Museum und das Kino als Schauplätze, doch vor allem die Verstellung als Lebensform. Berührte Letztere vielleicht doch die eventuelle biologische Bedeutung der Literatur? Mich interessierte der Versuch, inklusive seines möglichen Scheiterns, den Erzähler die Rolle des schönen Geschlechts annehmen zu lassen. Ein Blick in die Notizen jener Zeit enthüllt, in welche Richtung meine Gedanken gingen. »Es kommt einem vor wie eine herausgeschnittene Szene aus einem Film«, heißt es in einem improvisierten inneren Monolog, »nicht wie ein Teil des wirklichen Dramas.« An anderer Stelle wird festgehalten, Sascha sei »von der Phantasie verleitet«. Offensichtlich suchte ich nach einer Darstellungsweise, zweideutig und animierend zugleich, bei der »jedes Wort eine Blamage« sein konnte. Die Tendenz ist deutlich, denn nur wenige Seiten später fragte ich: »Sur-naturalismus? Supernaturalismus? Egal, Hauptsache, es wird eine unheilige Allianz aus Phantastik und Körperlichkeit, Einfällen und Aufmerksamkeit, Märchen und Medizin – und darin: die wahrheitsschaffende Lüge.«

Letztgenannter Empfehlung sollte ich folgen, auch wenn ich mich im Laufe der Arbeit oft gezwungen sah, mir Mut zuzusprechen. »Das Buch muss *viel* gefährlicher werden« ist nur einer von zahlreichen Selbstappellen. Vermutlich fürchtete ich, die Verkleidungskünste könnten in eine Verwechslungskomödie ausarten – und so wenig ich Bob Fosses Taten wiederholen wollte, so wenig wünschte ich mir, mich an einer Berliner Variante von *Some Like It Hot* zu versuchen, mit einem Tony Curtis mit Bubikopf und in Ballerinakleidern von anno dazumal und einem Jack Lemmon in Lodenrock und mörderischem Korsett. Im Übrigen hatte ich kein Talent für die Art von treffsicheren Dialogen und Slapstick, wie sie Billy Wilder beherrschte. Unterhaltung in allen Ehren, aber ich suchte den Punkt, an dem sich Spiel und Ernst nicht mehr unterscheiden ließen.

Ein Stock anderer Art

Steinachs Film führte mich zur dunklen Kammer der Seele zurück. Ich war wieder, wo ich angefangen hatte, in der Phantasie und der Vorstellungskraft, zwischen Trieben und heimlichen Wunschvorstellungen. Aber im Gegensatz zu früher hatte ich endlich ein wenig Insiderwissen. Allmählich ahnte ich, wie das Dilemma konstruiert werden konnte, aus dem der Roman erwachsen würde. Wenn Sascha zum Auftakt des Romans buchstäblich aus dem Kleiderschrank trat, seinem verborgenen Glücksreich, um über eine Leiche auf dem Schlafzimmerfußboden zu stolpern, würde er augenblicklich in der Klemme stecken. Einerseits wusste er (und mit ihm der Leser), dass er keinen Mord begangen hatte, andererseits würde er seiner Umwelt kaum gestehen wollen, was er in seinem unfreiwilligen Paradies getrieben hatte. Entweder musste er seine dunklen Triebe offenlegen, um sich vom Verdacht reinzuwaschen – oder aber er hielt sie geheim und riskierte, eines Verbrechens beschuldigt zu werden, das er nicht begangen hatte.

Die Zwickmühle sagte mir zu, da sie so intim mit der Frage von Aufrichtigkeit und Verstellung verknüpft war. Die Handlung ließ sich nicht von der Frage des Stils, der Stoff nicht von der Darstellungsweise trennen. Wenn ich recht sah, setzte der konventionelle Kriminalroman – damals so populär wie heute – ein Bündel aus Anhaltspunkten, falschen wie echten, sowie mehr oder weniger zuverlässige Andeutungen voraus, die früher oder später zu dem Augenblick führen, an dem die nackte Wahrheit enthüllt wird. Mit einer hübschen Leihgabe aus dem Französischen wird dies *dénouement* genannt, die »Auflösung« oder der »Ausgang«, an dem der Verlauf der Handlung in Klarheit mündet. Doch für mich war der Test dafür, ob ein Buch zum dringlichen Teil der Literatur gezählt werden konnte, weder die Enthüllung noch die Sozialkritik, auf die Autoren von heute so gerne Anspruch erhoben, sondern allein, ob man ein Buch zurückspulen und nochmals lesen konnte. Gelang dies nicht, beispielsweise, weil der Schriftsteller alle Kraft für das Moment der Spannung verwandt und die Detailarbeit oder die Verwicklung und Vertiefung der Gefühle vernachlässigt hatte, blieb das Buch so instrumentell wie Pornographie. Mit einem Transvestiten als Erzähler galt es im Gegenteil, die Verstellung zu feiern und die klassische Enthüllung folglich zu komplizieren. Indirekt würde der Akt des Lesens damit zu einem Teil des Geschehens werden – ja, der Leser wäre *implicated*, wie es in englischen Krimis heißt: sowohl unausgesprochen anwesend, als auch hineingezogen, und bei weitem nicht so unschuldig, wie er es womöglich gerne gewesen wäre. Würde ich auf die Art vielleicht beschreiben können, welche Motive einen Menschen dazu brachten, auf berührende Art gewisse Handlungen zu riskieren? Welch eine Welt das war, in der er sie ausführen konnte oder musste? Und welche Rolle die Vorstellungskraft in diesem Zusammenhang spielte? Das musste doch auch heute noch die Nerven kitzeln und entsprechend auf eine Aktualität hindeuten, die nichts von ihrer Bedeutung verloren hatte?

Mit einem jener seltenen und deshalb glücklichen »Aaah«s, die ein Schriftsteller lieber nicht mit Erfolg verwechseln sollte, krempelte ich die Ärmel hoch. Es war an der Zeit, mich an einer eigenen Version schmutziger Literatur zu versuchen.

Ich war lange beschäftigt und beendete sogar das Buch, ehe ich erkannte, dass ich in Wahrheit keine Antwort auf die Frage gefunden hatte, die mich ursprünglich umgetrieben hatte. Tatsächlich ging es mir bei der Arbeit am Schreibtisch in der Hauptsache darum, Glaubwürdigkeit zu schaffen, was nur gelingen konnte, wenn ich Wert auf vermeintliche Nebensächlichkeiten und jene Art von Anschaulichkeit legte, die nicht vor Komplikationen zurückscheute, die für Transvestiten wichtig waren. Aber konnte ich deshalb sagen, ob Literatur eine biologische Bedeutung hatte?

Erst Jahre später ahnte ich eine Antwort, die im Grunde so selbstverständlich war, dass ich sie von Anfang an hätte erkennen müssen. Als ich den Roman ins Englische übersetzte, wurde die Frage der Verstellung auf einmal beschämend aktuell. Nur dass es nun nicht mehr darum ging, einen Menschen in die Kleider des anderen Geschlechts zu stecken, sondern einen Text mit einer neuen Ausstattung zu versehen. Plötzlich erkannte ich, was ich schon nach meinen Erfahrungen mit dem vorherigen Versuch in englischer Sprache hätte wissen müssen: Was ein Übersetzer treibt, ist Transvestismus. Bewies nicht ein Ausdruck wie »Sprachgewand«, worum es ging? Wenn ich früher damit kokettiert hatte, dass alle Schriftsteller Transvestiten waren – immerhin kleiden wir uns in fiktive Gestalten –, erlebte ich nun hautnah die Komplikationen der Kostümierung. Beim Übersetzen ging es nicht nur darum, das richtige Wort oder den passenden Ausdruck zu finden. Als literarischer Transvestismus verstanden, besteht die Kunst ebensosehr darin, die Bewegungsmuster anzunehmen, die einem die Zielsprache zur Verfügung stellt. Ein schwedischer Text kann sich in ein noch so korrektes englisches Kleid hüllen, aber wenn er sich damit zufriedengäbe, würde seine Erscheinung ungefähr so überzeugend daherkommen wie eine preußische Ballerina mit Schnäuzer. Sobald eine Bewegung der englischen Motorik widersprach, fiel der Text aus der Rolle. Die Übersetzung musste anstreben »durchzugehen«. Hier half einzig idiomatische Natürlichkeit. Doch diese Natürlichkeit bestand nicht allein im korrekten Gebrauch einer Phrase, sondern konnte ebenso gut strategische Abweichung von einer Redewendung erfordern (etwa, wenn sie zwei Bedeutungsebenen aktivierte), eine gewisse Verdichtung der Wortfolge, oder das Auslassen eines Satzglieds, das der Muttersprachler spontan soufflierte.

Während der Arbeit erkannte ich schon bald meine Grenzen. Mir fehlte der entscheidende Prozentpunkt, der es einem *native speaker* erlaubte, eine bestimmte Formulierung einer anderen vorzuziehen, einen bestimmten Ausdruck als abgedroschen oder umständlich zu verwerfen. Diese Erkenntnis bereitete mir ein trauriges Aha-Erlebnis. Am Ende begriff ich ziemlich gut, was Sascha erlebt haben musste, als er sich mit hohen Absätzen auf dem Kopfsteinpflaster Berlins fortzubewegen versuchte. Doch trotz der Schwierigkeiten erschienen die Hemmungen vertraut, und langsam klärte sich der Anlass. Der Schuh drückte immer noch – aber diesmal aus natürlichen Gründen. Die unbequeme Vertrautheit beruhte nicht sosehr darauf, dass ich sowohl Urheber als auch Ausstatter war und folglich die Diskrepanz zwischen den beiden Versionen des Buchs sehen konnte, sondern darauf, dass ich erkannte, was mein ursprünglichstes Erlebnis von Sprache war.

Als Kind von Einwanderern aus zwei verschiedenen Kulturen und aufgewachsen in einer dritten, war es mir nie gelungen, Sprache als etwas Selbstverständliches zu betrachten. Vielmehr wusste ich mit der Art betrübten Instinkts, wie sie Personen der zweiten Generation häufig aufweisen, dass kein Wort, kein Ausdruck unschuldig war. Verschiedene Sprachen gaben einem verschiedene Weisen an die Hand, Gedanken in Worte zu kleiden. Zu dieser Komplikation gehörte, dass man die Sprache des adoptierten Landes so einwandfrei wie irgend möglich sprechen wollte. Für jemanden, der weder etwas an seinem Namen noch an seinem Aussehen ändern konnte, galt es, wenigstens nicht durch die Sprache Aufmerksamkeit zu erregen. Das war allerdings nur ein Impuls. Ein anderer, ebenso stark, war der Wille, das Idiom der Einheimischen genauso gut oder sogar besser zu beherrschen als sie selbst. Dies mündete in ein Paradox. In gewissem Sinne versuchte man sich als Pfau zu tarnen. So weit ich zurückdenken konnte, hatte dieses Dilemma meine Auffassung von Sprache geprägt. Doch nun wurde mir zum ersten Mal bewusst, dass es sich in der Tat um Transvestismus handelte. War ein *crossdresser* nicht ein Wesen, das sich, indem es sich als Pfau verkleidete, gleichzeitig durchzugehen und ins Auge zu fallen suchte?

Als mir diese Affinität schlagartig bewusst wurde, erfuhr ich den Schauer, von dem manche sprechen. Ich begriff, dass für mich mehr auf dem Spiel stand als das Schicksal eines irregeleiteten Jünglings im weniger renommierten Berlin Ende der zwanziger Jahre. Hatte die Literatur eine biologische Bedeutung? Diese Frage ließ sich nicht theoretisch, sondern nur in der Praxis beantworten. Das Zittern deutete an, dass ich nicht nur mit Hirn, Herz oder Leisten las. Es zeigte, dass es einen Körperteil gab, mit dem ich nicht gerechnet hatte, der jedoch niemals fehlte, wenn jemand mit Einsatz der eigenen Person las. Das Rückgrat mochte zwar kein Stock von der Art sein, wie er bei Pu vorkam. Aber war es nicht Zeichen genug für etwas, das nichts damit zu tun hatte, ob man nun Mann, Frau oder etwas Drittes war? Ob die Literatur die Wahrheit sagte oder log, spielte keine Rolle, solange sie einen bis auf die nackte Haut anging. Auch die Gänsehaut konnte eine Bekleidung sein.

Mein schwarzer Schädel

Nachdem ich aus den Blättern vor mir einen Spiegel erschaffen habe, scheue ich vor dem Moment zurück, in dem ich gezwungen sein werde, einen ersten Blick hineinzuwerfen. Was ist, wenn die Worte nicht den verrückten Glanz wiedergeben, den ich zu erkennen meinte, als ich zum ersten Mal »mein« Thema, »meine« Motive, »meine« Besessenheit wahrnahm? Was, wenn ich Faxen und Veitstänze erblicken muss, statt der geschmeidigen Grazie des Gedankens, der zarten Bewegung des Gefühls? Wen soll ich dann für das Debakel verantwortlich machen: meine unruhige Seele oder das Zerrbild vor meinen Augen?

»Je mehr man hinsieht, desto weniger / Erscheint ein Mensch als Mensch«, bemerkt Brecht in seinem »Fatzer«-Fragment. Ist *das* die Wahrheit des Spiegels?

Bei der Begegnung mit einer überwältigenden Wirklichkeit kann man als Schriftsteller entweder hingerissen sein und vorrücken oder Zweifel bekommen und den Rückzug antreten. Wer sich für ersteren Weg entscheidet, breitet leidenschaftlich die Arme aus und ernennt sich früher oder später zum Bejaher, wer die zweite Strategie befürwortet, verschränkt sie und wird sich damit abfinden müssen, über kurz oder lang ein Skeptiker genannt zu werden. Lust oder List, Wehrlosigkeit oder Rüstung, Krankenzimmer oder Kasernenhof... Die Gegensätze lassen sich vervielfältigen, aber die Tendenz ist klar. Schriftsteller sind entweder warm- oder kaltblütig.

Eine häufig geäußerte Theorie zu der Frage, warum sich manche Menschen dem Schreiben widmen, besagt, dass sie einmal ein schmerzhaftes oder verwirrendes Erlebnis hatten, so einzigartig in seiner Art, dass sie den Rest ihres Lebens damit verbringen, seinen Ursachen auf die Spur zu kommen. Dies wäre die Definition eines warmblütigen schriftstellerischen Werks: Ständig auf der Jagd nach der ursprünglichen, aber unbegreiflichen Energie, hat man nur Augen für die Stellen, an denen es heiß hergeht. Wenn man sich diese Auffassung jedoch zu eigen macht, ist es im Grunde verwunderlich, dass nicht mehr verwundete Seelen das Wort ergreifen. Beginnen manche womöglich eher aus dem umgekehrten Grund zu schreiben? Weil sie erkennen, dass sie jeder beliebige Mensch hätten sein *können*, tatsächlich jeder einzelne Mensch, der ihnen in ihrem Leben begegnet? Der senile Mann, der in seinem eingenässten Krankenhausbett zittert; die Mätresse im Aufzug, so auffällig wie blasiert, unterwegs zum Dachterrassenrestaurant des Kaufhauses; das lachende Kind inmitten seiner farbenfrohen Schaufeln und Förmchen im Sandkasten? Überzeugt von der genuinen Austauschbarkeit seiner Erlebnisse, wird ein Mensch, dem dieser Verdacht gekommen ist, sein Leben der Aufgabe widmen, den Schmerz zu formulieren, nicht einzigartig zu sein. So wird man auf seine Art, Tag für Tag, immer andersartiger.

Einer anderen Theorie zufolge ist der Zweifel das Einzige, worauf sich der Schriftsteller verlassen kann. Mit den Jahren verbringt er mehr und mehr Zeit damit, auf sich selber achtzugeben, weil der Unglaube dort seinen Ursprung hat. Er selber ist nichts, denkt er, aber falls es ihm gelingt, nicht die Fassung zu verlieren, wird er eines Tages die entscheidende Nuance in einer Erinnerung, das exakte Flirren in einer Ahnung hinreichend gut in Worte fassen können – und dann seine wahre Kontur ergründen. Dies wäre die Beschreibung eines kaltblütigen schriftstellerischen Werks. Dennoch will sich der Zweifel nicht legen. Seine Umklammerung wird vielmehr noch fester – aus gutem Grund. Denn als der hoffnungslose Spieler, der er ist, hat sich der Schriftsteller das Unmögliche zur Aufgabe gemacht: dem eigenen Gehirn in die Karten zu schauen. Von nun an wird seine Arbeit niemals enden, nur weil die Schreibtischlampe gelöscht oder Blätter zur Seite geschoben werden. Schließlich stellen sich nicht einmal mehr jene Momente aus Stille und Vergessen ein, deren Kühle ihn früher überraschte, um sein Leben zu versüßen. Der Missmut, der sich ausgebreitet hat, vertieft sich nun zu einem Wallgraben. Wenn er den Stift nicht niederlegt, ist er am Ende gezwungen, sich als approbierter Paralytiker zu titulieren.

»(Ist mein Gehirn ein Zauberspiegel?)«, fragt sich Baudelaire in einem seiner intimen Tagebücher. Ich stoße zufällig auf die Klammer, als ich seinen Text auf der Suche nach einer Stelle überfliege, an die ich mich nur vage erinnere – und bin überwältigt. Verlegen versuche ich die Fassung wiederzugewinnen. Die Frage enthält alles Pathos und alle Paranoia, deren Schriftsteller in unbeobachteten Augenblicken mächtig sind. Denn ist sie nicht eine verzweifelte Version jener Aufforderung zur Selbsterkenntnis, wie sie die Literatur seit der Antike begleitet? Gleichzeitig warm und kalt, bejahend und verzehrend, orphisch und mänadisch, baut sie mit der einen Hand auf, was sie mit der anderen wieder zum Einsturz bringt. Während ich die Klammer abschreibe, stelle ich mir vor, dass sie von vorn betrachtet einen Wunsch enthält: »Spieglein, Spieglein an der Wand, sag, wessen mein Gehirn sein mag!« Die Reichweite einer solchen Aufforderung kann ins Unendliche erweitert werden, denn es liegt eine Sehnsucht in ihr, die ebenso ungestillt ist wie der Gesang, der einst aus Orpheus' treibendem Kopf ertönte. Doch die Frage hat auch eine Rückseite. Skeptisch will sie zudem wissen: »Blende ich mich nicht selbst? Ist mein Gehirn möglicherweise das eigentliche Hindernis für Erkenntnis?« Hätte Perseus seinen Spiegel als Schild hochgehalten, statt ihn zu benutzen, um damit zu sehen, wäre dies die Verblüffung gewesen, die Medusa empfunden hätte, unmittelbar bevor sie von ihrem eigenen Blick versteinert worden wäre. Wer sich Gedanken über die Klammern um Baudelaires Frage macht, sollte sich nicht wundern, wenn er am Ende glaubt, sowohl die beiden Hemisphären einer lichten, klingenden Kugel als auch die beiden Henkel eines Gefäßes voller Dunkelheit zu erblicken – oder um bei der Wahrheit zu bleiben: die Ohren an einem Schädel.

Ist es so verwunderlich, dass man als Schriftsteller beginnt, nach einem Mittelweg ohne den faulen Beigeschmack eines Kompromisses zu suchen? Kann die Temperatur nicht irgendwann während eines Lebens, verbracht mit Papier und Bleistift, menschliche 37° aufweisen dürfen? Sicher; warum nicht? Es fragt sich nur, wer diese Erscheinung wäre. Ein todernster Hysteriker vielleicht? Oder ein schief lächelnder Pessimist? Schwer zu sagen. Mich erinnert die Gestalt an das einzige mir bekannte Wesen, das sich, ohne seine Ehre zu verlieren, dem Wind entgegenstemmen könnte, der aus dem Niemandsland des Spiegels heranweht: Buster Keaton. Schroff schiebt er die Schultern hoch und bedeckt mit den Händen die Augen – alles daransetzend, die Fläche des Körpers zu verringern

und die Belichtung zu mildern. Am liebsten wäre er nicht größer als der plattgedrückte Hut, dem er begegnet, wenn er mit verbissener, aber entschlossener Miene zwischen seinen Fingern hindurchlugt. Ein warmes Herz und eiskalte Nerven – mehr benötigt niemand, der beschlossen hat, sich selber auf den Grund zu gehen. Als Bildunterschrift für diesen Schnappschuss könnte man nehmen »*I Become a Social Issue*« (eine Kapitelüberschrift in Keatons Autobiographie). Denn behauptet man nicht so seine Relevanz? Wider besseres Wissen? Natürlich bleibt ungewiss, ob die Strategie von Erfolg gekrönt sein wird. Sicher ist allerdings, nur wer das Komische in der Situation erkennt, wird vorankommen.

Gegen Ende seiner Schrift über Drogen weist Baudelaire darauf hin, dass der Opiumesser »einen dunklen Deuter« an seiner Seite hat, der »fremde Elemente in seine Widerspiegelungsnatur« mischt. Ist es vielleicht dieser obskure Cicerone, der einem die Tür öffnet, wenn man den Blick hebt, sich an die Stirn klopft und sich fragt, ob man wirklich noch alle Tassen im Schrank hat? Introspektion? Schon wieder? Als die zuvorkommende Person, die er ist,

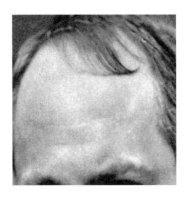

verbeugt er sich, lächelt angemessen vieldeutig und macht eine gezierte Geste mit der Hand. Ein bisschen Hokuspokus gehört dazu. Dann richtet er sich wieder auf und liest mit erhobenem Finger die Inschrift über dem Portal zu jenem Knochenhaus, das man, wie man plötzlich entdeckt, betreten kann: *Willkommen in deinem Gehirn!*

Einen anderen Weg gibt es nicht. In der grauen Substanz mögen sich die Fenster nach außen öffnen (Panoramafenster für einige; Kellerluken für andere), aber sämtliche Türen gehen nach innen auf. Ein Mensch existiert nur, solange er von seiner Umgebung getrennt ist. Bleibe in deinem Kranium oder gehe unter! Zwar ist in diesem Ossarium nicht viel Platz, höchstens ein paar Kubikdezimeter, aber die Dunkelheit kennt dafür auch keine Grenzen. Für jemanden, der ihren Inhalt erforschen will, gibt es nur eine Regel: sich selbst nicht mit Sympathie oder Misstrauen zu betrachten, sondern mit Neugier. Es stellt sich nicht mehr die Frage, *wer*, sondern *was* man ist. Trotz allem bekommt die Aufforderung »Grabe, wo du stehst« einen anderen Klang, wenn man wie Lichtenberg den Erdball als einen Totenschädel betrachtet.

So wie der dunkle Deuter den Opiumesser auf seinem Weg durch die künstlichen Paradiese begleitet, folgt Baudelaires Schrift de Quincey mit dem Ziel, »den geheimen Gedanken« in den *Bekenntnissen eines englischen Opiumessers* Ausdruck zu verleihen. An manchen Stellen werden jedoch Verschiebungen in Betonung und Perspektive vorgenommen. Im Gegensatz zu seinem Vorgänger geht es dem Franzosen nicht darum, sich durch die therapeutische Hilfe der Literatur von einer Drogenabhängigkeit zu befreien. Im Gegenteil, er will ihre Überlegenheit als wirklichkeitserweiterndes Elixier erforschen. Hier wird ein Schritt hinaus über eine romantische Sensibilität, geprägt vom schönen Verfall der Gifthölle, hinein in ein modernes Bewusstsein gemacht, dessen illustre Begleiterin *la Mélancolie*, die Wächterin der schwarzen Galle, ist. Bis dahin war die Wortkunst von allen, außer vielleicht von Don Quijote, als Heilmittel gesehen worden. Baudelaire erkannte, dass auch die Literatur zu einer Sucht führen kann. Ist dies die Erkenntnis, der Walter Benjamin auf die Spur gekommen ist, als er in einem Text über das Glück des Haschischrauschs auf den Faden der Ariadne zu sprechen kommt? »Welche Lust in dem bloßen Akt, einen Knäuel abzurollen. Und diese Lust ganz tief verwandt mit der Rauschlust wie mit der Schaffenslust. Wir gehen vorwärts; wir entdecken dabei aber nicht nur die Windungen der Höhle, in die wir uns vorwagen, sondern genießen dieses Entdeckerglück nur auf dem Grunde jener anderen rhythmischen Seligkeit, die da im Abspulen eines Knäuels besteht. Eine solche Gewissheit vom kunstreich gewundenen Knäuel, das wir abspulen – ist das nicht das Glück jeder, zumindest prosaförmigen, Produktivität? Und im Haschisch sind wir genießende Prosawesen höchster Potenz.«

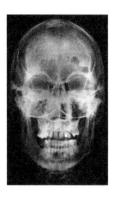

Im Unterschied zur Lyrik, die ein Maximum an Spannung und Dichte auf kleinstmöglichem Raum erfordert, verlangt die Prosa Bewegung, Verschiebung, Expansion. Was einen Roman zusammenhält, ist nicht die Handlung, wie Faulheit und Konvention uns glauben lassen mögen, sondern etwas bedeutend Spröderes: ein Ton. Dieser Ton gehört weder dem Schriftsteller noch dem Erzähler und am wenigsten einem der Charaktere des Werks. Er entsteht im – oder vielmehr durch – das Erzählen selbst. Wenn der Ton beim Leser Anklang findet, wird er diesen von Buchdeckel zu Buchdeckel führen, durch »das verzauberte Labyrinth« (Baudelaire) aus Szenen und Tableaus, das die Story bildet, wie unterschiedlich diese auch sein mögen. Denn der Ton ist sein roter Faden. Natürlich kann er täuschen und überraschen, auf falsche Fährten und in Sackgassen führen, aber wenn er wirklich trägt, steigert er stets die Begierde nach einem Sinn. Der Ton ist, anders ausgedrückt, im wahrsten Sinne des Wortes »bedeutungstragend«: Ohne selbst einen Gehalt zu haben, schafft er den schwankenden Grund, in dem die Wahrheiten der Fiktion Wurzeln schlagen. So kann ein Urwald aus einer Wolke wachsen, ein römisches Reich aus Nebel und ein achter

Kontinent sich hinter einem Dunstschleier ausbreiten. Aber noch während der Ton den Leser weiterführt, verklingt er auch schon. Und hierin liegt die Hälfte seines Geheimnisses: In gewisser Weise begreifen wir erst, wenn das Knäuel zu Ende gegangen ist und wir im tiefsten Inneren des Labyrinths sind. Denn in diesem Augenblick entsteht »die zweite rhythmische Seligkeit«, die das Komplement des Schaffens ist. Was wir Auflösung nennen, ist nur das Echo, das uns eines Tages wieder aus dem Labyrinth hinausführen wird.

Das Geschenk des Texts an den Leser: Plötzlich vermittelt er diesem den Eindruck, einen Schädelraum zu besitzen, in dem ausgerechnet sein Ton sauber erklingt.

Um Kommunikation entstehen zu lassen, bedarf es eines Intervalls – zwischen einem Eindruck und der Erinnerung an ihn, zwischen einem Bild und seinem Abbild, zwischen einem Schädel und einem anderen. Kein Echo, kein Klang ohne Abstand in Zeit und Raum. Für jemanden, der sich in ein Gehirn begibt, heißt dies, dass er seine Wahrnehmung in einen Fahrtenschreiber verwandeln muss, eine Apparatur, die so geduldig und genau wie möglich die

Eindrücke, Wahnvorstellungen und Aha-Erlebnisse, die einen dort in der Dunkelheit erwarten, registriert. Es gilt, das Bewusstsein *in flagranti* zu ertappen, und folglich auch all das aufzuzeichnen, was man sieht, aber nicht begreift. Denn durch diese Visionen, halb hellseherisch, halb idiotisch, erschafft der Reisende einen Klangraum – ein gewölbtes Stück Prosa, eine psychische Sphäre. So wie die Blackbox, die von den Luftfahrtbehörden auf dem Grund des Ozeans, im Sand der Wüsten oder im Baumwipfel des Nachbarn gefunden wird und Aufschluss darüber gibt, wie ein Flugzeug abgestürzt ist, ist dieses Psychogramm die »Seele« des Fahrzeugs. Wie alle Protokolle über innere Bilder erfordert es einen Empfänger, aber um diesen sollte der Schriftsteller sich weder kümmern noch bemühen. Die Blackbox ist eine Hightech-Version von etwas sehr Altem: einer Flaschenpost. Es gehört zu ihren Regeln, dass sie das Hinscheiden des Reisenden überleben wird. Wer die Mitteilung findet, ist dennoch immer »jemand, den sie betrifft«.

So wie man während des Haschischrauschs immer tiefer in die Irrgänge seines Bewusstseins geführt wird, wird man während der Lektüre eines Buchs in die dunklen Windungen eines Gehirns geleitet. Der Wirrwarr *eines* Gehirns, nicht unbedingt des eigenen. Denn die klangvolle Prosa schafft Vertrautheit an einem Ort, an dem man als Leser nur zu Gast sein kann. (Dies ist ein hinlänglicher Beweis dafür, dass sogenannte »Hypertexte« anderen Etiketten folgen, als sie bislang in der Literatur galten. In letzterem Fall würde ein Gast niemals auf die Idee kommen, bei seinem Gastgeber die Möbel zu verrücken. Oder das Menü zu verändern.) Wer jemals die Verzauberung dieser Eskapade erlebt hat und folglich in ein »genießendes Prosawesen höchster Potenz« verwandelt wurde, wird in der Folge literaturabhängig sein. Der Grund ist unschwer zu verstehen: Wie Ariadnes Faden führt sie uns heim, indem sie uns verführt.

»Was ist das menschliche Gehirn anderes als ein gewaltiges und natürliches Palimpsest?«, fragte sich de Quincey in einer seiner »Oxfordvisionen«. »Unzählige Schichten aus Vorstellungen, Bildern und Gefühlen sind in einem Gehirn sanft wie das Licht aufeinandergeschichtet worden. Es mag so aussehen, als habe jede einzelne dieser Schichten die übrigen unter sich begraben. Aber in Wirklichkeit ist nichts verlorengegangen.« Baudelaire präzisierte die Vision und hob hervor, im Gegensatz zum geschriebenen Dokument, in dem eine griechische Tragödie, eine Mönchslegende und ein Ritterepos im »phantastischen, grotesken Wirrwarr« der Buchstaben aufeinanderprallen könnten, beinhalte das Gehirn eine unausschöpfliche Welt, in der die Erinnerung, wie die Sonne, »eine Harmonie zwischen den unterschiedlichsten Elementen« erschafft. Wie verwirrt das Gehirn auch sein mag, »die menschliche Einheit« wird niemals erschüttert; die Erinnerung ist Garant der Humanität. Baudelaire wollte einen Lobgesang auf den klaren Rausch anstimmen. Für ihn war die graue Substanz kein geordnetes Chaos, sondern ein wilder Kosmos. Waren etwa 150 Jahre, geprägt von Lügen, Verdrängungen und immer raffinierterer Barbarei nötig, um den westlichen Kulturmenschen den Glauben an die untrügliche Ordnung dieses Schädels verlieren zu lassen? Wenn man sich die kalten Fakten der Geschichte vor Augen führt, bedarf es schon einer gehörigen Portion an Engstirnigkeit, um den *homo sapiens* als ein hundertprozentiges Vernunftwesen zu sehen, geleitet von einer immer gleich zuverlässigen Mnemosyne. Skeptiker und Bejaher, vereinigt euch! Bedenkt, wem ihr beide eure Ansichten zu verdanken habt: einer anthropologisch nicht wirklich geglückten Substanz, deren neurale Prozesse ebenso oft aus verblüffend schönen Kurzschlüssen wie sinnigen Verbindungen bestehen und die allen Hindernissen zum Trotz in der Lage ist, auch von den Unzulänglichkeiten des Denkens und den vielen Lücken in der Erinnerung Gebrauch zu machen. (Chaosmos.)

»Es war ein Tag, in einem eingespielten Segment, das ein chemisches Verhör andeutete, an dem alles grau geworden war.« William Gibsons abgesicherte Beobachtung in *Neuromancer* zeigt, wie fremd das eigene Gehirn einem Menschen erscheint, der seinen Signalsubstanzen nicht mehr vertraut. Gibt es eine Prosa, die von diesem Vorbehalt ausgeht – die nicht endet, sondern beginnt mit der Feststellung: »Ich ist ein anderer«? Eine Prosa, für welche die Areale des Gehirns ebenso unbekannt sind wie einst die mongolischen Wüsten, ebenso beunruhigend dunkel wie der Hades, ebenso frostig schön wie Felder, in die Blitze einschlagen? Schuld oder Unschuld, schuldig oder nicht schuldig – solche Erwägungen verlieren in dem Moment an Bedeutung, in dem die Waagschalen der Gerechtigkeit durch die eigene Hirnschale ersetzt werden. Fortan geht es nur um eine Frage: Heiliger Gral oder Büchse der Pandora?

Eine Zeit lang hatte ich die Kopie eines Fotos vor mir an die Wand gepinnt. Es wurde Anfang der achtziger Jahre des 19. Jahrhunderts aufgenommen und zeigt etwa zwanzig Männer, die für die Nachwelt posieren. Von kleinem Wuchs und schwarzgekleidet, haben sie eine Pause gemacht, um dem verewigten Augenblick zur Verfügung zu stehen. Es hätte ein Schnappschuss daraus sein können, was Mary Shelley *the filthy workshop of creation* nannte. Einer der Männer hält gedankenschwer posierend einen Hammer an eine Kupferplatte, ein anderer lässt seinen Holzhammer auf der Schulter ruhen, ein Dritter hat die Arme verschränkt. Sie sehen auf eine Weise abwartend aus, wie die Menschen es nur in den Kindertagen der Fotografie taten. Die Männer arbeiten in einer riesigen Werkstatt in der Rue de Chazelles in Paris, errichtet aus Eisenträgern und Holzplanken, wodurch die Szene augenblicklich im dunklen, schweißtreibenden Alltag des Industriezeitalters verankert ist. Überall Gerümpel und unbenutztes Material. Hinter den schnurr- oder vollbärtigen Arbeitern im Vordergrund erhebt sich ein gigantischer, weißer, in Tücher gehüllter Arm. Einzig dieser Teil des kolossalen Wesens ist sichtbar, der Rest – von der Taille abwärts; von den Schultern aufwärts – gehört einer anderen Optik. Das Foto hält eine kurze Pause während der Arbeiten an Frankreichs Geschenk an die Neue Welt fest: der Freiheitsstatue. Im Laufe der Zeit gelangte ich zu der Überzeugung, dass Pallas Athene so ausgesehen haben muss, kurz bevor sie, in voller Rüstung und heiratsfähigem Alter, aus der Stirn ihres Vaters sprang.

Schärft man den Blick, erkennt man bald eine Wiederholung des sichtbaren Segments der Statue hinter den Männern im Vordergrund, rechts hinten im Bild. Dort steht ein Mann, Buster Keaton verdächtig ähnlich, bekleidet mit weißer Hose, hellem Jackett und angewinkelter Baskenmütze. Vielleicht ist es der Bildhauer Bartholdi, der die Statue entwarf, vielleicht aber auch Ingenieur Eiffel, der das Eisenskelett konstruierte, auf dem das getriebene Kup-

ferblech später befestigt wurde. Mit einer Hand berührt
der Mann ein Bild, das an einem Haufen Gerümpel lehnt
und die Schulterpartie der Göttin zeigt. Es handelt sich
um die Vorlage zu dem Teil, an dem die Handwerker gerade arbeiten. Unmittelbar daneben gibt es ein ähnliches
Bild vom gekrönten, strahlenden Haupt der Göttin. Be-
scheiden sinnt sie über ihre überdimensionierte Brustpar-
tie nach, in einem diskreten Fingerzeig auf die zusammen-
gesetzte Natur der Schöpfung.

Seit ich dieses Foto an die Wand vor mir heftete, stellte ich
mir so die Arbeit vor, die hinter der gewaltigen Stirn des
Zeus ausgeführt wurde, bevor Hephaistos mit seinem
Hammer ein Loch in sie schlug. (Damit das Schauspiel der
Gedanken beginnen kann, muss die vierte Wand entfernt
werden.) In einer gigantischen Werkstatt erbauen grim-
mige, schlecht bezahlte Handwerker ein Monument jener
Verheißung, die alle Utopien in sich vereint. In ein fuß-
langes Kleid gehüllt, mit festem Blick und den Fesseln der
Sklaverei um ihre Füße, preist Bartholdis Kolossalstatue
die Freiheit. Der lange Speer und der mit dem Haupt der
Medusa geschmückte Aegis, die Pallas Athene dem Mythos zufolge getragen haben soll, sind durch eine bren-

nende Fackel und eine kühl registrierende Schrifttafel ersetzt worden. Glut und Kälte sind die neuen Attribute der Freiheit. In den Jahrzehnten vor der Kommerzialisierung des Flugverkehrs hieß diese modernisierte Version der Göttin sowohl reiche Besucher als auch arme Einwanderer im Land der tausend Möglichkeiten willkommen. Als Leuchtturm hinderte sie die Ozeandampfer daran, auf Grund zu laufen, wenn Nacht oder Nebel in der Einfahrt nach New York Quartier bezogen hatten; als Aussichtsturm ließ sie die Besucher in ihrem Inneren aufsteigen und die Mechanismen des Göttlichen enthüllen. So wurde die Transzendenz zu einer immanenten Angelegenheit, die sich durch Willen und kräftige Wadenmuskeln erreichen ließ. Von der Aussichtsplattform in der Stirn konnten jeweils einundvierzig Besucher das neue Land hinter dem Immigrantenlimbo Ellis Island betrachten oder die Inschrift auf der Tafel in der linken Hand der Statue lesen – jene peinliche Mischung aus alter und neuer Sprache, aus Englisch und Latein, die an die Unabhängigkeitserklärung erinnert: »July IV MDCCLXXVI«.

Weisheit als eine Folge von Kopfschmerzen; Migräne als Mutterersatz; das Freiheitsgefühl, das de Quincey erlebte, als er, »Glied für Glied«, die »verdammte Kette« löste, die sein Wesen gefesselt hatte – siehe da, einige der Schöpfungsmythen der Selbsterkenntnis. Ihr Emblem: die glühende Kälte.

Der dunkle Deuter eilt voraus wie ein Schatten, wenn die Sonne tief steht. Er bleibt kurz stehen und dreht sich um, während er gleichzeitig mit einer ungeduldigen Geste in die Dunkelheit hinter dem Stirnportal deutet. Na los, komm schon! Ihm folgt eine unschlüssige Gestalt mit Spaten auf der Schulter, einem Knäuel in der Hand und einer tief in Falten gelegten Stirn: der Prosaist als Kranionaut. Wie alle anderen, die in ihrer grauen Substanz auf Entdeckungsfahrt gehen, als wäre sie ein neues Land, hält er Ausschau nach interessanten Stellen, an denen er graben kann. Aber im Grunde ist ein Platz so gut wie jeder andere. Alles ist fremdes Terrain. Lebe wohl, Innigkeit! Lebe wohl, intimes Ich! Bei Introspektion ist Spürsinn wichtiger als Routine; mit Instinkt und Geduld kommt man auch da noch weiter, wo die Vertrautheit nicht reicht. Darüber hinaus ist nur Leidenschaft und ein klinischer Blick sowie eine passende Portion Glück erforderlich. Etwas Verzagtheit hier, etwas Kopfzerbrechen da, ein paar peinliche Einsichten und einige knisternde Kurzschlüsse aus längst überspielten Gesprächen mit dem eigenen Ich ... Ist die Literatur jemals etwas anderes als Seelenarchäologie, betrieben im Inneren der Konstruktion, die Mensch genannt wird?

Das Glück in einem Spatenstich: Ich werde überrascht von dem, was ich heraufhole, als wäre es erst gestern vergraben worden.

In einer Verwerfungsspalte zwischen Kindheit und Jugend finde ich eine verwilderte Erinnerung. Der Vater eines Spielkameraden hatte seinen Sohn und mich ins Kino mitgenommen. Wir waren zwölf Jahre alt und der Film erst ab achtzehn freigegeben. Während der knapp zwei Stunden langen Vorstellung saß ich wie angewurzelt auf meinem Sitz. Schrecken und Faszination wechselten einander dabei ab, mein Herz auszupressen. Unerwartet hatte ich Einblick in einen Kopf bekommen... Ein amerikanischer Soldat, knapp zwanzig Jahre alt, liegt in einem Militärkrankenhaus irgendwo im Morast Europa. Der Erste Weltkrieg neigt sich dem Ende zu. Schwer verletzt, nachdem er auf eine Mine getreten ist, wird er von einer sachlich hantierenden Krankenschwester versorgt. Sie wäscht ihn, wechselt Laken und eitrige Kompressen, versorgt ihn mit Essen und Medizin. Zeitweise sind seine Schmerzen schier unerträglich; zeitweise ist er bewusstlos und ruht in einer Dunkelheit, die kühl ist wie schwärzestes Wasser. Die Einsamkeit ist immens, und wenn der Soldat nicht an seinem Verstand zweifelt, wird er von Erinnerungen, Träumen, Verzweiflung heimgesucht. Die schmerzstillenden Mittel tragen dazu bei, dass er lange Zeit glaubt, in ein künstliches Paradies versetzt worden zu sein. Die Visionen gehen nahtlos ineinander über, alles verliert seine Konturen. Das Ärzteteam, das er sich vor seinem inneren Auge vorstellt, bekommt plötzlich etwas Unheimliches und nimmt die Züge von Scharfrichtern an, die in die Gewänder des Clans gehüllt sind. Doch schließlich haben die Schmerzen ein Ende, und dem Soldaten wird allmählich klar, was geschehen ist: Ihm fehlen nicht nur Augen, Nase und Mund, sondern auch Finger, mit denen er tasten, und Zehen, mit denen er wackeln könnte, Geschlecht, Arme und Beine. Das Einzige, was ihm geblieben ist, sind zwei unförmige Körperteile – der eine größer, der andere kleiner: Rumpf und Kopf. Schwer zu sagen, was mich mehr in den Bann zog: das Menschliche oder das Unmenschliche an der Situation des Mannes. Aber seither beginnt für mich alles dort: in der Dunkelheit im Inneren eines Schädels, mit einem Verlangen nach Klarsicht. »Alles was er noch hatte war ein Gehirn und er wollte sich davon überzeugen dass es klar dachte.«

Ein Mensch, der entdeckt hat, dass er nur noch Gehirn ist, muss einen kühlen Kopf bewahren. Als dem Soldaten seine Lage schließlich bewusst geworden ist, erkennt er, dass er sich Gewissheit über Zeit und Raum verschaffen muss, die einzigen Dimensionen, die ihn die Biologie noch spüren lässt. Er lebt in Dunkelheit, atmet, denkt und halluziniert in Dunkelheit, und ohne Anhaltspunkte in Zeit und Raum würde er für immer verloren sein. Als Erstes kommt die Zeit, denn wenn man sich in ihr orientieren kann, »dann bist du in der gleichen Welt mit ihnen du bist ein Teil von ihnen aber wenn du die Zeit verlierst dann laufen dir die anderen davon und du bleibst allein zurück hängst in der Luft bist auf ewig allein verloren«.

Bleibt die Frage, wie er etwas derart Flüchtiges wie die Zeit einfangen soll ohne Augen, die auf die Uhr sehen können, ohne Ohren, die das Schlagen der Uhr hören und ohne Mund, der nach der Uhrzeit fragen kann. Eines Tages, als die Krankenschwester ihn besuchen kommt, bemerkt er erstaunt, dass er die schwachen Vibrationen ihrer Bewegungen wahrnimmt. Die Erschütterungen sind im Grunde nicht sehr aufschlussreich, aber sie genügen. Nun beginnt der Soldat, die Sekunden, dann die Minuten, dann die Stunden zwischen den Besuchen der Frau zu zählen. Doch er kommt immer wieder durcheinander. Einmal gelingt es ihm, auf einhundertsiebenundzwanzig Minuten zu kommen, ehe er eine Pause einlegt, um auszurechnen, wie vielen Stunden dies entspricht, woraufhin er prompt den Faden verliert. Erschöpft erkennt er schließlich, selbst wenn er Ordnung in einen ganzen Tag gebracht hätte, ohne einen Fehler zu machen, müsste er das Kunststück wiederholen, um etwas zu haben, womit er vergleichen kann. Und das wäre zu viel verlangt von einem Menschen, insbesondere von diesem. Stattdessen beschließt er, in größeren, überschaubaren Einheiten zu denken – nicht in Minuten oder Stunden, sondern in Tagen. Vielleicht reicht es, das grobe Muster auszumachen (denn ein Muster ist Handlung umgesetzt in Verständlichkeit). Aber wie? Der Soldat beginnt mit dem Einzigen, was ihm an Kontakten mit der Außenwelt geblieben ist: dem Entleeren der Därme.

Auf diese Weise werden die Besuche der Krankenschwester langsam jenseits des Lokalen verständlich – auf der anderen Seite von Waschen, Umbetten und Toilette. Nun zeichnet sich ein Muster ab, eine Ordnung der Zeit, die sich sogar in Raum übersetzen lässt. Denn eines Tages

POINTS OF MEASUREMENT.

nimmt der Soldat eine seltsame, fast unmerkliche Wärme wahr, die sich auf einem freiliegenden Stück Hals ausbreitet, dem einzigen Teil seines Körpers, der nicht vom Bettlaken bedeckt ist. Verblüfft denkt er darüber nach, findet zunächst keine Antwort, begreift jedoch nach und nach, dass dies nur bedeuten kann, die Sonne geht auf. Nun kann er sich erschließen, wo das Fenster ist und in welcher Himmelsrichtung er liegt. Sind die Koordinaten des Raums geklärt, gelingt es ihm fortan auch besser, Ordnung in die Zeit zu bringen. So findet er heraus, dass es zwischen den einzelnen Sonnenaufgängen zu sechs Besuchen kommt. Nachdem er einen beliebig ausgewählten Tag zum Sonntag erklärt hat, kann der Soldat sich sogar einen Kalender zulegen und Feiertage begehen. Die Sonne zeichnet ihren gewaltigen Lauf in den schmalen Randbereich der Körpertemperatur. Mehr als ein paar Quadratzentimeter Wärme benötigt ein Mensch nicht, um die Zeit neu zu erfinden.

Warum verknüpfte ich schon früh, lange bevor es mir bewusst wurde, die Lage des unbekannten Soldaten mit der des Prosaisten? Lag es daran, dass beide – zwar auf unterschiedliche Weise, aber gleichermaßen verzweifelt – versuchen, sich in Zeit und Raum zu orientieren, in einer Situation, in der die Chancen selten besonders gut stehen? Lag es am mehr oder weniger dramatischen Gegensatz zwischen innerer und äußerer Wirklichkeit, Einsamkeit und Gemeinschaft, Schädeldunkelheit und erleuchteter Umwelt, der so offenbart wurde? Hing es folglich mit der Frage zusammen, wie sich diese Diskrepanz überbrücken ließ, und sei es auch nur ein wenig, so dass »Kommunikation« entstehen konnte? Vielleicht. Heute bin ich eher geneigt zu glauben, dass es mit dem ursprünglichsten Impuls zu tun hatte, den ich kenne: selber den ersten Sonntag bestimmen und seine eigene Zeitrechnung erschaffen zu dürfen.

»Sonntags Fron gibt keinen Lohn«, hieß es früher. Der Redensart haftet noch ein Geruch von Gülle und bäuerlichem Leben an. Sie stammt aus einer Epoche, in der dieser Tag den Platz in der Woche markierte, an dem sich der Körper erholen sollte und die privaten Gedanken der Menschen Raum zur Entfaltung bekommen sollten. In unserer heutigen Informationsgesellschaft ist der Sonntag zu einem Tag geworden, an dem die Gedanken auf Sparflamme köcheln und der Körper lernen darf, dass er lebt. Nur jemand, der durch seine graue Substanz schlendert, weiß demnach noch, welch indolentes Glück einem der rote Tag der Woche schenken kann. Doch wer ist diese Gestalt? Der Flaneur, den Baudelaire vor anderthalb Jahrhunderten pries, dessen urbane Kontur von Benjamin gezeichnet wurde und von dem der eine oder andere Kritiker immer noch Aufhebens macht, ist keine Rolle, die Schreibende heutzutage noch bekleiden können, ohne dass die Staffage mehr als einen leichten Anstrich von

Lächerlichkeit bekommt. Dazu ist unser gesellschaftliches Leben allzu unübersichtlich geworden. Unsere Kultur beruft sich nicht mehr auf ein tonangebendes Bildungsideal, von dessen Hintergrund sich die raffinierten Abweichungen mit Schärfe im Profil absetzen könnten. Gleichwohl sind sein Scharfblick und seine Empfänglichkeit, sein Affekt und seine Sinnlichkeit, seine Selbstprüfung und illusionslose Art des Rausches mehr denn je gefordert in einem medialen Klima, in dem sich nahezu alles sagen lässt, ohne dass mehr als eine Augenbraue gehoben wird. Tut der Prosaist womöglich gut daran, kein einsamer Wanderer, verloren in Träumereien, und auch kein das Bett hütender Oblomow, sondern ein nüchterner Vagabund der Hirnlappen, ein Peripatetiker des Gehirns zu werden? Ein Seelenrealist? Warum sollte einem ein Ausflug in die *terra incognita* des eigenen Schädels kein zerebrales Bukett an die Hand reichen? Ist das, was wir Seele nennen, vielleicht nichts anderes als eine neurologische Fioriture – eine eigensinnige Windung aus grauer Substanz, eine persönliche Arabeske auf einer genetischen Grundmelodie? Man darf nur nicht vergessen, dass solche Blumen frisches Wasser brauchen und nicht Erde, Esprit und kein Dogma.

Der Soldat, der im Herbst 1918 irgendwo im schlamm-grauen Europa auf eine Landmine trat, kam aus der aufge-klärten Neuen Welt. Die Schiffe, die ihn und seine Kame-raden über den Atlantik brachten, führten auch den Krankheitserreger mit sich, der im Jahr darauf unter der Bezeichnung Spanische Grippe zwischen zwanzig und vierzig Millionen Menschen das Leben kosten sollte. Der Virus *h1n1* wurde durch Menschen übertragen, welche die gleiche Luft einatmeten – gemeinsam schliefen, aßen und sprachen. Vor einigen Jahren wurden Berichte veröffent-licht, in denen Forscher den Gedanken vorbrachten, der Virus könne möglicherweise noch unversehrt erhalten sein, in zwei Meter Tiefe in Longyearbyen auf Svalbard, etwa tausend Kilometer südlich des Nordpols. In einer Tiefe, in welcher der Frost niemals aus dem Boden weicht, hatte man die Leichen von sieben norwegischen Gruben-arbeitern gefunden, die Anfang Oktober 1918 gestorben waren. Wenn es dem Virus gelungen wäre, eingefroren in ihrem toten Zellgewebe zu überleben, würde er sich mit moderner Biotechnik wieder auftauen lassen. Zwar zeigte sich bald, dass diese Prognosen allzu optimistisch waren, aber Prosaisten können aus dem Beispiel trotzdem etwas lernen. Gewiss, ihre Aufgabe besteht nicht darin, ihren Lesern das Leben zu nehmen, aber so wie *h1n1* sollten ihre Texte genügend Kraft besitzen, um ansteckend zu wirken. Lange Zeit werden sie sich sogar totstellen müssen. (Aber selbst die Kälte kann ein Weg sein, Farbe zu bekennen: Mallarmés *azur* ist auch auf erfrorenen Lippen sichtbar.) Denn was die Literatur unabdingbar macht, ist nicht ihre Bereitwilligkeit, sich mit dem Zeitgeist identifizieren zu lassen, diesem schäbigen Dämon, sondern die Verschla-genheit, mit der es ihr über Jahre hinweg gelingt, sich ihre Eigenheiten zu bewahren. »Relevanz« ist keine Frischware, sondern eine Art, Widerstandskraft zu messen. In ein paar Faden Tiefe findet man diesen geduldigeren Stoff, eingefroren in das Zellgewebe der Kultur, eine kunstvoll angebrachte Gefahrenquelle, die nur auf die Neugier des Lesers wartet, um wieder in den Kreislauf zu gelangen und uns mit ihrer Wesensart zu infizieren. Wenn ein Text einmal entdeckt wird, besteht seine Aufgabe darin, zu beweisen, dass er seine Rolle noch nicht ausgespielt hat. (Erneut: die glühende Kälte.)

In einem Gedicht von John Burnside lese ich von einer Frau, die an überempfindlicher Haut leidet. Um ihr Leben ertragen zu können, sammelt sie Uhren, die sie auseinandernimmt und auf dem Tisch vor sich anordnet: *»She knows how things are made – that's not the point – / what matters ist the order she creates / and fixes in her mind.«* Ist nicht auf gleiche Art die einzige Ordnung, für die es sich in der Literatur zu kämpfen lohnt, das eigensinnige Arrangement? Das Schreiben ist keine heilende Salbe, sondern für jemanden, der am Ekzem des Daseins leidet, ein Weg, die Zeit totzuschlagen. Gilt es nicht, dem Zahn der Zeit zu trotzen, ohne sich hinter ewigen Wahrheiten zu verschanzen? Dazu ist jedoch Feinmotorik erforderlich, sachliche Leidenschaft und ein nicht geringes Maß an *sang froid*. Die Texte, die dann entstehen, sind weder Pflaster noch Balsam und heilen auch keine Wunden. Aber sorgsam aufgeteilt in ihre Komponenten – *»a map of cogs and springs, laid out in rows, / invisibly numbered«* – schenken sie eine Ordnung, die den Befallenen zu zerstreuen vermag. Burnsides auseinandergenommene Uhr vermittelt ein Bild der Literatur im Zeitalter der Verunsicherung: Verbündet mit dem Verschwinden aller Dinge, leistet sie der Vergänglichkeit gleichwohl Widerstand. Hier wird die Zeit zu einer

»Karte« – das heißt, zum abstrahierten Raum –, und für wenige schwindelnde Augenblicke kann der Schmerz zu Koordinaten in einem beständigeren System umgewandelt werden: »Wonach wir uns sehnen im Schmerz / ist Ordnung, der Eindruck eines Lebens / das nicht zerstört werden kann, nur auseinandergenommen.«

Der Film, den ich als Zwölfjähriger sah, hieß *Johnny zieht in den Krieg*. Nachdem ich die Dunkelheit des Kinos verlassen und gemeinsam mit meinem Freund und seinem Vater auf die Straße getreten war – wir waren alle auffällig still, fast verlegen –, konnte ich wochenlang an nichts anderes denken als an die Situation des Soldaten. Auf die eine oder andere Art, man frage mich nicht, wie, hatte ich mich *wiedererkannt*. Regie führte Dalton Trumbo, der auch den Antikriegsroman geschrieben hatte, der dem Film zugrunde lag. Einige Jahre später fand ich in der örtlichen Bibliothek eine schwedische Übersetzung. Als ich begriff, dass ich die Vorlage des Films in der Hand hielt, lieh ich das Buch aus und las es noch am gleichen Abend. Zu meiner Überraschung ergriff es mich nicht so stark wie der Film. Im Nachhinein vermute ich, dass es dafür einen einfachen Grund gibt: Nachdem ich bereits einige Regalmeter Krimis und Horrorbücher verschlungen hatte, fühlte ich mich in den ersten Jahren der Pubertät im Clair-obscur des inneren Monologs bereits heimisch. Die Diskrepanzen zwischen Erzählerstimme, fragmentarischen Rückblicken und Rahmenhandlung erlangten auf dem bedruckten Papier nie die gleiche drastische Konkretion wie auf der Leinwand. Dennoch kehre ich immer wieder in das Dämmerlicht des Textes zurück, denn seit zwanzig Jahren lese ich Trumbos Roman in unregelmäßigen Abständen. Vielleicht, um zu verstehen, wer – was – es war, das ich wiedererkannte. Vielleicht, um mir in Erinnerung zu rufen, wie viel von einem Menschen verschwinden kann, ohne dass er deshalb aufhört, Mensch zu sein.

Johnny entdeckt schon bald, dass das Einzige, was den Schmerz darüber, »eingesperrt in der Dunkelheit in seinem eigenen Kopf« zu sein, erträglich macht, gerade jene Erinnerungen sind, deren Süße ihn vor Trauer vergehen läßt: ein weites, sich im Wind wiegendes Kornfeld im Colorado seiner Kindheit; die üppigen Düfte aus der Bäckerei, in der er eine Zeit lang gearbeitet hat; die nervös glitzernden Forellen, die während eines Ausflugs mit einem Kameraden anbissen; die Angel des Vaters, die er verlor; der Vater selbst, der zum Erstaunen seines Sohnes wegen des Verlusts nicht wütend wurde; die erste Liebe; und natürlich Kareen – Kareen, die von nun an immer neunzehn Jahre alt sein würde... So sieht die Zeit für jemanden aus, dessen Leben zu Ende gegangen ist, obwohl sein Herz nicht aufgehört hat zu schlagen. (Der unsichtbare Text unter diesem Standfoto einer auseinandergenommenen Uhr könnte lauten: »Die Zeit mag zu Ende gegangen sein, aber *diesem* Augenblick fehlt die Peripherie.«)

Über die Ansprüche des Prosaisten in puncto Zeit und Raum lässt sich sagen, was Benjamin in Bezug auf den Haschischesser festgehalten hat: Sie sind von fürstlicher Art. »Versailles ist dem, der Haschisch gegessen hat, nicht zu groß, und die Ewigkeit dauert ihm nicht zu lange.« Wer einmal die innere Ausdehnung des Schädels entdeckt hat, wird es schwer finden, sich mit weniger zu begnügen. Denn die Involution macht es möglich, durch die graue Substanz wie durch eine Galerie zu wandeln, in der jedes Bild, jedes Souvenir und jedes Artefakt aus unvollendeter vergangener Zeit besteht. Einige Dinge sind verlockender als andere, und man darf sich nicht wundern, wenn man hier und da kurze, an die Wände gekritzelte Mitteilungen entdeckt (»*Vive la bête noire*«, »*No pasarán*«, »*Rousseau was here*«). In diesem Kabinett findet man »die feinsten Blätter«, die – nach Herders Meinung – die Natur »je geschrieben, die Gehirntafeln selbst«. Wer wäre nicht bereit, die Hälfte seines Königreichs für einen kurzen Blick in solch ein Album herzugeben? Augenblicke dieser Art ergeben sich so schnell nicht wieder. Für den Kranionauten kommt es darauf an, sie mit Eselsohren zu versehen, damit er sie später, mit der unberechenbaren Hilfe Mnemosynes, wieder aufsuchen kann. Nur wenn sie umgeknickt und zu Bildern verdichtet wurden, haben sie genügend Kraft, dem Fortschreiten der Zeit ein Bein zu stellen – diesem Wind, der die Seiten im Buch der Schöpfung mit solch ignoranter Grazie umblättern lässt.

Mit der Zeit begann ich von einer Prosa zu träumen, welche die nicht eben menschliche Fähigkeit haben sollte, den Augenblick festzuhalten und auszudehnen. In ihr sollte ein Planet im Kopf einer Stecknadel, die ganze Milchstraße in einem Daumenabdruck Platz finden können. Alles hing davon ab, Tableaus zu arrangieren, denen die luftige Dichte des Palimpsestes eigen war. Magischer Realismus reichte mir jedoch nicht. Ich wollte die Szenen außerdem so gezeichnet sehen, dass die Nägel und der Kleister, durch die sie zusammengehalten wurden, sichtbar waren. Der Witz bestand zur Hälfte darin, zu zeigen, dass sich hinter den Kulissen nichts verbarg. Kein versteckter Gott, keine geheime Mechanik. Aus dem Desinteresse der Szenen für die Konventionen der Illusionsmaschinerie würde eine andere Form der Verzauberung erwachsen – eine zwar prosaischere, aber dennoch gültige. Das war nicht Brechts »episches Theater« mit seinen einstudierten Verfremdungseffekten, sondern eine dramatische Epik, die es verlockend fand, ein paar Schuhe unter der Gardine hervorlugen, ein Mikrofon wie einen Schwimmer am oberen Bildrand schaukeln zu lassen (als angele es Stimmen), oder durch eine leichte Verschiebung der Bühne zu zeigen, dass die Fassade des Schlosses so dünn wie Pappmaché war. Trotzig suchte ich nach immer neuen Zusammenhängen, in denen Kälte und Leidenschaft konspirierten und die Bewegungen der Gedanken Muster zeichneten, die ebenso wirr waren wie die wirbelnden Plastikflocken in einer Schneekugel. Lautlose Detonationen, gefrorene Explosionen, eine Camera obscura, deren Trick erst funktionierte, wenn das Publikum einverstanden war, sich täuschen zu lassen... Warum nicht das Künstliche in diesem grauen Paradies ernst nehmen? Schon möglich, dass Johnnys Situation ungewöhnlicher war als die der meisten, aber mit der Zeit gelangte ich zu der Überzeugung, dass er in seinem freudlosen Dasein die gleichen verzweifelten Tafeln erblickt hatte, die gleichen reichen, desperaten Wunder, von denen ich träumte. Natürlich versuchte ich mein schlechtes Gewissen zu betäuben und eine nachträgliche Entschuldigung für meine Visionen zu finden. Gleichwohl kam mir kein treffenderes Beispiel in den Sinn. Wenn Johnny nicht für die Rolle als Camera obscura taugte, wusste ich nicht, was erforderlich war. Schließlich ging es um nicht weniger, als zu zeigen, dass die Innenseite des Schädels weiter war als ein Himmel.

Es sind nicht nur Fallgruben und Sackgassen, die es notwendig machen, dass ein Kranionaut auf seiner Reise durch das Labyrinth des Gehirns jeder kleinsten Abweichung Beachtung schenkt. Früher als er ahnt, kann das Knäuel aufgebraucht sein, und dann steht er mit dem losen Ende in seiner Hand da. Mit leeren Händen, wenn er es sich am wenigsten wünscht; als er gerade der richtigen Konfiguration der Seele auf die Spur gekommen zu sein glaubte. Ganz leicht zieht er vielleicht, wider besseres Wissen, noch voller Hoffnung, an dem Faden, aber es nützt nichts. Er ist bereits straff gespannt, wenn er noch fester zieht, wird er reißen. Nein, dies *ist* der Endpunkt der Reise. Finito. Weiter kommt man nicht. Jeder neue Schritt ist ein Wagnis. Zehn Schritte und er hätte sich verirrt. Oh, denkt er, beschämend kleingläubig, und starrt auf die Büchse, die er sich unter den Arm geklemmt hat. War das alles? Ein paar nervös kolorierte Schnappschüsse von der Innenseite des Schädels? Eine Reihe von Eselsohren in einem Reiseführer durch das Herz der Dunkelheit, dieses Bergwerk der Seele? Wäre er doch nur mit einem zusätzlichen Kopf als Stirnlampe ausgerüstet – wie Pasqual Pinon!

Eine Postkarte aus den indischen Kolonien. Im Mai 1783 wurde im Dorf Mundul Gait in Bengalen ein Junge geboren. Die Eltern waren arme Bauern und konnten jedes

männliche Familienmitglied gebrauchen, das der Schöpfer ihnen in seiner Güte für die schwere Landarbeit schenkte. Unmittelbar nach der Geburt stieß die Hebamme jedoch einen fürchterlichen Schrei aus und warf den ersehnten Sohn ins Feuer. Als man den Jungen aus den Flammen gerettet hatte, entdeckte man zum einen, dass ein Auge und ein Ohr verletzt waren, zum anderen, dass er mit zwei Köpfen geboren worden war. Schräg auf dem Schädel, der die Halswirbelsäule zierte, saß eine Dublette, die stumm und unberührt den Blick gen Himmel richtete. Beide Gesichter waren voll entwickelt, mit schwarzen, gekräuselten Locken in der Stirn, Ohren, Augen, Nase und Mund, aber nur in der Mundhöhle des »hauptsächlichen« Kopfs bewegte sich feucht und schlüpfrig eine Zunge. Im Übrigen war das Einzige, was die beiden Schädel voneinander unterschied, der halsartige Stumpf, mit dem der obere endete. Einem Augenzeugen zufolge erinnerte er an »einen kleinen Pfirsich«. Obwohl sie sich das Stirnbein teilten und folglich miteinander kommunizierten, bildeten die beiden Kranien separate Behälter. Wenn das eine Gesicht die Augen schloss, konnte das andere seine offenhalten; wenn das eine an einem Gegenstand roch, konnte das andere die Nase rümpfen; und wenn Gesicht Nr. 1 an der Brust der Mutter saugte, konnte Gesicht Nr. 2 eine Grimasse schneiden, die man wohlwollend als Lächeln deutete. Die Eltern begriffen schnell, dass sie mehr Geld damit verdienen würden, ihren Sohn zur Schau zu stellen, als ihn zu Hause die Felder beaufsichtigen zu lassen. Mager und von Krankheit gezeichnet, blass und in Tücher gehüllt, verbrachte »der zweiköpfige Junge aus Bengalen« vier Jahre als anthropologisches Spektakel im Dienste seiner Eltern. Zusammen mit dem Vater oder der Mutter besuchte er Familien aus den oberen Schichten der Gesellschaft, erweckte das Mitleid der Herrschaften und versetzte die Dienerschaft in Schrecken – während die Geldhaufen in den ausgestreckten Handflächen der Eltern wuchsen. Während einer dieser Tourneen ließ die Mutter ihren Sohn für einen Moment allein. Sie wollte Wasser holen und würde nur wenige Minuten fort sein. Als sie zurückkehrte, war der Junge tot, gestorben am Biss einer Kobra. Die religiösen Eltern glaubten an Vorsehung und weigerten sich, britische Repräsentanten zum Zwecke der wissenschaftlichen Aufklärung eine Obduktion durchführen zu lassen. Stattdessen machten sie Gebrauch von den angesammelten Ersparnissen und sorgten dafür, dass ihr Sohn eine anständige Beerdigung außerhalb der Stadt Tamluk erhielt. Doch ein gewisser Mr Dent, ein Agent der East India Company, plünderte das Grab eines Nachts, sezierte den verwesten Körper und übergab den Schädel einem Kollegen, der im Begriff stand, nach Europa zurückzukehren. Nach der Schiffspassage zu den Britischen Inseln landete das Kranium schließlich im Hunterian Museum, wo man bedauerte, dass *men of observation* nie die Gelegenheit bekommen hatten, den Fall zu studieren. Jetzt erkannte man nämlich, dass der Junge zwei intakte

Gehirne gehabt hatte, was aller Wahrscheinlichkeit nach einen gewissen Einfluss auf seine »intellektuellen Fähigkeiten« ausgeübt haben dürfte. Hätte das Kind im Bengalen von heute gelebt, kommentiert ein nachgeborener Kollege, wäre es ein Leichtes gewesen, die beiden Schädel zu trennen und ihm so ein verhältnismäßig normales Leben zu ermöglichen – »zumindest, wenn es gelungen wäre, den juristischen Status des parasitären Kopfes zu lösen. Der Schädel scheint gewisse Anzeichen eines selbständigen Lebens gezeigt zu haben.«

Wer einmal vor der Vitrine im Hunterian Museum gestanden hat, die Pallas Athenes missgeborenen kleinen Bruder enthält, dem fällt es schwer, den düsteren Gedanken zu verdrängen: Wurde der zusätzliche Kopf jemals gefragt, was er meinte und dachte – dieser Kopilot, der sich orientierte, indem er den Blick stets fest auf die Sterne am Firmament gerichtet hielt? Mit welchem Recht spricht man einem solchen Navigationsinstrument Wesen und Selbständigkeit ab? Reicht es wirklich, auf das Offensichtliche hinzuweisen: dass sein Körper im Nacken aufhört? Nur weil ein Wesen nicht mit beiden Beinen auf der Erde steht, braucht es doch nicht ohne Träume vom Leben zu sein. Wer weiß schon, zu welchen Synergieeffekten zwei miteinander kommunizierende Kranien in der Lage sind?

Eine Postkarte aus dem Empire. Möglicherweise zog Edward Mordake die logische Schlussfolgerung aus einem Leben, dem man nie deutlich genug in die Augen sehen konnte. Er war aristokratischer Herkunft, verfügte über ein ansprechendes Äußeres und eine nicht geringe musikalische Begabung. Außerdem besaß seine Familie ein ansehnliches Vermögen, und ihr Bekanntenkreis war, anfangs zumindest, groß. Eigentlich sprach fast alles für den jungen Mordake, vielleicht zu viel. Denn ein Jahrhundert nachdem der zweiköpfige Junge in einer der Kolonien von einer Schlange gebissen worden war, wurde er in London, der Wiege des Empires, geboren – mit zwei voneinander abgewandten Gesichtern. Es heißt, das zusätzliche Augenpaar im Nacken habe, unabhängig davon, was das vordere Gesicht machte, weinen können, und der zusätzliche Mund habe oft gelächelt, selbst wenn Mordake gerade etwas vor sich hin murmelte oder es vorzog, hinter Notenblättern verborgen oder in die Memoiren irgendeines Feldherrns versunken, Stillschweigen zu bewahren. Schließlich wurde dieser nachgeborene Janus sich seiner doppelten Natur derart bewusst, dass er sich einschloss und sogar weigerte, Mitglieder der eigenen Familie zu empfangen. Dann, im Alter von dreiunddreißig Jahren, setzte er seinem Leben mit einem Genickschuss ein Ende – zwischen die Augen ...

Schon Sokrates wies darauf hin, dass der Dämon, der einen Menschen während seines irdischen Lebens begleitet, nicht die Aufgabe hat, die Umstände zu mildern, die

Chancen zu vergrößern, die Aussichten zu verbessern. Sein einziger Zweck ist es, warnende Zeichen zu geben, Hinweise darauf, dass das Gelände vermint ist oder der Schein trügt. Als Kranionaut befände ich mich folglich im Irrtum, wenn ich glauben würde, es käme darauf an, meinen Dämon zu besänftigen – ganz zu schweigen davon, ihn zu fangen oder zu dressieren. Seine coole Haltung zum Lauf der Dinge geht einem auf, wenn man begreift, dass es die eigenen Anstrengungen sind, die ihn in Bewegung setzen. Aber es wäre genauso falsch, sich auf die Lauer zu legen und auf den richtigen Augenblick für eine Konfrontation zu warten. Denn der Schatten, den man wirft, ist die untrügliche Erinnerung daran, dass es einem auch diesmal nicht gelungen ist, die Schwerkraft zu überlisten und sich an den eigenen Haaren hochzuziehen. Nicht einmal ein Salto mortale würde da helfen. Das gequälte Lächeln, mit dem der Gedankenakrobat nach seiner Nummer den Beifall entgegennimmt, lässt den Äquilibristen ein schlechtes Gewissen bekommen: ein weiterer Pyrrhussieg für das Bewusstsein. Kühnheit und Unterwürfigkeit sind nur verschiedene Seiten der gleichen eitlen Medaille. Besser, man legt das Geldstück unter die Zunge, das nach altgriechischem Brauch verlangt wurde, um aus dem Hades zurückzukehren, und folgt den diskreten Winken des dunklen Deuters – auch wenn Baudelaire einräumt, dass er »fremde Elemente in seine Widerspiegelungsnatur« mischen kann. Denn diese Andeutungen funktionieren wie die Vögel, die man in früheren Zeiten in die finsteren Stollen der Grube schickte: Sie warnen vor Lecks. Welche Maßnahmen daraufhin ergriffen werden müssen, muss man schon selber herausfinden.

Von dem unglücklichen Pasqual Pinon wird berichtet,
man habe ihn jahrelang in einem Bergwerk im nördlichen
Mexiko gefangengehalten. Man sah in ihm ein Kind
Satans. Die fromme Grubenleitung konnte sich nicht vorstellen, dass der Herr der Dunkelheit sie einstürzen lassen
würde, solange er eine Geisel der Grube war. Schließlich
musste selbst er väterliche Instinkte haben. In Per Olov
Enquists *Gestürzter Engel* kommt er zum ersten Mal zu
Wort – gequält, schweigsam, dunkel. Nicht alles ist wahr
in diesem Roman und nicht alles gelogen, aber das Schicksal, das er schildert, ist glaubwürdig. Im Frühjahr 1922 soll
das Gerücht von der Existenz des »Monsters« an die Außenwelt gedrungen sein. Ein Jahrmarktsbesitzer in San Diego,
ein gewisser John Shideler, der gewisse Ähnlichkeiten mit
einem Professor für Skandinavistik hat, begibt sich zur
Grube, um mit eigenen Augen zu sehen, ob das Gerücht
der Wahrheit entspricht. Zu seiner Freude entdeckt er,
dass die Realität die Dichtung sogar noch übertrifft. Pinon
ist nicht nur mit einem zusätzlichen Kopf bestückt, dieser
gehört zudem noch einer Frau. Shideler hilft dem Monster
aus der Dunkelheit hinauf und zahlt der Grubenleitung
einen beträchtlichen Geldbetrag als Kompensation. Seine
Absichten sind nicht gerade altruistisch, aber wenigstens

bleibt Pinon von nun an die vierundzwanzigstündige Nacht erspart, die bisher sein Los gewesen ist. In den Jahren bis zu seinem Tod 1933 verdient er seinen Lebensunterhalt als Ausstellungsobjekt in Shidelers *freak show*. Zusammen mit anderen Attraktionen aus dem wirklichen Leben wie der Schlangenfrau Barbara Tucker, dem Wolfsmann Adrian Jefficheff und Johnny Eck, dessen Körper unter der Gürtellinie aufhörte, reist er kreuz und quer durchs ganze Land. Für den Helden in Trumbos Roman wäre ein solcher Dienst die Rettung gewesen, sein Leben wieder sinnvoll geworden: Als biologische Kuriosität (*the self-supporting basket case*) hätte Johnny der Welt zumindest zeigen können, wohin Krieg und Zerstörung führen, auch wenn er selber nicht mehr sehen konnte. Der scheue Pinon hat das umgekehrte Problem: Bei ihm ist nicht zu wenig sichtbar, sondern zu viel. Nachdem Enquists Impresario das kleine Frauengesicht gewaschen hat, das nicht größer als eine Mango ist, entdeckt er, dass ihre Züge so feingliedrig sind wie die einer böhmischen Porzellanpuppe. Tatsächlich kann man von einer Schönheit sprechen.

Es zeigt sich, dass die Frau einen Namen trägt. Pinon nennt sie Maria und erklärt, sie sei eine selbständige Seele. Zwar hat sie keine Kehle und kann sich folglich nicht mit ihrer Umgebung unterhalten, aber sie hat viele Gesichtsausdrücke und einen starken Willen, es heißt sogar, sie singe gern. Es handelt sich um einen Gesang ohne Töne, aber Pinon kann ihn in seinem Inneren problemlos wahrnehmen. Nach ein paar Jahren in Shidelers Jahrmarkt verliebt sich »das Monster« in eine Kollegin. Eines Nachts laufen die beiden weg und sind wie vom Erdboden verschluckt. Als Pinon einige Wochen später wieder heimkehrt, einsam und melancholisch, sagt er kaum ein Wort – außer dass er sich »verirrt« habe. Maria ist nun in ein Stück Tuch gehüllt. Zwischen ihm und ihr scheint Funkstille zu herrschen. Ein paar Tage später beginnt Pinon jedoch zu jammern, und bald läuft er wie ein Verrückter von einer Wand zur anderen. Als man ihn fragt, was mit ihm los sei, zeigt er rasend auf seinen zweiten Kopf. Das Tuch wird abgewickelt, und man stellt fest, dass Maria die Augen geschlossen und die Lippen aufeinandergepresst hat. Was ist das Problem? Laut Pinon singt sie immer noch – schrill, herzlos, ununterbrochen. Sie will ihm seinen Seitensprung nicht verzeihen, und ihr böser Gesang treibt ihn allmählich in den Wahnsinn... Schließlich versöhnen sich die beiden, und im fortgeschrittenen Alter, nach langen Jahren des Streits, kommen sie sich näher. Auf dem Jahrmarkt tuschelt man sogar von einer späten Liebe. Wenn es zwischen Pinon und dem zusätzlichen Kopf, den er trug, wirklich gefunkt hat, muss ein Dasein ohne Küsse für die beiden am Ende unerträglich geworden sein. War die Vorgehensweise der Obduzenten nach dem Tod des »Monsters« in einem Krankenhaus in Orange County so gesehen vielleicht ein erster Schritt in die richtige Richtung? Zu wissenschaftlichen Zwecken sägen sie bei Enquist den doppelten Schädel ab und legen ihn in eine Schale. Die Maßnahme ist ein trauriges Echo der Erkenntnis, die Büchner in *Dantons Tod* formuliert. Kurz bevor Danton den Kopf auf die Guillotine legt, sagt er zu seinem Henker, dass er offensichtlich grausamer als der Tod sein wolle, weil er es ihm und seinem Freund Hérault verwehrt, sich im Leben noch einmal zu umarmen. Aber »kannst du verhindern, dass unsere Köpfe sich auf dem Boden des Korbes küssen?«.

Enquist lässt Pinon und Maria gegen Ende ihres Lebens zu Anhängern einer religiösen Sekte werden. Wenn sie die Kirche besuchen, stimmt allerdings nur Maria den Gesang an, so tonlos wie immer. Vielleicht ist Pinon zufrieden damit, sich nach innen zu kehren und dem sprachlosen Licht zu lauschen, das in seinem Inneren schimmert. Jedenfalls sind seine letzten Jahre von großer seelischer Ruhe geprägt. Als er am Sonntag, dem 23. April 1933, stirbt, überlebt Maria ihn um acht Minuten. Dem Krankenblatt in Enquists Buch zufolge bewegen sich ihre Lippen, und ihre Augen drücken einen unsäglichen Schmerz aus. Welches Lied mag sie gesungen haben? Zum ersten Mal in ihrem Leben war sie allein. Acht Minuten ohne Deuter.

Der Sonntag, souffliert Baudelaire jetzt, ist nur ein »Sinnbild für eine tiefere Ruhe, unerreichbar für das menschliche Herz«. Wer seinem Dämon dicht auf den Fersen durch das Gehirn folgt, erkennt schnell, dass diese Expedition kein Spaziergang ist. Aber ist das Ziel der Reise wirklich, sich selbst zu finden? Und mit der Beute unter dem Arm heimzukehren? Geht es nicht vielmehr darum, was der Kranionaut anstellt, wenn er seinen eigenen Unzulänglichkeiten von Angesicht zu Angesicht gegenübersteht? Auch wenn der ihn umgebenden Dunkelheit die Begrenzung fehlt, gilt dies doch nicht für seine Kompetenz. Mit dem Garnende in der Hand begreift er nun, wo die Reichweite seiner Selbsterkenntnis endet. Starrt er lang genug in die Dunkelheit hinein, muss er sich damit abfinden, dass sie am Ende zurückstarrt. Weitere Einblicke in die Natur der Seele stehen nicht auf dem Programm. Daraufhin bleibt nur noch eins zu tun: das Licht auf der Bühne zu löschen und sich diskret zum Notausgang vorzutasten. Damit dies jedoch geschehen kann, braucht man freie Hände. Seine dunkle Beute, die Blackbox, muss der Kranionaut zurücklassen.

Je mehr sich Johnny mit seinem Schicksal abfindet, desto größer wird seine Verzweiflung. »Im zweiten Jahr seiner neuen Zeitwelt geschah nichts außer dass einmal eine Nachtschwester stolperte und zu Boden fiel und eine ziemliche Erschütterung seiner Matratzenfedern verursachte. Im dritten Jahr wurde er in ein anderes Zimmer gebracht.« Dann beginnt das verwirrende Jahr Nummer vier. Es beginnt ruhig und still, aber schon bald kommt es zu Veränderungen – Schlag auf Schlag. Eines Tages bekommt er eine neue Krankenschwester, die ihn nicht nur kämmt, sondern auch parfümiert. Etwas später beginnt sie, sein Nachthemd alle zwei Tage zu wechseln, statt wie bisher alle zwei Wochen. Er scheint zu einer bemitleidenswerten Variante einer Blackbox geworden zu sein, dieser Bezeichnung, die Naturwissenschaftler für komplexe Systeme verwenden, die nicht unmittelbar studiert oder begriffen werden können, sondern nur durch eine sorgfältige Korrelierung von ein- und ausgehenden Signalen erforschbar sind. Aber auch wenn Johnnys Wesen von Außenstehenden unmöglich festgestellt werden kann, hindert es sie doch nicht daran, ihn wie einen Menschen zu behandeln. Eines Tages nimmt er die Vibrationen von vier oder fünf Personen im Raum wahr. Er versteht, dass etwas Wichtiges im Gange ist. Und er irrt sich nicht. Plötzlich wird der Stoff seines Hemds angehoben, und als es im nächsten Moment wieder glattgestrichen wird, fühlt er etwas Kaltes und Metallisches auf seiner Brust. Es dauert einen Moment, bis ihm klar wird, dass man einen Orden an seinem Pyjama befestigt hat. Ist der Krieg vorbei? Versuchen seine

Vorgesetzten ihr schlechtes Gewissen zu beruhigen, indem sie einen Infanteristen dekorieren, der ungeschickt genug war, auf eine Mine zu treten? Verwechselt man ihn vielleicht ganz einfach mit einem anderen – möglicherweise einem tapferen Offizier, der im Kampf vermisst gemeldet worden ist? In der Stille, die sich gegen Abend endlich einstellt, beginnt Johnny nachzudenken. Bislang hat er sein Bestes gegeben, die Vibrationen um sich herum wahrzunehmen, denn »an ihnen hatte er die Größe seiner Schwestern und die Ausdehnung seines Zimmers gemessen«. Nun aber begreift er, »dass es auch Erschütterungen geben konnte die von ihm ausgingen. Die Schwingungen die er aufnahm erzählten ihm alles – Größe Gewicht Entfernung Zeit. Warum sollte es ihm nicht möglich sein der Außenwelt ebenfalls durch Schwingungen etwas zu sagen?« Nach vier Jahren in dunkelster Isolierung wendet Johnny schließlich die Verhältnisse zu seinen Gunsten und tritt, wie ein bewegungsunfähiger Orpheus, den mühevollen Rückweg an – »aus seiner Stille und Schwärze und Hilflosigkeit«. Er hat erkannt, dass er nicht Patient bleiben muss, sondern die Rolle eines Agenten hinter den Frontlinien des Stirnbeins annehmen kann. Jemand, der nicht um Hilfe rufen kann, muss jedoch einen kühlen Kopf bewahren. Ruhig und systematisch beginnt Johnny deshalb, auf das Kissen zu klopfen. Die ersten Signale? Aus der Blackbox, die er geworden ist, dringen die drei kurzen, drei langen, drei kurzen Schläge des Morsealphabets. »SOS«.

Wenn es im Bereich der Literatur eine *terra incognita* gibt, lässt sie sich in drei Worten zusammenfassen: *la condition inhumaine*.

Die neue Krankenschwester ist zwar fürsorglich und ver-
ständnisvoll, verfügt jedoch nicht über die erforderliche
hermeneutische Fertigkeit, um Johnnys Signale zu deuten. Zu ihrer Verteidigung muss gesagt werden, dass sein
weiches Kissen das mit der Zeit immer verzweifeltere Klopfen dämpft. Besorgt über das Verhalten des Patienten, ruft
die Frau den Arzt. Man diskutiert die Abwesenheit von
sichtbaren Gründen für Schmerzen (der *input* entspricht
nicht dem *output*) und einigt sich darauf, dass die unerwartete Wende zum Schlechteren – nach mehr als vier
Jahren Regungslosigkeit – nur bedeuten kann, dass der Patient leidet. Um der Situation Herr zu werden, injiziert
man Schlafmittel, und Johnny sinkt machtlos in einen
Dämmerzustand. »Doch ein Nebel legte sich über seine
Gedanken eine Dumpfheit ergriff Besitz von seinem
Fleisch so dass es schien als hebe er jedes Mal wenn er seinen Kopf vom Kissen hob ein enormes Gewicht.« Schließlich hört das unkoordinierte Klopfen auf, und das Personal kann aufatmen. Falscher Alarm.

Heute ist es praktisch unmöglich, die Hölle noch ernst zu
nehmen, zumindest in der Literatur. Das haben wir den

Diktatoren, Provinzdespoten und Lagerkommandanten zu verdanken, die das Böse zu ihrer Sache gemacht haben. Sie lassen Luzifer aussehen wie ein gepuderter Zauberer in einem patinierten Stummfilm: Seine Gesten sind viel zu grandios, seine Tricks kalter Kaffee. Damit die Hölle ernst genommen werden kann, bedarf es eines Glaubens, der als Richtschnur fungiert, ungewöhnliche menschliche Grausamkeit oder nachtschwärzeste Moral genügen nicht. Erforderlich ist vor allem der gewinnende Funken Verständnis, dessen matter Lichtstrahl verdeutlicht, wie finster das Reich der Dunkelheit wirklich ist. Das ist eine Kunst, die nur wenigen Büchern gelingt, denn es gilt, im Schmerz Ordnung zu schaffen. Und diese entsteht nur, wenn der Ton, den der Text abgibt, den Leser an die Hand nimmt und durch das Inferno führt. (Borowski, Kertész, Levi.)

Trotz der Fehlschläge gibt Johnny nicht auf. Klopfen ist das Erste, was er nach dem Aufwachen, das Letzte, was er vor dem Einschlafen macht. Tag für Tag, Woche für Woche, Monat für Monat. Aber keiner versteht seine verzweifelten Signale, und immer öfter sieht sich die Schwester gezwungen, den Arzt um schmerzstillende Mittel für ihren Patienten zu bitten. Eines Tages geschieht jedoch »etwas sehr Wichtiges«: eine neue Krankenschwester übernimmt. Ihre Schritte sind leicht, ihre Vibrationen »munter und geschmeidig«. Vielleicht gibt es doch noch Hoffnung... Zunächst verhält sich die Frau wie ihre Vorgängerinnen: Sie stellt sich an die Bettkante und holt tief Luft, um dann entschlossen die Decke wegzuziehen. Doch statt zurückzuschrecken und die Decke unverzüglich wieder über ihn zu werfen, platziert sie eine Handfläche auf der Stirn des Patienten. Wenigstens hat sie keine Angst. Die Frau begnügt sich allerdings nicht mit diesem höflichen Kontakt. Nach einer Weile spürt Johnny, wie sie sein Nachthemd aufknöpft und mit dem Finger über seine Brust fährt. Eigenartig. Zuerst versteht er nicht, warum. Aber als er sein ganzes Denkvermögen auf die dünne Hülle der Haut konzentriert, geht ihm ein Licht auf: Ihr Finger bewegt sich nicht planlos. Langsam versteht er, dass die Krankenschwester Zeichen schreibt, alphabetische Zeichen. »Er spannte die Haut seines Oberkörpers so dass er den Eindruck ihres Fingers besser aufnehmen konnte.« Es dauert ein wenig, aber manche Buchstaben sind leichter zu deuten als andere. »Er kriegte den Buchstaben R mit und er nickte und dann kriegte er den Buchstaben Y mit und er nickte und dann gab's eine lange Pause.« Nach längeren Bemühungen gelingt es Johnny schließlich, die Buchstaben zu zwei Worten zusammenzusetzen: *M–e–r–r–y C–h–r–i–s–t–m–a–s*. Der Jubel, der sich in seinem Inneren erhebt, will kein Ende nehmen. »Die Jahre und Jahre und Jahre die er allein gewesen war und jetzt brach zum ersten Mal jemand zu ihm durch stieß zu ihm vor sprach jemand zu ihm sagte jemand merry christmas. Es war wie ein blendend weißes Licht inmitten der Dunkelheit.«

Der Versuch des Kranionauten, wohlbehalten zurückzukehren, erinnert mich an Vadim von Kolibars Bewusstseinshypothese: »So leben wir in einem Strumpf, der von innen nach außen gewendet wird, ohne jemals zu wissen, welcher Phase der Prozedur unser jeweiliger Bewusstseinsaugenblick gerade entspricht.« Aber auch daran, was dem jungen Benjamin widerfuhr, als er vor einem Jahrhundert den unergründlichen Kleiderschrank in seinem Elternhaus öffnete. In dessen hinterster, dunkelster Ecke fand er seine Strümpfe auf die althergebrachte Art zusammengelegt, so dass jedes Paar einer kleinen Tüte glich. »Nichts ging mir über das Vergnügen, meine Hand so tief wie möglich in ihr Inneres zu versenken. Und nicht nur ihrer wolligen Wärme wegen. Es war ›Das Mitgebrachte‹, das ich immer im eingerollten Innern in der Hand hielt und das mich derart in die Tiefe zog.« Als das Kind den obskuren Inhalt der Tüte einmal gepackt hat, beginnt der zweite Teil des Spiels, der zu einer verblüffenden Enthüllung führt: Der Inhalt verwandelt sich in den Händen desjenigen, der versucht, ihn ins Licht der Erkenntnis hinauszubringen. Und in diesem Moment geschieht das Wunder, dass »»das Mitgebrachte‹ seiner Tasche ganz entwunden, jedoch sie selbst nicht mehr vorhanden war«. Dies ist die geheimnisvolle Wahrheit, die der kleine Walter niemals müde wurde, auf die Probe zu stellen, und die der ältere Privatmann im Haschischrausch und in der Prosa suchen sollte. Hülle und Umhülltes haben offenbar gemeinsame Sache gemacht – und diese Sache ist zugleich etwas anderes und drittes: »jener Strumpf, in den sie beide sich verwandelt hatten«.

Jedes Wort, jeder Satz, jedes in Sprache eingefangene und durch sie vermittelte Bild enthält theoretisch gesehen eine unendliche Zahl von Welten – mit ihren besonderen Erfahrungen und einzigartigen Fehlern, ihrem speziellen Charme, ihrer Schönheit und Verrücktheit. Für schreibende Wesen mag diese Erkenntnis möglicherweise tröstlich, wird aber kaum hilfreich sein. Es geht ja nur um Theorie. In der Praxis gibt es keine sichere Methode, Zutritt zu Welten zu erlangen, auf deren Adressenaufkleber immer »c/o Paradies« steht. Man kann den Regelbüchern noch so genau folgen, die Poetiken der Antike konsultieren oder das gerade aktuelle Erfolgsrezept für Bestseller. Bestenfalls wird man ein Produkt mit einem gewissen Marktwert zustande bringen. Ohne groß darüber nachzudenken, hat man sich den weißen Rock des Theoretikers übergezogen und benimmt sich nun, als würde die Blackbox nach der eigenen Pfeife tanzen. Aber die Literatur lässt sich nicht auf Knopfdruck animieren. Es bedarf bedeutend mehr als eines Röntgenblicks, um zu entscheiden, ob der *input* in einem Gedicht oder Roman etwas mit dem *output* zu tun hat. In dem Augenblick, in dem ich zu erkennen glaube, dass ein Text lebt und folglich ein Wesen hat, eine »Seele«, habe ich es mit einem Gespenst in einer Maschine zu tun. Diese ungreifbare Störung garantiert, dass die Signale, die hineingeschickt wurden, nie identisch sind mit den Signalen, die nun herausdringen, was bedeutet, dass es zwar keine festen Regeln dafür gibt, wie Literatur geschaffen wird, aber durchaus eine Möglichkeit zu entscheiden, ob sie lebt. Denn wenn sich die ausgehenden Signale nicht mehr mit Hilfe der Erfahrung und des Wissens, über das der Schriftsteller verfügt, erklären lassen, kann er damit rechnen, auf dem richtigen Weg zu sein. Zu seinem Erstaunen gibt das dunkle Werk plötzlich Zeichen von sich, als wäre es von jemand anders geschrieben worden. Der Fahrtenschreiber muss Daten registriert haben, die er selber niemals wahrnahm. Am Ende des Wegs begegnet ihm der Text stets wie ein Fremder.

Nach dem Weihnachtsgruß der Krankenschwester klopft Johnny immer eifriger mit dem Kopf. Wenn sie doch nur verstehen würde, dass er Signale des Morsealphabets sendet! Wenn sich das Kissen doch nur in einen Telegrafen verwandeln und Gott ihm beistehen würde: »Ich möchte doch bloß dass du eine winzig kleine Idee nimmst die in meinem Kopf ist und in ihren Kopf setzt zwei vielleicht drei Schritt weg.« Alles, was es braucht, ist ein Ton, ein Klang, ein Widerhall. Aber seine Signale kommen nicht an. Die Frau deutet sie als Eifer oder Schmerz, vielleicht als Bekundungen von Freude, vielleicht als Verrücktheit. Wie gut ich mich als Zwölfjähriger in dieser Hoffnung, dieser Verzweiflung wiedererkannte. Als Kind wurde ich oft wahnsinnig wütend, wenn man mich nicht verstand (und wahnsinnig wütend, wenn man mich zu gut verstand). Als ich Trumbos Film sah, wusste ich bereits instinktiv, dass es eine Grenze für das gab – halb Unruhe, halb Kühle –, was sich vermitteln lässt. Auch ein Zwölfjähriger begreift ja, dass »Kommunikation« keine grenzenlose Angelegenheit ist. Jetzt erst wurde mir jedoch klar, dass diese Grenze aus einem zwei, drei Millimeter dicken Kranium bestand: meinem eigenen Schädelhelm. In seinem Inneren breitete sich die Dunkelheit aus, außerhalb seiner war Licht. Manchmal konnte die Finsternis überwältigend werden, manchmal war das Licht hart und schwer erträglich. Es galt, die Balance zu finden, will sagen die Grautöne, und sich in der Grenzregion aufzuhalten. Allmählich erkannte ich, dass mein Stirnbein von einer Kinoleinwand bis zu einem Blatt Papier oder einer Projektionsfläche alles sein konnte. Auf seinem quadratzentimetergroßen Gebiet fand dennoch ein ganzes biologisches Drama Platz.

Schließlich kann Johnny nicht mehr. Toter als je zuvor begräbt er seinen Kopf im Kissen, liegt still und regungslos, auf eine Antwort wartend, die niemals kommen wird. Hier hilft kein weihnachtlich gekleideter Messias, kein tröstendes Evangelium. Dann aber kam ein Finger »aus der Dunkelheit ein Finger so riesengroß dass er gegen seine Stirn schmetterte wie das Krachen einer Ramme. In seinem Hirn hallte es wie Donner in einer Höhle. Der Finger begann zu klopfen...« Es zeigt sich, dass die Krankenschwester, verlegen angesichts ihrer Unwissenheit, »einen schwerfüßigen Fremden« zu Hilfe geholt hat. Vielleicht ist es ein hellhöriger Arzt, vielleicht Buster Keaton, der als Telegrafist verkleidet zurückkehrt, jedenfalls spricht der dunkle Deuter die gleiche Sprache wie Johnny. Verblüfft erkennt er nun, dass die Klopfzeichen ihm eine Frage stellen: ».-- .- ... W A S .-- --- .-.. .-.. -. W O L L E N ... ... S I E«

Würde man als Kranionaut die gleiche Frage empfangen, sobald man aus der Dunkelheit tritt, täte man gut daran einzusehen, dass sie nicht an einen selber gerichtet ist, sondern an die Blackbox, die man zurückgelassen hat. Aber es gibt Trost. Mit etwas Glück hat man auf dem Weg durch das Labyrinth das Innerste nach außen gekehrt. Wie einen Strumpf. Wenn man nun die Hände von den Augen nimmt, den Blick hebt und sich selber in dem Spiegel aus Papier betrachtet, wird man in diesem Falle feststellen, dass man aus der Dunkelheit des Schädels mit einem schwarzen Schädel zurückgekehrt ist. Doch das ist noch nicht alles. Das Einzige, was man sieht, ist ein abgewandter Kopf! Dieser Fluch des Schriftstellers ist zugleich der Segen der Literatur. Denn der Spiegel aus Papier *ist* ein Zauberspiegel: Er bestätigt, dass sich der Kranionaut gehäutet und die Perspektive gewechselt hat. Von nun an ist er wie alle anderen: ein Außenseiter. Endlich kann das Werk sagen, was es selber will. Es hat sich befreit. Und kehrt dem Schriftsteller den Rücken zu.

Aus der Geschichte des Herzens

Brief aus Russland

Der Bericht, der hier in unveränderter Form wiedergegeben wird, wurde an einem Tag im September 2000 neben einem nichtentwickelten Film zusammengefaltet in einer Brechtüte in der ersten Vormittagsmaschine aus St. Petersburg gefunden. Trotz der freundlichen Unterstützung des Personals der Fluggesellschaft sowie des Hotels und der beiden Museen, die in dem Schriftstück erwähnt werden, konnte nicht ermittelt werden, wer den (Blei-)Stift geführt hat. Vermutlich ist die fragliche Person unter einem Decknamen gereist. Als der Film entwickelt wurde, zeigte sich, dass er ausschließlich alltägliche Straßenszenen, Aufnahmen von Häuserfassaden und pathologische Spezimen enthielt. Eigenheiten in der Handschrift und Flecken von diversen Getränken liefern jedoch Hinweise. So scheint es sich um einen Schriftsteller mit einer agilen, um nicht zu sagen fragilen Psyche zu handeln, leicht animiert durch Alkohol und Luftlöcher. An mehreren Stellen hat er seinen Gedankengang unterbrochen, als fühle er sich gehetzt oder habe wenig Zeit. (Der Verdacht liegt nah, dass er Russland Hals über Kopf verlassen hat.) Diese Passagen sowie gewisse Abschnitte, die sich trotz wiederholter Versuche nicht entziffern ließen, sind durch Punkte gekennzeichnet worden. Die einzige Freiheit, die sich der Herausgeber darüber hinaus gestattet hat, besteht darin, den Brief mit einem Adressaten zu versehen, weil dem Original, ähnlich wie so vielem anderen in dieser Welt, ein solcher fehlt.

Unbekannter Freund,

ich verlasse Russland unverrichteter Dinge, mit kalten Füßen und dem Herz in der Hose. Anfangs schien der Auftrag so einfach: Schärfe deine Aufmerksamkeit, beobachte, was du siehst, dokumentiere die Risse in der Wirklichkeit. Kann es für einen Schriftsteller etwas Leichteres geben? Aber mit jedem Tag wurde meine Anwesenheit peinlicher. Abschweifungen, Schnitzer, üble Streiche und Versäumnisse... Am Ende blieb mir keine andere Wahl: entweder St. Petersburg oder ich.

Dabei fing alles so gut an! Auf dem Flug von Berlin über Helsinki, mehrere Stunden verspätet, saß ich neben zwei gutgekleideten Männern mit einigen Kilo Rolex an den Handgelenken. Wie sich herausstellte, machten sie *bizniz* und hatten soeben einen Vertrag mit finnischen Kollegen geschlossen. In null Komma nichts kamen wir ins Gespräch. Von den Geschichten, die wir austauschten, erinnere ich mich nur an ihr nachdenkliches Nicken, als ich die von dem Frosch erzählte. Wenn man einen Frosch in ein Gefäß mit heißem Wasser setzt, hüpft er, schockiert über die neue Umgebung, sofort wieder heraus. Platziert man ihn hingegen in einem Gefäß mit kaltem Wasser und erhöht anschließend die Temperatur, bleibt er sitzen. Da liegt er nun und genießt das Dasein, flötet, wäscht sich – und kocht langsam zu Tode. »Gewalt«, sagte mein einer Nachbar, »ist die sicherste Art der Wirklichkeit, einen davon zu überzeugen, dass es sie gibt.« Der andere zog nachdenklich mit seinem Siegelring über die Fensterscheibe.

Ob meine Nachbarn ein wenig osteuropäische Weisheit vermitteln wollten? Mir einen Wink zu geben versuchten, was mich erwartete? Eins war sicher: Ich befand mich in gebildeter Gesellschaft. Denn als ich erzählte, was ich mache, ein wenig widerwillig, muss ich gestehen, weil ich an

Migräne litt, füllten sie die Gläser auf und gingen dazu über, die literarische Größe des Wodka-Gürtels zu diskutieren. Der Mann zu meiner Linken meinte, Gogol habe die »Seele des Schnapses« wie kein anderer vor oder nach ihm eingefangen, der zu meiner Rechten, Stephen King mache ihm den Rang streitig. Schließlich einigten sie sich darauf, dass Dostojewskij die Nummer eins sei, dicht gefolgt von Puschkin und Alla Pugatschowa. Worauf wir ausführlich auf jede einzelne der Spitzenpositionen, inklusive des Frosches, anstießen. Wie du vielleicht verstehen wirst, war mein Kopf nicht mehr besonders zuverlässig, als wir gegen Abend landeten.

Vor der Ankunftshalle wartete ein vorbestelltes Privattaxi mit laufendem Motor, ein unwahrscheinlich schmutziger VW-Bus, dessen einzelne Teile pausenlos untereinander die Plätze zu tauschen schienen. Der Fahrer trug einen Tarnanzug und gab Vollgas, sobald ich die Schiebetür zugezogen hatte. Mit quietschenden Reifen fuhren wir in einer Wolke aus Staub und Fichtennadeln los. Die reinsten Comicmanieren. Ich tat mein Bestes, um nach Verfolgern Ausschau zu halten (was sich nebenbei bemerkt nicht ganz leicht gestaltete, weil der Mann beschlossen hatte, sämtliche Schlaglöcher zu testen und außerdem jede Kurve auf zwei Rädern zu nehmen). Erst als wir das Hotel erreichten, konnte ich deshalb konstatieren, dass die Luft rein war und wir uns tatsächlich in St. Petersburg befanden. Nun war es zu spät, die Umgebung zu genießen. Es war Abend geworden und alles in ein Zwielicht getaucht, das so schwer beurteilbar war wie die Sünde. Neben dem Hotel, das wohlhabend im Herbstnebel glitzerte, war nur die Kuppel der St.-Isaak-Kathedrale zu erkennen, erhellt von schmutzig gelben Scheinwerfern. Weitergehendes Sightseeing musste auf den nächsten Tag

verschoben werden. Endlich war ich mit meinen Kopfschmerzen allein.

....

Nur wenige Dinge stellen einen Menschen so vollständig
wieder her, zumindest in den eigenen Augen, wie zehn
Stunden ungestörten Schlafs. Wenn einer solchen Wunder wirkenden Nacht dann noch eine warme Dusche
unter einem weichen, breiten Strahl, zentimeterdicke
Frotteehandtücher und ein Frühstückbüfett folgen, das
von schwarzem Kaffee und frischem Tomatensaft bis zu
pochierten Eiern und eingelegtem Hering alles enthält, ist
das Glück natürlich vollkommen. Als ich am Morgen auf
die Straße hinaustrat, waren meine Kopfschmerzen vom
Vortag wie weggeblasen. Der Schädel gehörte nicht mehr
einer fremden Macht, die meine Gedanken mit kaum ver-
hohlenem Entsetzen beherbergte. Ich war bereit, mich
ganz meinem Auftrag zu widmen – mit Herz, Seele und
Rückgrat. Das schwache, fast kleingläubige Morgenlicht
mit Spritzern von Smog erweckte die letzten, noch
schlummernden Sinne zum Leben. Man schien mir meine
gute Laune anzusehen, denn der Sicherheitsposten mit
dem Stöpsel aus Plastik im Ohr drehte leicht seinen stei-
fen Nacken, eher Baumstamm als Muskel, und nickte mir
zu. Aber vielleicht war es auch nur ein bedingter Reflex:
Möglicherweise hatte er den Gast längst gemustert und
tat mich jetzt als ungefährlich ab. Verblüfft über alles, was
mir am Vorabend nicht aufgefallen war – Posten, Park,
Parkplatz –, blieb ich stehen und sog die feuchte Luft von
der Newa ein paar Häuserblocks entfernt ein. Dann ließ
ich den Blick an den Bäumen vorbei zum Verkehr auf dem
Woznesenski-Prospekt schweifen. Wusstest du, dass man
vor einem Jahrhundert ein Ohr und einen Finger in einer

der Linden fand? Vladimir Nabokov erzählt von dem Zwischenfall in seiner Autobiographie, *Erinnerung, sprich*. Die Körperteile sollen einem ungelenken Terroristen gehört haben, der eine Bombe in einem Zimmer zusammenschraubte, das er bei einer Witwe neben dem Park gemietet hatte: »Die gleichen Bäume hatten auch erlebt, wie Kinder aufs Geratewohl von ihren Ästen geschossen wurden, auf die sie in dem vergeblichen Versuch geklettert waren, den berittenen Gendarmen zu entgehen, welche die erste Revolution (1905/06) niederschlugen.« Vielleicht hätte ich die Zeichen der Zeit erkennen müssen, aber ich kann dir versichern: Wie lebhaft meine Phantasie auch sein mag, das Einzige, was ich in den Bäumen auf der anderen Straßenseite entdecken konnte, waren fünf fette Krähen.

Ihr grobkörniges Krächzen in den Ohren, ging ich unter den Linden hindurch und spazierte zu dem Gebäude aus rosa Granit, das ich während der Nacht in einem verlorengegangenen Traum besucht hatte. Ich bin nie zuvor in St. Petersburg gewesen, weshalb ich mich darauf freute, die Blaupause des Nachtlebens gegen die Böden, Wände und das Dach des wachen Daseins einzutauschen. Ich war im Astoria einquartiert worden, und als ich mir den kleinen Stadtplan anschaute, den es in der Mappe auf meinem Zimmer gab, entdeckte ich, dass das Hotel nur etwa zweihundert Meter von der früheren Residenz der Familie Nabokov entfernt lag. Mit einer schwarzen Sonnenbrille und dem Trenchcoat, den du mir einmal geschenkt hast, den Hut in die Stirn gedrückt und die Kamera um den Hals, hatte ich das Gefühl, ein Reporter der alten Schule zu sein, auf geheimer Mission in der Wirklichkeit. Mister Observer, zu ihren Diensten! Während ich die Morskaja hinabging, vorbei an den Gebäuden, die früher die deutsche

und die italienische Botschaft beherbergten (Nr. 41 und
43), sowie dem Haus des Prinzen Oginskij (Nr. 45), in
denen heute jedoch Banken, Versicherungsgesellschaften
und multinationale Unternehmen residieren, lebte ich
mich in die Rolle ein und begann, wie ein ausgekochter
Schnüffler, meine Schritte zu zählen. Hiermit kann ich berichten, dass die Strecke zwischen heute und gestern, oder
zumindest zwischen 2000 und 1900, genau 541 Fuß-
schritte lang ist.

Es wunderte mich ein wenig, dass Morskaja 47 immer
noch so aussah wie auf dem Schwarzweißfoto in *Erinnerung, sprich*, »1955 von einem gefälligen amerikanischen
Touristen gemacht«. Vielleicht hatte ich nicht erwartet,
dass der Granit von so sattem Rosa sein würde. Die Fassade scheint tatsächlich von einer beharrlichen, jedoch
kurzsichtigen Jungfer gepudert worden zu sein. Die Fres-
ken und die italienischen Ornamente sind geblieben,
ebenso der Erker im ersten Stock, der dem Achterdeck
einer portugiesischen Fregatte ähnelt, die gusseisernen
Verzierungen auf dem Dach und die schmalen, fast grazilen Regenrinnen, die das Haus zu beiden Seiten flankie-
ren. (Ein unerwarteter Gedanke: Durch diese Rohre sind
hundert Jahre Regen geflossen.) Sogar das zweite Stockwerk, das 1901 entstand, als die Familie größer wurde und
mehr Platz für sich und ihre Angestellten benötigte, lässt
sich ohne weiteres durch die Verschiebungen im Farbton,
in der Beschaffenheit des Steins von den anderen unterscheiden.

··

Ich muss gestehen, die Rolle eines Beobachters, einer le-
bendigen Kamera mit dem Zufall als Auslöser, fing an, mir
zu gefallen. War es nicht Talbot, der den Fotoapparat ein-

mal »*the pencil of nature*« genannt hat? So fühlte ich mich: bereit, noch die kleinste Erschütterung in der Wahrnehmung zu registrieren, dem Verlauf der Zeit zu folgen und ihre Konturen zu zeichnen. Ist ein Stück Literatur – ob nun Lied oder Anekdote, Farce oder Fabel – vielleicht nichts anderes als eine Inkarnation der Zeit? Kann sie uns deshalb dieses schwindelerregende Gefühl von Leere, aber auch von Müdigkeit, Glück und Trauer schenken? Als wäre sie, was immer nur gewesen sein kann.

....

Wusstest du übrigens, dass ich an dem Tag Gefallen an Nabokov fand, als ich entdeckte, dass er eine Schwäche für Bleistifte hatte – »diesen aufgeklärten Nachfahren des Zeigefingers«, wie es in *Einladung zur Enthauptung* heißt? Ich persönlich habe immer sein schlankes Äußeres, sein prosaisches Inneres gemocht. Manchmal ist nicht mehr nötig als ein unerwartetes Faible, um sich für das Werk eines anderen Schriftstellers zu interessieren. Neigungen sind doch interessanter als Prinzipien, nicht? (Zumindest sind sie zuverlässiger: Ein Politiker, der behauptet, hehren Idealen zu folgen, wird selten den Erwartungen gerecht, während man ohne weiteres seine letzten Groschen auf einen Ganoven setzen kann, dessen Schwächen allseits bekannt sind.) Ich begann, systematischer zu lesen, und entdeckte mit der Zeit, dass praktisch alle Bücher Nabokovs Szenen enthalten, in denen Bleistifte eine Rolle spielen, versteckt, aber selbstverständlich – als wären sie der Welt außerhalb der Buchdeckel entliehen worden. Vielleicht, um den eigentümlichen Pakt zwischen zwei Arten von Wirklichkeit, Kunst und Leben, zu beschreiben? Die Autobiographie bildet da keine Ausnahme. Also hatte ich den einen oder anderen Schmetterling im Bauch,

als ich durch die Tür des Hauses trat, in dem Vladimir Vla-
dimirovitj an einem Apriltag des Jahre 1899 geboren
wurde, die Treppen hinaufstieg und das Vestibül zu dem
betrat, was seit ein paar Jahren ein Museum ist. Denn
»wenn ich aus der Schule zurückkam, war unser *schwejzar*
(Türwächter) in einer Nische unter der Marmortreppe damit beschäftigt, Bleistifte anzuspitzen. Zu diesem Zweck
benutzte er ein sperriges altmodisches Gerät mit einem
surrenden Rad, dessen Griff er mit der einen Hand schnell
drehte, während er mit der anderen einen Stift hielt, der
in einer Seitenöffnung steckte«.

Leider muss ich mitteilen, die methodische Musik von
Stiften, die gespitzt werden, war an diesem Vormittag
nicht zu vernehmen. Stattdessen hustete eine Dame um
die sechzig laut und erbärmlich hinter einem Schreibtisch
gleich neben der Treppe. Vermutlich hatte sie sich eine
Herbsterkältung eingefangen, die sie zu kurieren suchte,
indem sie Pelzmütze und Schal anbehielt (erstere schwarz
wie Ruß, letzterer gelb wie Eiter). An die Lippen presste
sie, scheinbar in Gedanken verloren, einen stumpfen Stift.
Doch das Instrument hatte seine Rolle als gebildeter Erbe
des Zeigefingers ausgespielt und war auch kein Thermometer. Die Frau war schlichtweg in dem vor ihr liegenden
Kreuzworträtsel steckengeblieben. Nach einer Weile rückte
sie die Mütze zurecht, blickte von den Buchstaben auf, die
in den engen Kästchen keinen Platz finden wollten, und
sagte etwas, das ich beim besten Willen nicht verstehen
konnte. Auf dem Tisch lagen Broschüren, Ansichtskarten
und kleine Ikonen aus Plastik. Ein mir unbekannter Sla-
wist hatte eine dünne Studie über Nabokovs Rolle in der
russischen Literaturgeschichte geschrieben, vervielfältigt
mit Hilfe eines Umdruckers, und auf diese legte die Frau
nun ihre linke Hand, als sie begriff, dass ich kein Russisch

sprach. Langsam erhob sie sich von ihrem Stuhl, streckte die rechte Hand aus und wiederholte ihre Worte – diesmal langsamer und deutlicher, so wie man mit einem Kind in der Trotzphase spricht.

Auch wenn ihre Worte ebenso unverständlich blieben wie zuvor, ließ sich doch unschwer erkennen, das Museum war wegen Renovierung geschlossen. Überall hingen Plastikabdeckungen, in einer Ecke lehnten Spaten und Schrubber an der Wand, und zu Füßen der Frau lagen ein paar kompakte Zementsäcke. Ich versuchte dieser erkälteten Wächterin des Nichts zu erklären, dass ich nicht gekommen war, um mir die Sammlung anzusehen – die, wie ich später erfahren sollte, aus einigen Bleistiftstummeln (3B, mit schäbigen Hauben aus Radiergummi), Fotos und Büchern aus der früheren Bibliothek der Familie, Gemälden, die an den Wänden gehangen hatten, als das Haus 1918 konfisziert wurde, einem Kneifer sowie mehreren Kästen mit liebevoll präparierten Schmetterlingen bestand, das meiste eine Schenkung des Sohns Dmitri. Auch war ich keinem senilen *genius loci* auf der Spur. Die Wahrheit ist wesentlich trivialer: Ich war schlichtweg neugierig auf die Größe des Hauses. Selbst die detaillierteste Beschreibung der Interieurs lässt einen Leser die Räume in einem Buch doch nicht abschreiten und ihn erst recht nicht erleben, wie das Licht durch ungeputzte Fenster fällt und Leben in Schatten jagt.

In umständlicher Zeichensprache erklärte ich, dass ich gerne Eintritt bezahlte, nötigenfalls doppelten, wenn ich nur die leeren Räume besichtigen dürfe. Die Frau zuckte mit den Schultern, als hätte sie meine Gedanken gelesen – oder sie war der Meinung, dass ich selber schuld war, wenn ich so achtlos mit meinen Einkünften, alternativ mit dem spröden Verhältnis zwischen Fakten und Fiktion umging.

Die Rubelscheine, die ich ihr hinhielt, wurden mit einer improvisierten Eintrittskarte quittiert: Zuhinterst in ihrem Rätselheft fand die Frau eine leere Seite, die sie herausriss und mit dem Datum des Tages, dem Eintrittspreis und einer Unterschrift versah. Ich kann mir kaum vorstellen, dass sie wusste, dass die durch das Museum geehrte Person tatsächlich das Wort der russischen Emigranten für »Kreuzworträtsel«, *krestoslovitsa*, geprägt hatte, aber vielleicht unterschätze ich ihre Kompetenz. (Aus sowjetischen Lexika war der Begriff verbannt: dort versuchte man seine beschämende – sprich: religiöse – Etymologie dadurch zu verbergen, dass man *krossvord* einführte, eine Vokabel, die in meinen ignoranten Ohren eher nach Afrikaans klingt.) Jedenfalls war die Hüterin die Rätselhaftigkeit selbst, als sie mit einer raffinierten Geste den größten der Plastikvorhänge zur Seite schlug, die Tür dahinter öffnete und mit einem Finger, dramatisch zitternd, in den leeren Salon zeigte.

Es war, als beträten wir ein leergeräumtes Gedächtnis. In einem Nebenraum voller Gerümpel standen zwei Böcke, auf denen eine Tür lag. Der Schreiner musste seine Arbeit abrupt unterbrochen haben, denn nur die halbe Tür war abgeschliffen worden. Der Rest war noch von einer giftgrünen Farbschicht bedeckt, voller Flecken von etwas, das nach Kaffee aussah, aber ebenso gut Spül- oder Abflusswasser sein mochte. Neben einem Türpfosten stand ein Sack, aus dem abgebrochene Leisten mit Nägeln aufragten. Von der Decke hingen Leitungen herab wie ratlose Kursivschrift, während der Salon von einem ramponierten Kronleuchter (kleineres Modell) geziert wurde. Dort hatte man zudem zwiebelförmige Armaturen an die Wände montiert, aber nur ein paar von ihnen waren mit Glühbirnen ausgestattet worden, die ein wenig willkürlich und, wie mir schien, ohne größere Überzeugung leuchteten. In einer Ecke stand eine stoische Kommode, mit Plastikfolie abgedeckt; vermutlich war sie zu schwer, um weggetragen zu werden. Außerdem hatte man Abdeckfolie aufgehängt, um die elegante Wandtäfelung aus lackiertem Walnussholz zu schützen. Der Fußboden war mit Sägespänen und vereinzelten Zigarettenkippen übersät. Da und dort lagen gelb gewordene Blätter, die durch eines der zerschlagenen Fenster hereingeweht sein mussten wie Vorboten eines nahenden Winters. Dennoch war der Gesamteindruck nicht uninteressant: Man hatte das Gefühl, sich in einem unvollendeten Kreuzworträtsel zu befinden.

....

Es war wohl Benjamin, der meinte, das Gedächtnis bilde kein Instrument zur Untersuchung des Vergangenen, sondern im Gegenteil seinen Schauplatz? Wenn das stimmt, sinnierte ich, während mein Blick durch die Räumlichkeiten schweifte, ist jede Erinnerung eine Vivisektion der Vergangenheit. Die Ähnlichkeiten zum Umgang eines Schriftstellers mit Worten schienen mir auf der Hand zu liegen. Denn befand ich mich nicht in einer 3-D-Version davon? Plötzlich hatte ich das Gefühl, den Raum betreten zu haben, in dem die Literatur ihre Fassung der Wirklichkeit konstruiert. (Sollte ein Text etwas anderes sein als zu gleichen Teilen Müllhaufen und Werkstatt, wenn die Böden, Wände und Decken an Ort und Stelle gebracht sind, aber bevor die Leitungen gezogen wurden und die Feinarbeiten begonnen haben?)

....

Von Nabokov heißt es, er sei ein »kalter« Schriftsteller. Mit raffinierter Ruhe und bezaubernder Beherrschung schrieb

er seine Texte auf Karteikarten, die er Fassaden und Verschanzungen, Flügel, Speicherzimmer und Kellerräume
bilden ließ. Szenen wurden in- und auseinandergescho-
ben, die Tableaus wie Bilder einer Ausstellung aneinander-
gereiht. Heraufbeschworen wird das Bild eines Schriftstellers, der seine Personen wie Figuren in ausgeklügelten Pro-
blemfällen behandelt, bisweilen mit dem Ziel, den naiven
Leser Schach zu setzen – eine Auffassung, der Nabokov
nicht gerade den Boden unter den Füßen wegzog, als er
aufdringliche Interviewfragen mit den Worten beantwor-
tete, er ziehe es vor, »Rätsel mit eleganten Lösungen zu
komponieren«, nur zum Vergnügen und um der Schwierigkeiten des Schreibens willen. In dieser Haltung erkennt
man die Züge eines begnadeten Manipulators, dem es
trotz seines ausgeprägten Sinns für Details, trotz seines
magischen Stils und seiner luftigen Prosa nicht gelingt,
den Leser zu berühren. Das Sinnbild ist natürlich das Gehirn, dieser ungekrönte König der Schachbretter und
Kreuzworträtsel. Und tatsächlich verweist Nabokov in einer seiner Vorlesungen darauf, dass »das Bewusstsein, das
Gehirn, der Gipfel auf dem schwankenden Rückgrat das
einzige Instrument ist, oder sein sollte, das wir benutzen,
wenn wir lesen«.

Dennoch fällt es mir schwer zu glauben, dass dies die
ganze Wahrheit sein soll. Es ist eine Sache, dem Leser
Schach zu bieten, eine andere, ihn mattzusetzen. Warum
sollte die Literatur dem Puls des Lebens weniger treu sein,
nur weil der Schriftsteller sie mit den gleichen Ansprü-
chen an Präzision konstruiert wie der Uhrmacher sein
Uhrwerk? Mir fiel die Anekdote wieder ein, die ich meinen Flugzeugnachbarn erzählt hatte. War die Literatur,
die sofort die Temperatur hochfährt, um den Leser mattzusetzen, etwas anderes als zeittypischer Avantgardismus?

Hat der Schock an sich schon einen Wert – eine tiefere Schicht in der Erfahrung, ein erweitertes Wissen? Literatur, die nur langsam die Temperatur erhöht, macht etwas anderes. Sie ist listig genug, dem Publikum so viel Bedenkzeit zu gewähren, dass es Zeit genug hat, die eigene Sterblichkeit zu bedenken. Natürlich hat eine solche Darstellungskunst nicht die Absicht zu morden, aber wenn die Leser sich ihrer Endlichkeit bewusst werden, ist einiges gewonnen. Deshalb sind ihre Strategien gerne indirekter Art. Sie versetzt mich in einen Zustand – von Sicherheit oder Freude, Verstimmung oder Zuversicht (das variiert) –, den sie langsam unterminiert. Ich lese und werde in meinen Vorstellungen bestärkt, während sie gleichzeitig ihr Spiel im Verborgenen treibt. Plötzlich stehe ich dann vor dem Unabweisbaren: Ich bin es nicht mehr, der das Werk liest, sondern das Werk liest mich. Was ich dann erlebe, kann Glück oder Bestürzung, Traum oder Trauma sein, eins bleibt jedoch gleich: Ich erhalte immer einen Beweis dafür, dass ich lebe.

Nabokovs Untersuchung der Bedingungen unseres Daseins, sein Erfindungsreichtum und seine Spiele mit der Fiktion wollten den Leser oftmals dazu bringen, sich auf diese Art lebendig zu fühlen. Ein Körper besteht ja nicht nur aus der Wirbelsäule. Er hat Muskeln, Nerven und Fettgewebe, Haut, Haare und Schleimhäute – all diese weiche Ware, die vergänglich und deshalb so von Pathos und Ideologie umgeben, so verwirrend wie begehrlich ist. Nur ein solcher Körper kann das seltsame Schaudern längs des Rückgrats erfahren, so erschreckend wie entzückend, das unser sicherstes Zeichen dafür ist, dass uns der Text, den wir lesen, berührt.

....

In diese Gedanken versunken, schlenderte ich umher, als ich plötzlich das vertraute Geräusch – klick, klicketi-tapp – eines Menschen hörte, der auf einer Tastatur schrieb. Durch die Tür zu einem der Räume, die zur Straße hin lagen, sah ich eine Frau vor einem riesigen Computer sitzen, der einer Raumstation von anno dazumal Ehre gemacht hätte. Es zeigte sich, dass sie Englisch sprach und mich gerne herumführte, auch in den beiden oberen Etagen, zu denen die Öffentlichkeit keinen Zutritt hat. Wenn ich sie recht verstanden habe, hat dort eine Zeitungsredaktion noch ihre Räume; zumindest bat sie mich, möglichst leise zu sein, als sie mit an die Lippen gedrücktem Zeigefinger die Treppe hinaufging. Vorsichtig öffneten wir die Tür zur ersten Etage, die noch in einem guten Zustand war. Nachdem wir mit einem Redakteur gesprochen hatten, wurde uns erlaubt, das östliche Eckzimmer zu besichtigen, das ursprünglich das Gemach der Mutter gewesen war, und wo der älteste Sohn geboren wurde. Hinter einem überladenen Schreibtisch, auf dem zwei Papierkörbe standen, der eine aus Metall, der andere aus Bast, sah man den offenen Kamin – ein prachtvolles Stück aus geschnitztem Holz, der an eine umfunktionierte Wanduhr erinnerte. Das zweite Stockwerk war dagegen in einem erbärmlichen Zustand. Dort hatten siebzig Jahre sowjetischer Nutzung die ursprüngliche Raumaufteilung unkenntlich gemacht. Stapel rissiger Linoleumplatten, schlanke Umkleideschränke aus Metall, tropfende Wasserhähne, unglaublich schmutzige Böden und verwinkelte Korridore zwischen Wänden, so dünn wie Pappe: Aus dem Obergeschoss war ein heruntergekommenes Bürolabyrinth geworden, dessen innerstes Gemach, Vladimirs früheres Schlafzimmer, sich unmöglich lokalisieren ließ. Meine Führerin bezweifelte sogar, dass es noch existierte. War es mit dem *Apparatschik* verschwunden, der es einmal als Verhörraum benutzt hatte?

Das hellblaue Treppenhaus, in das wir uns zurückzogen, war jedoch noch intakt, tapeziert mit Teilen eines Himmels, wie man ihn nur auf St. Petersburgs Breitengraden findet. Sogar die beiden Fenster mit Glasmalereien waren erhalten geblieben, diese Kunstwerke aus Licht und Bewegung, die laut Autobiographie »die geistige Grazie eines russischen Haushalts mit den edelsten europäischen Kulturschätzen« verbanden. Sie erinnerten mich an aristokratische Cousinen jener Illustrationen, die in Kreuzworträtseln vorkommen – du weißt schon: die Bilder, aus denen der Leser einen mehr oder weniger nichtssagenden Satz ableiten soll, der aufgeschrieben und eingesendet werden muss. Neugierig fragte ich meine kurzzeitige Beatrice, welchen Rebus die Fenster wohl darstellten. Sie schüttelte nur den Kopf. Dass das intrikate Muster aus Weinranken und Spalieren, Blumensträußen und Girlanden eine verborgene Mitteilung enthalten könnte, war ihr noch nie in den Sinn gekommen. Verlegen blieben wir einen Moment auf dem obersten Treppenabsatz stehen, scharrten mit den Füßen und beobachteten, wie das Morgenlicht in den flachen Glasscheiben eingefangen wurde, reifte und sich zur schweren, gelben Farbe eines Bleistifts verdunkelte.

....

Nachdem ich das Museum verlassen hatte, während die Wächterin unten im Flur ihr mitgebrachtes Mittagessen auf dem aufgeschlagenen Rätselheft ausbreitete und mir zum Abschied mit einer kleinen Gabel in der Hand zuwinkte, spazierte ich zur Kunstkammer auf der anderen Seite der Newa. Man hatte mir erzählt, das berühmte Kuriositätenkabinett der Zaren beherberge eine eigenartige

Sammlung von Missgeburten. Wie du dir denken kannst, war ich interessiert, sie mit eigenen Augen zu sehen. Leider kann ich nicht behaupten, dass sich mir ein aufmunternder Anblick bot. In dezent beleuchteten Tableaus, liebevoll arrangiert aus versiegelten Glasbehältern, die auf samtverkleideten Piedestalen ruhten, schwebten tot geborene Wesen in der ewigen Schwerelosigkeit der Alkohollösung. So gab es eine Reihe von Köpfen ohne Körper; einen kleinen Jungen mit der doppelten Zahl von Extremitäten und einer kurzsichtig gegen das Glas gepressten Nase; einen Schädel, der abrupt über den Augenbrauen endete, noch immer mit einem überraschten Lächeln auf den dünnen Lippen; krumme Beine, die in Händen statt Füßen endeten ... Die Posen erinnerten an jene, die verlorene Seelen auf Altarbildern einnehmen, flehend oder niedergeschlagen, frech oder bestürzt – Visionen eines Limbus außerhalb der menschlichen Zeitrechnung, existenzielle Variablen im Alphabet der Verdammnis.

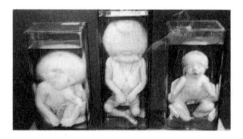

Besonders ein buddhaähnliches Wesen fiel mir ins Auge. Es machte einen ruhigen, abgeklärten Eindruck, wie es da in seinem Gefäß in halb sitzender Stellung verharrte und mit schmächtigen Fingern sein Geschlecht schützte. Der Körper war kräftig wie der eines kleinen Boxers, gelenkig und wohlproportioniert – das heißt, bis auf den Kopf, der doppelt so groß war, wie er sein sollte, einem aufgedunsenen Apfel glich und zwei vollentwickelte Gesichter hatte. Oder waren es drei? Ein Augenpaar war zusammengeglitten und bildete ein drittes Antlitz in der Mitte, zwischen Haaransatz und Kinnspitze, mit einer runden Wange, wo eigentlich Nase und Mund sitzen sollten. Die wächserne Haut war so gelb, wie nur Zeitlosigkeit sein kann. Allmählich dämmerte mir, dies musste die Grenze aller Einfühlungskunst sein. Verläuft die Trennlinie nicht genau dort: entlang der dünnen Schale des Kraniums? Zu einem Bewusstsein meiner selbst erschreckt, halb blind, halb entsetzt, verließ ich die Kunstkammer mit unruhigem Herzen.

....

Zuflucht fand ich in einem Café. Dort trank ich ein Glas Tee, aß ein paar Pirogen und blätterte in einer Lokalzeitung. Nur die Comics waren einigermaßen verständlich (etwas über die Liebe in den Zeiten von Atom-U-Booten). Auf Abkürzungen, die zu Umwegen wurden, kehrte ich anschließend ins Hotel zurück. Es war Nachmittag geworden, und ich wollte mich vor dem Abend ein wenig ausruhen. Ich zog die schweren Vorhänge zu und schaltete den Ton des Fernsehgeräts aus. Anschließend legte ich mich aufs Bett und blätterte in Conrads *Herz der Finsternis*, das ich als Reiselektüre eingepackt hatte. Die Eindrücke des Tages ließen gewisse Szenen holzstichartig hervortreten. Wie etwa diese zu Beginn des Buchs: Marlow erzählt, wie er seinen Auftraggeber besucht, um einige Papiere zu unterzeichnen. Als er das Kontor betritt, trifft er auf zwei strickende Frauen – nachgeborene Verwandte, scheint es, der mythologischen Grazien – und bemerkt »eine große Karte an der Kopfwand, in allen Farben des Regenbogens leuchtend«. Conrad verweilt lange bei dieser platten, abstrahierten Welt – als stünde mehr auf dem Spiel als eine ungeschminkte Wiedergabe der Ausbeutung eines unbekannten Kontinents durch den weißen Mann: »Eine Menge Rot war darauf – was immer ein erfreulicher Anblick ist, weil man weiß, dass hier wirklich etwas geleistet wird, verteufelt viel Blau, ein wenig Grün, Orangenkleckse, und an der Ostküste ein purpurner Fleck, um anzuzeigen, wo die lustigen Pioniere des Fortschritts ihr lustiges Lagerbier trinken. Allein, ich war zu keinem von diesen unterwegs. Ich ging in den gelben Fleck. Direkt ins Herz.«

Nachdem er den Vertrag unterzeichnet hat, wird Marlow gebeten, den Betriebsarzt aufzusuchen. Man versichert ihm, es handele sich nur um eine Formalität, der sich sämtliche Angestellte unterwerfen müssten: »Der alte Arzt nahm meinen Puls. ›Gut, gut für dort unten‹, murmelte er, und dann fragte er mit einem gewissen Eifer, ob ich ihn meinen Kopf vermessen lassen würde. Ein wenig erstaunt sagte ich Ja, woraufhin er ein Ding hervorholte, das aussah wie ein Tastzirkel und die Ausdehnung vorne und hinten und in jeder Richtung maß, wobei er sich sorgfältig Notizen machte. […] ›Im Interesse der Wissenschaft bitte ich immer um Erlaubnis, die Kranien all jener zu vermessen, die dort hinausgehen‹, sagte er. ›Auch wenn sie zurückkommen?‹ fragte ich. ›Oh nein, dann bekomme ich sie nie zu sehen‹, antwortete er. ›Und im Übrigen finden die Veränderungen im Inneren statt.‹«

Da hast du ihn: den Unterschied, auf den es ankommt, so dünn wie Schädelknochen. Meistens heißt es, die Aufgabe der Literatur bestehe darin, die inneren Veränderungen zugänglich zu machen, die Seele in Zeichen zu übersetzen. Aber Conrad scheint auf eine unheimlichere Möglichkeit hinauszuwollen: »Das Seemannsgarn ist von einer direkten Einfalt, deren ganzer Sinn im Inneren der Schalen einer geknackten Nuss Platz findet. Aber Marlow war nicht typisch (wenn man von seiner Neigung, ein Garn zu spinnen, absieht), und für ihn war der Sinn einer Begebenheit nicht im Inneren zu finden, wie ein Kern, sondern außen, die Geschichte umschließend, die ihn hervorgebracht hat, so wie ein Lichtschein den Nebel erst sichtbar macht, ähnlich einem dieser dunstigen Höfe, die mitunter durch das gespenstische Licht des Mondscheins entstehen.« Ist das die Darstellungsweise der »kalten« Literatur, dachte ich mit einem mulmigen Gefühl – eine von innen nach außen gekehrte Einfühlungskunst? Liegt es folglich daran, dass sie so häufig in Tableaus erzählt, die zuweilen so platt sind wie die Bildkästchen von Comics? Obwohl alles auf einer Ebene geschieht, stammen die Elemente aus unterschiedlichen Zeiten. Eine Gleichzeitigkeit entsteht, ähnlich jener im Gedächtnis, aber im Äußeren. Sollte die Faszination, die man angesichts solcher Bilder empfinden mag, sich dem Umstand verdanken, dass man sie sich unmöglich aneignen kann, dass sie von Distanz und Fremdheit geprägt bleiben? Ist es *dies*, was einem das Gefühl gibt, selbst »gesehen«, »gelesen« und vielleicht, nun ja, auch das, kompromittiert zu werden?

....

Einige Stunden später wachte ich auf, zog die Vorhänge zur Seite und schaltete den Fernsehton wieder an. Später Nachmittag, Gangstarap. Anschließend folgte das übliche Ritual: rasieren, Zähne putzen und mit dem Kamm durchs Haar, ein sauberes Hemd, Zigaretten, Brieftasche und Ausweispapiere. Nachdem ich die Schuhe mit einem der Frotteehandtücher geputzt hatte, nahm ich den Aufzug hinunter in die Hotellobby.

Kaum waren die Metalltüren aufgeglitten, als ich auch schon begriff, die Welt, die ich zwei Stunden zuvor verlassen hatte, war nicht mehr die Gleiche. Ich mochte nach meinem Schlaf noch etwas groggy sein, aber in der Lobby schienen sich Gäste und Personal wie in Trance zu bewegen. Niemand sagte ein Wort, oder man flüsterte unverständlich hinter vorgehaltenen Händen. Erst glaubte ich, der Fehler liege bei mir. Dann aber fiel mir eine ältere Dame auf, die in einem Rokokostuhl saß, frenetisch mit einer Broschüre fächelnd, und die aufgerissenen Augen mir zugewandt verdrehte. Die sonst so kühle Frau an der Rezeption schraubte die Kappe ihres Füllers nervös auf und zu und wich meinem Blick aus. Eine schwedische Reisegruppe lief rastlos zwischen Sitzecke und Fenster hin und her wie Kinder am ersten Schultag. Verwundert ging ich zum Ausgang. Doch ich war noch nicht sonderlich weit gekommen, als der Sicherheitsposten mir auch schon den Weg versperrte. Es war deutlich erkennbar, dass er nicht vorhatte, mir zu gestatten, das Hotel zu verlassen. Er hatte diesen gleichzeitig entschlossenen und abwesenden Blick, den Menschen seiner Sorte bekommen, wenn sie beabsichtigen, nach Vorschrift zu handeln, komme, was da wolle. Dann aber schien ihm jemand über den Ohrstöpsel Anweisungen zu geben. Hastig wandte er den Blick ab und presste die Handfläche ans Ohr. Daraufhin wandte er sich mir wieder zu, warf den Kopf in den Nacken und nickte stumm in Richtung Hinterausgang. Die Adern auf seiner Stirn waren geschwollen, Schweiß glitzerte im millimeterkurzen Haar. Er rückte seinen Krawattenknoten gerade, nickte noch mal und streckte mir die Hände mit gespreizten Fingern entgegen. Und exakt in diesem Augenblick sah ich sie, durch seine Finger hindurch: die beiden leblosen Körper auf der Straße, wie Löffel gegeneinander gewendet, vor einem nachlässig geparkten Range Rover liegend, in dem ein Mann über dem Steuer lag.

Es lässt sich nicht leugnen: Die Szene hatte theatralischen Charakter. In der folgenden halben Stunde stand ich wie die übrigen Hotelgäste, die Nase ans Fenster gepresst, da und verfolgte die Arbeit der Polizeibeamten in Zivil. Zuerst versperrten sie Passanten den Weg, dann sicherten sie den Tatort und breiteten Hotellaken über die Toten. Es handelte sich um einen Mann und eine Frau, zwischen 35 und 40 Jahre alt. Beide lagen auf der Seite, einander mitfühlend zugewandt wie Liebende auf einem Bett. Ein paar höhere Beamte trafen ein, erteilten knappe Befehle und fuhren wieder davon. Mit einem Kugelschreiber inspizierte ein Mann die Einschusslöcher in den Fenstern des Hotels, wobei er unablässig in ein Handy sprach. Schließlich traten zwei Personen in weißen Kitteln und mit kondomhaften Handschuhen auf und begannen die Körper systematisch zu untersuchen. Aus ihren Taschen zogen sie einige Instrumente hervor. Mit einer Pinzette platzierte die eine ein paar Hülsen auf dem Asphalt, welche die andere in eine Tüte steckte, die wie ein Gefrierbeutel aussah. Als sie schließlich fertig waren, zogen sie die Handschuhe aus, schlossen ihre Taschen und gingen ab.

Du fragst dich vielleicht, wie lange ich dort stand, wie lange ich die Geschehnisse verfolgte, bis ich erkannte, dass ich mich kompromittiert fühlte? So lange, wie ein Mensch, der erschossen wurde, braucht, um ein Hotellaken durchzubluten.

Als ich mich schließlich umdrehte und, erleichtert, wenn auch verlegen, auf den hinteren Ausgang zuging, hörte ich Dudelsackmusik. Vor dem Zeitungsstand am anderen Ende der Lobby hatte soeben ein Dutzend Mädchen zu tanzen begonnen. Sie trugen Volkstrachten aus dem Hochland und schienen nicht die geringste Ahnung zu haben, was auf der Straße geschehen war. Munter klatschten sie in die Hände, schlugen mit den Handflächen auf Knie und Absätze und machten überhaupt einen hysterischen Eindruck – während die Kellner des Hotels einer asiatischen Reisegesellschaft gekühlten Champagner auf großen Silbertabletts servierten. Es gab nichts zu tun, als sich schleunigst aus dem Staub zu machen.

....

Erst nach Mitternacht wagte ich mich zum Hotel zurück. Die Absperrungen waren entfernt, der Range Rover abgeschleppt worden. Auf der anderen Seite wiegten sich lautlos die Linden. Nur der Sicherheitsposten war noch auf den Beinen, so wach wie eh und je. Mit einem Schlauch mitten auf der Straße stehend, erzählte er in kurz angebundenem Englisch, der ermordete Mann sei ein georgischer Mafiaboss, die Frau seine Geliebte und der Mann im Auto der Fahrer gewesen. Dann wünschte er mir eine gute Nacht und fuhr fort, das Blut von der Straße zu spritzen.

....

Lieber Freund, entweder St. Petersburg oder ich. Am nächsten Morgen saß ich in der ersten Maschine aus der Stadt. Ehe das Flugzeug die Wolkendecke durchstieß und wir das reine Vergessen der oberen Luftschichten erreichten, sah ich ziemlich viel Blau, den einen oder anderen Strich Weiß, einiges Grau und danach Reihen gelber Flecken, so vage wie Scheinwerfer im Nebel. Als ich jedoch die Augen schloss und spürte, wie die Morgensonne mein Gesicht wärmte, war dort vor allem Rot, sehr viel Rot...

Ich sende dir herzliche, noch 37 Grad warme Grüße, *from Russia with love,*

Industrie der Nacht

Für Jan Håfström

Lumpen, Zweige, Ölflecke,
Ein zerrissener Schuh und fette Fliegen
Surrend im Schaum gleich neben
    Etwas Braunem und Spulenförmigem,
Schimmernd wie eine verlorene Statuette…
Schaukelnd umgibt mich die Mülltonne des Fortschritts.
    Draußen im Fluss auf dem Steg liegend,
        Mit geballter Faust unter dem Nacken,
Betrachte ich das Treibholz eines kranken Arkadien.
    Aus dem Lager erschallen Rufe und Schläge
        – Stahl auf Bambus, Bambus in Erde.
        Ein Pfahl nach dem anderen wird hineingetrieben,
    Und ehe der Morgen vorüber ist
Schmücken sie Knospen, kleine und kümmerliche,
    Erfüllt von zügelloser Schwärze.
Das weiß ich, obwohl ich nichts sehe.
Schon hüllt die Sonne das Ufer in ihren siechen Dunst,
    Und die Geräusche erreichen mich verzögert,
        Wie die langsamen Pulsschläge in meinem Arm.
Die Hitze senkt sich herab, die Welt dämmert ein.
    Jetzt ist alles möglich.
    Wer hier spricht?
Dieses knollennasige Wesen, in Lumpen gekleidet,
    Bartlos und blass?
    Diese graue Figur,
So ähnlich einer vernachlässigten Marionette?

Das frage ich mich selbst zuweilen
– und wo ich gewesen bin, wohin ich gehen mag.
   Die Wahrheit ist, ich weiß es nicht!
      Mein Jetzt ist ein einziges Wanken.
         Der russische Pfarrerssohn,
      Den Ihr in Eurem Augenglas erblicken werdet,
Groß und sensibel wie ein Insektenfühler,
Desertierte von der reinen Lehre
Und musterte unter fremder Flagge an.
   Er wollte fort, nur fort,
      Denn er suchte Raum zum Atmen
Und eine Wildheit, die seine eigene war.
   In die Welt hineinwandernd,
Ging er in seine Verwüstung hinaus,
         So gedankenlos am Leben,
Dass er weniger über die Schöpfung wusste
Als das neugeborene Kind.
Eine solche Existenzform
   Mag für manche schrecklich,
      Für andere unglaublich sein
– spielt das eine Rolle? Das Leben ist doch Schaudern.
»Der Mensch ist kein Meisterwerk«,
      Sagte Herr K.,
Als er den Abenteurer auf der Station musterte
Mit Augen warm von unterdrücktem Lachen.
   Einsam und zerrissen,
Stammelnd nach so viel Schweigen,
Wusste der Neuankömmling: Die Fahrt war vorbei.
Seither sind viele Menschenalter vergangen,
Obwohl ich erst wenig über zwanzig bin.
Sollte der Körper, den ihr betrachten werdet,
   Folglich die gleiche Person sein?
      Ich erlaube mir zu zweifeln!

Was sind schon Kopf und Arme, Rumpf und Beine
   Gegen das überbordende Chaos,
Das sich in meinem Herzen eingerichtet hat?
»Wir werden ohne Schranken geboren«, erklärte K.,
   »Dann folgen alle Qualen der Hölle.
Das Dasein ist Form, und Form: Begrenzung.
Das Leben jedoch ist wie Wasser, ein flüssiges Material.
      Was es trägt, ist Ballast.
Nur wer sich der Güter des Ichs entledigt,
      Wie die Nacht,
   Wird die Form ändern und Blickwinkel gewinnen.
So ist die Balance zwischen Selten und Niemals.
– Betrachte diese Knospen«, fügte er hinzu,
   Als er meine fragende Miene sah,
Mit der Hand über ein Feld aus Pfählen schweifend:
   »Nun blühen sie in grenzenloser Finsternis,
      Da sie ein Meer aus Licht hätten sein können.«
   Und anschließend, schlicht und still:
   »Wer nicht das Maßlose sucht,
Verdient weder Wunder noch Wahl.«
Oh, er war unbestechlich, er war fabelhaft,
   Alles andere als ein Protektionist,
   Als er zum Willkommen
Die Hand auf mein Herz drückte:
»Die Zeit ist gehemmt, mein Freund,
      Ein Spiel in Hetze,
   Aber das Leben ist dein Trumpf:
Du kannst alles oder nichts sein!
   Nimm das Beispiel des Pulses und du wirst sehen:
      In einer grenzenlosen Geometrie
         Wird das Schaudern zur Freude.«
      »Und die Freude?«, fragte ich.
   »Sie ist die Industrie der Nacht.«

Seither habe ich mich auf der Station aufgehalten,
  Die Tage gezählt, die Schläge gezählt,
Und das Wasser unter dem Steg gluckern gehört,
    So samten und obszön,
  Dass ich manchmal im Glauben fast gelästert habe:
Und wenn das Leben nun nicht wäre, was es ist,
Sondern was es trägt?
  Bald werde ich es erfahren,
Denn nun hört man euer Boot den Fluss heraufkommen,
  Ächzend wie eine schwangere Frau.
Trägt es Terror, trägt es Erlösung?
  Eine Biegung noch, ein Fels ist zu umschiffen,
Dann werdet ihr das Fernrohr ans Auge heben
    Und mich mit den Armen wedeln sehen
      Wie eine korrupte Elegie.

Grüße aus dem Hochland

Am 13. August vor einigen Jahren wurde auf der Rückbank eines Berliner Taxis ein Briefumschlag gefunden. Lev Petrov hatte gerade seine Schicht beendet, als er die zerknitterte Postsendung neben einem Apfelgehäuse auf dem Boden entdeckte. Das Kuvert trug die Aufschrift »Diana« sowie Spuren von Schuhsohlen. In einer Ecke war ein Absender aufgedruckt: »Holiday Inn Glasgow Airport« stand dort in kursiver Schrift. Am nächsten Morgen lieferte er den Umschlag in der Zentrale seiner Firma (Würfelfunk) ab. In den folgenden Wochen meldete sich jedoch niemand. In Ermangelung einer Alternative wurde die Postsendung schließlich an den Absender zurückgeschickt.

Es folgt der Brief, den der schottische Hotelleiter als erste, jedoch nicht letzte Person lesen sollte. Einige wenige Partien konnten trotz wiederholter Versuche nicht entziffert werden. In Übereinstimmung mit gängiger Praxis werden sie mittels einer Punktreihe dargestellt. Ansonsten wird das Schreiben in unveränderter Form wiedergegeben. Sogar Abkürzungen von Orts- und Personennamen sind beibehalten worden – aus schierer Solidarität. Gleichwohl wollen wir einige Beobachtungen nicht verschweigen. So scheint es, als wäre der Anlass für den Besuch in Edinburgh etwas so Harmloses wie ein Bücherfestival gewesen. Die skizzierte Drohkulisse kann getrost als poetische Freiheit betrachtet werden. Gleiches gilt für die Porträts von Leidensgenossen (Literaten, Jägern). Und schließlich: Studien der Handschrift haben Ähnlichkeiten mit jenem »russischen« Bericht offenbart, der vor sechs Jahren in der Morgenmaschine aus St. Petersburg gefunden wurde. Sollte dies wirklich möglich

sein? Haben wir es ein weiteres Mal mit jenem unbekannten
Verfasser zu tun? Das würde so manches erklären... In Erwar-
tung eines endgültigen Bescheids ergreift der Herausgeber die
Chance, auch diesen Bericht als freien Umgang mit Fakten zu
deuten. Der Gedanke, der Wortführende könnte etwas anderes
als eine fiktive Gestalt sein, ist irgendwie allzu trostlos.

Liebste,
ich schreibe diese Zeilen um halb sechs Uhr morgens,
nach einer weiteren Katastrophe. Diesmal war sie kleiner,
aber auch kalter Spinat und alte Würstchen können ausreichen, um unwillkommene Erinnerungen an den gestrigen Tag zu wecken. Vor kurzem spülte ich das Essen mit
einer Handvoll in Milch aufgelösten Aspirins herunter.
Gleich werde ich bezahlen und zum Terminal gehen.
Wenn ich nur wüsste, wie ich die Heimreise überstehen
soll. Mit diesem Magen, mit diesem Kopf.

....

Ich musste unterbrechen. Jetzt gibt es nichts mehr, das ich
loswerden könnte, wenn du verstehst, was ich meine.
    Im Grunde wollte ich dir nur einen Gruß zukommen
lassen und nicht weiter auf deine Worte eingehen, ein Beobachter müsse stets als Jäger agieren und seinem Instinkt
folgen. Doch die neugewonnene Leichtigkeit lässt mich
glauben, ich könnte tatsächlich die Kraft zu einer Antwort
aufbringen. Ich habe im Hotelzimmer etwas Briefpapier
eingesteckt und gedenke, um ein Glas Wasser zu bitten,
dann werden wir weitersehen. Ich sitze an einem zer-
kratzten Kabinenfenster (Platz 3A, falls es dich interessiert)
und verspreche mein Bestes zu geben, um die Gedanken
zu sezieren. Durchs Fenster erkennt man Männer in neon-
grünen Westen, die Gepäckstücke in den Bauch einer an-

deren Maschine laden. Sie sehen aus wie bewegliche Spielsachen. Mittlerweile ist es halb acht und ... Warte. *Boarding* ist soeben *completed*. Es scheint, als hätte man mein Wasser vergessen. Mist. Ich tröste mich damit, dass mir ein Sitznachbar erspart bleibt und ich zehn leere Blätter füllen kann – mit Herzblut, oder wie man es nennen mag.

....

Eine Viertelstunde ist vergangen; wir befinden uns in ich weiß nicht wie viel tausend Meter Höhe. Hier oben ist alles strahlend rein. Wie in einem Operationssaal. Stechend weiß und stahlblau, so weit das Auge reicht. Die Sonne muss sich rechts von uns befinden. Wenn ich mich vorlehne, kann ich den Schatten des Flugzeugs über die rotgeränderten Wolken tief unter mir gleiten sehen. Er erinnert mich an einen Silberfisch. Manchmal schießt er davon wie ein Pfeil im Wasser, die meiste Zeit zittert er jedoch an unserer Seite. Treu ergeben. Wie ein schlechtes Gewissen.

Der Zweck meiner Reise war reine Routine. Ich war nach Edinburgh zitiert worden, um Bericht zu erstatten. Edinburgh! Der bloße Name ließ Bilder vor meinem inneren Auge auftauchen – von Fassaden in tausendfach bleigrauen Nuancen, vom Tuten der Dampfboote und weißem, feuchtem Nebel, von Menschen mit robusten Freizeitinteressen und *fish and chips*, eingeschlagen in fettiges Zeitungspapier. Von dichten, introspektiven Augenblicken in engen, getäfelten Räumlichkeiten. Von nikotingelben Fingern und plötzlichen Ausbrüchen angestauter Wut. Von braunschwarzem, lauwarmem Lagerbier. Du kannst dir vorstellen, wie überrascht ich war, als ich stattdessen von Sonnenstrahlen, lächelnden Wesen mit Joggingschuhen, so weit das Auge reichte, und derart grünen Rasenflächen empfangen wurde, dass ich überzeugt war, sie müssten abfärben. Auf dem Bett der Pension, in der man mich einquartiert hatte, lagen ein Stadtplan, eine Touristenbroschüre und mein Programm für die kommenden vierundzwanzig Stunden. Es stellte sich heraus, dass man zwei von uns zum gleichen Thema einbestellt hatte. Ein Kollege, dem ich noch nie begegnet war, würde aus Göteborg eintreffen. Das liegt in Schweden, oder? Ich hatte von ihm gehört – nicht unbedingt in schmeichelhaften Worten, muss ich gestehen. Aber ich bin niemand, der einen anderen im Voraus verurteilt, nur weil man sich erzählt, er habe einen unglücklichen Hang zu Männlichkeitsritualen und anderen aus der Mode gekommenen Dingen (Revolverkaliber, Baldessarini-Anzüge). In unserer Branche wird zu viel getratscht.

Trotzdem war ich nervös. Die mühsame Arbeit der letzten Monate an einem Bericht, der einfach nicht werden wollte, hatte dazu geführt, dass mir keine Zeit geblieben war, mich vorzubereiten. »Ästhetische Probleme« – als ob es so einfach wäre! Immerhin wollte ich nicht weniger, als zeigen, wie die Wirklichkeit mit unverminderter Kraft sprechen kann, obwohl es in vermittelter Form geschieht. Heute scheint man ja zu glauben, es würde schon reichen, Ausschnitte aus der Welt um uns herum zu präsentieren, ohne Erklärung oder Kommentar, damit sich Staunen oder Nachdenklichkeit einstellen. Man nennt es Dokumentarismus ... Hauptsache, es wird nichts hinzugedichtet. Aber auch eine Auswahl ist ein Eingriff. Und sich nicht einzumischen dürfte kaum ein Beweis für Unschuld sein. Im Übrigen habe ich nichts gegen Fiktionen (sie sind kein Scherz), solange sie im Dienste der Wirklichkeitssuche stehen.

Vielleicht ist es nicht weiter verwunderlich, dass ich begann, von einer Person zu träumen, die »da draußen« war, wie die Kollegen sagen, und mich durch ihre rätselhafte Unschuld vor Spekulationen zu retten vermochte. Wer zu Zweifeln neigt, bildet sich gerne ein, die Rettung käme von außen. Doch als ich sie schließlich gefunden hatte, in einer Nacht mit unerklärlichen Träumen, unverbraucht wie am ersten Tag der Schöpfung, kamen mir Skrupel. Tatsächlich fühlte ich mich wie Actaion, du weißt schon, jener Jäger, der zufällig Artemis nackt sieht, und dem befohlen wird, kein Sterbenswörtchen darüber zu verlieren. Wenn er von seiner Offenbarung erzähle, werde er in einen Hirsch verwandelt und von den eigenen Hunden zerfleischt werden. Mir war diese mythologische Szene ein Beispiel dafür, dass es tatsächlich möglich war, seine Eingebung zu verraten. Dann vernichten einen die ungezügelten Triebe. Wie sollte ich also darlegen, was ich wollte, und dennoch dem Rätsel treu bleiben? Du konntest das nicht wissen, aber es war, als ich mit diesem Dilemma haderte, dass du erklärtest: »Ein Beobachter muss seinem Instinkt folgen – wie ein Jäger. Schließlich ist er auf der Jagd nach der Wirklichkeit. Weißt du, was die Engländer sagen? Es gilt, den Leuten ›unter die Haut zu gehen‹. Dann ergibt sich alles andere von selbst.« Was hieß das? Dass ich alles auf mein Wunschbild setzen und riskieren sollte, ohne Trumpfkarte erwischt zu werden? Oder es zu unterlassen, meine Herzdame auszuspielen, um das Schloss meiner Träume einstürzen zu sehen wie ein Kartenhaus?

Ich wusch mir das Gesicht, zog ein frisches Hemd an und brach auf. Im Hotelzimmer hatte ich alle elektrischen Apparate gemieden. Teekanne, Toaster, Föhn, Lampen, Fernbedienung... Ich begreife nicht, wie man so viel auf so engem Raum unterbringen kann. Eins aber weiß ich:

Steckdosen in Pensionen sind gefährlich. Als Erstes musste ich mir folglich Rasierklingen besorgen. Ich fand, was ich benötigte, in einem Kiosk. Eine Packung mit orangefarbenen Rasierern der Marke Bic. Sie sind brauchbar, solange man sie nur einmal benutzt. Als ich wieder in das nachmittägliche Licht hinaustrat, zugleich spröde und warm, legte mir das Schicksal allerdings Steine in den Weg. Möglicherweise hätte ich den Wink verstehen sollen. Aber ich war fest überzeugt, auf dem richtigen Kurs zu sein, in die Stadt und ins Zentrum der Ereignisse, und hakte selbstzufrieden die Orientierungspunkte ab, die ich memoriert hatte. Trotzdem waren die Geschäfte auf einmal immer dünner gesät. Enge, nicht sonderlich gepflegte Wohnviertel begannen. Die Umgebung wurde immer schäbiger. Ich kam erst an einer indischen Reinigung und dann an einem Wettbüro mit nervös blinkender Bierreklame vorbei. Doch erst als ich die heruntergekommenen Mietskasernen am Stadtrand erreichte, erkannte ich, hier stimmte etwas nicht. Schließlich bat ich den Wirt des Pubs um Rat, in dessen Toilette ich mich rasierte. Es zeigte sich, dass ich in die entgegengesetzte Richtung gegangen war. Ein Blick auf sein Handgelenk versicherte mir zudem, dass ich mich beeilen musste. Nach einem närrischen Gewaltmarsch zurück durch die Stadt fand ich schließlich, mehr als eine Stunde verspätet, den Weg.

Ich weiß nicht, ob der Asphalt in Schottland anders ist, halte es aber für möglich. Beim Betreten des Versammlungsorts fühlten sich meine Füße jedenfalls seltsam schwer an, so als wäre ich über Teer gelaufen. Mit Milchsäure bis in die Kniescheiben bahnte ich mir einen Weg nach vorn, zu meinem kompakten Kollegen, der breitbeinig wie ein Cowboy an einem Ausschanktisch stand. Warum ich mich als »Walker, Mister Walker« vorstellte, weiß ich nicht. Vermutlich war es ein Scherz auf eigene Kosten, von dem ich hoffte, er würde die Verstimmung ein wenig zerstreuen. Der Schwede war um die fünfzig, blond und kurz geschoren. Ich kann nicht abschätzen, ob das erklärt, warum er nichts Komisches in meiner Verspätung sah und auch nicht in meine ausgestreckte Hand einschlagen wollte. Jedenfalls antwortete er lediglich: »Ja, Sie fragen sich natürlich, welchen Grund es hierfür gibt.« Er zeigte auf sein Kinn, an dem ich erst jetzt ein Pflaster entdeckte. Ich muss ein verständnisloses Gesicht gemacht haben, denn er fuhr fort, als hätte er soeben die Welt gerettet: »Tut mir leid. Ich bin nicht befugt, etwas zu sagen.« Anschließend wandte er sich den Flaschen zu. Ich nehme an, die Lebenserfahrung, die ein Pflaster andeutet, lässt einen in der Provinz gewisse Privilegien genießen. Erleichtert, dass die Verspätung keinen größeren Schaden angerichtet hatte, nahm ich mir ebenfalls etwas zu trinken. Unabhängig davon, was der Dschungeltelegraf vermeldet, möchte ich betonen, dass die Gerüchte, die meinem Kollegen vorauseilen, zumindest in einer Hinsicht nicht der Wahrheit entsprechen. Er mag ein Krimiautor mit großem Selbstvertrauen sein; das entzieht sich meinem Urteil. Ich habe seine Bücher nicht gelesen, aber man könnte bei seinen Arbeitskollegen Neid vermuten. Als er Personen die Hand gab, die er für wichtig hielt, erkannte ich jedenfalls, dass er sich für andere Lebewesen interessierte. (Sowie dass ein Ausdruck wie »*Howdy*« nicht nur in Western von gestern benutzt wird.) Kurz bevor wir gemeinsam zum Gegenstand der Aufmerksamkeit wurden, entdeckte er mich wieder. Ich war gerade in ein Gespräch mit einer der Verantwortlichen vertieft. Mit breitem Grinsen gesellte er sich zu uns. Furchtlos legte er den Arm um mich, drückte mich an sich und verkündete freundschaftlich: »Kum-

pel...« Es klang beinahe, als hätten wir gemeinsam Schiffs-
ladungen gelöscht. Die Geste war eine so offenbare Probe
nordischer Herzlichkeit, dass ich sie mit einer verspielten
Faust in den Unterleib zu erwidern suchte. Doch nun war
die Reihe an mir, selbstbewusst zu werden: Der Schwede
sah mich erstaunt an. Die Person, mit der ich mich unterhalten hatte, tat das einzig Richtige und ließ uns in Ruhe.

Als sie gegangen war, erlosch das Lächeln des Kollegen;
er erklärte, dass er den Anfang machen werde. Ich zuckte
mit den Schultern. Die Bedeutung dessen, was wir zu
sagen hatten, hing kaum an der Reihenfolge. Dann ver-
stummten wir. Während wir nach unverfänglichen Worten suchten, bekam ich ein schlechtes Gewissen. Ich sah
doch, wie sehr er darunter litt, über etwas anderes als sich
selbst sprechen zu müssen, und ein Blick in die Runde
reichte, um zu erkennen, dass die Zuhörer die britischste
aller Kunstformen schätzten: das Understatement. Ich
wollte diesen Verdacht gerade ansprechen, als wir gebeten
wurden, Platz zu nehmen. Zu spät. Wie abgemacht, sprach
mein Kollege zuerst, lange und ohne Pause. Eine beein-
druckende Leistung! Dennoch brauchte man nicht viel
Zeit, um zu begreifen, dass sein Bericht für diesen speziellen Anlass ein paar Nummern zu groß war. Das Publikum wechselte die Sitzposition, und nach weiteren Minuten wanderten die Blicke zur Uhr an der Wand. Die Ge-
rüchteköche würden sicher behaupten, dass der Schwede
zu der Art Menschen gehört, die Schweigen mit Ermunte-
rung verwechseln – oder auch Erfolg mit Bedeutung. Angeblich soll er in seinem Heimatland gezwungen sein, sich
über fast alles zwischen Himmel und Erde zu äußern. Ich
dagegen ziehe es vor zu glauben, dass er annahm, die immer weißeren Augäpfel der Zuhörer könnten nur bedeuten, woran er gewöhnt war: Begeisterung.

Meinerseits sah ich keinen Grund, mich zu beschweren. Als ich an die Reihe kam, war aus der Veranstaltung die Luft heraus, weshalb mein Bericht zur reinen Formsache geriet. Eine Viertelstunde, vielleicht zwanzig Minuten, dann war die Sache aus der Welt. Es war vorgesehen, dass wir uns nach der Séance ein wenig Gesellschaft leisteten – »unter Brüdern«, wie man sagte. Eine willkommene Initiative. Dennoch zog ich es vor, mich unsichtbar zu machen. Ein Blick ins Programm und ein zweiter auf den Kollegen hatten mich über zwei Dinge aufgeklärt. Zum einen darüber, dass am nächsten Tag mehr im gleichen Stil geplant war, zum anderen, dass die Chancen, meine Person könnte anderen Vergnügen bereiten, besser stünden, wenn ich mich ausruhte. Ein Schönheitsschlaf hat noch keinem geschadet, ebenso wenig wie eine Zeit ungestörten Fernsehens im Hotelzimmer. Kurzum, ich verzog mich.

Während des Spaziergangs zum Hotel kehrten seltsamerweise meine Lebensgeister zurück. Die Erquickung ist die einzige Erklärung, die ich dafür anzuführen vermag, dass ich am nächsten Tag kurz entschlossen – aber wie sich zeigen sollte, weniger glücklich – zwei Freunde anrief. Hinterher ist man ja immer schlauer. Es wäre mit Sicherheit besser gewesen, den letzten Tag so zu verbringen, wie es das Programm vorsah. Man sieht sich ja nur selten in diesem Beruf, und im Übrigen bin ich überzeugt, dass es viel Spannendes über Göteborg zu erzählen gibt. Jedenfalls hätte ich Unrat wittern müssen. Denn der Gedanke, vom abgesprochenen Programm abzuweichen, kam mir während eines Besuchs in der Royal Scottish Academy, wohin ich am nächsten Morgen gegangen war, nachdem ich in meinem Zimmer in der Touristenbroschüre geblättert hatte. Man stellte Skulpturen eines Australiers deutscher

Herkunft aus. Hast du schon einmal von ihm gehört? Sein Name ist Ron Mueck und die Figuren, die er präsentierte, waren allesamt entweder zu groß oder zu klein. Nichts war im Maßstab 1:1. Unproportioniert zur Welt – das sollte schon bald auch mein Los sein.

....

Als ich das Eintrittsgeld entrichtet hatte, stieß ich sogleich auf ein riesiges Gesicht mit wehmütigen Augen und einem markanten Kinn. Offenbar handelte es sich um ein Selbstporträt des Künstlers, wie er seiner Vermutung nach in den Augen seiner Töchter aussah. Der wässrige, aber aufmerksame Blick begleitete mich durch die Räume. In einem saß eine nackte Gestalt mit verschränkten Armen im Bug eines Nachens, den Kopf leicht schief gelegt. Der Mann war kaum größer als eine Handbreit. Sein Blick war zwar neugierig, aber auch misstrauisch, die sinnlichen Lippen ähnelten einer kürzlich geschlossenen Wunde. Falls dies ein Sinnbild für das ranke Fahrzeug der Seele sein sollte, war der Mann kaum Herr seines Schicksals. Er schien nicht einmal einverstanden mit ihm. Ich verneigte mich leicht; jetzt waren wir wenigstens zu zweit.

In der Ausstellung gab es zudem zwei sinistre Damen. Die eine schielte der anderen über die Schulter, weshalb es schwerfiel auszumachen, ob sie ihrer Freundin gerade eine unangenehme Wahrheit anvertraute oder im Gegenteil von ihr das Schlimmste befürchtete. Beide hatten schütteres Haar und waren reserviert. Mit genoppten Mänteln, braunen Nylonstrümpfen und billigen Schuhen bekleidet, wirkten sie gleichzeitig abgewrackt und abgehärtet. So ähnlich stelle ich mir Schicksalsgöttinnen vor, die in irgendeinem Vorort von einer bescheidenen Rente und Katzenfutter leben. In einem anderen Ausstellungsraum ruhte eine riesige Frau, eine Hand an die Wange gehoben, in einem Bett mit weißer Daunendecke, versunken in jene Art aufmerksamen Nachdenkens, die einem alles so extrem bewusst werden lässt, außer dem eigenen Körper. Die Haare waren strähnig, vielleicht sogar gefärbt. Bei näherem Hinsehen schien sie in die Jahre gekommen zu sein. Ihre Körperhaltung war nicht unbedingt die beste, die Haut spröde, fast verbraucht. Die Stirn hatte sich zur Nasenwurzel hin für alle Zeit gerunzelt, der Blick war sanft, aber verzagt. Ich trat einen Schritt zurück, musterte die Augen, die meinen nicht begegnen wollten, und fragte mich, ob die Frau für ihre Umwelt zugänglich war oder sich aus ihr zurückgezogen hatte, verschanzt in der Bettstatt, die wohl nur ein Kind als Freistatt zu betrachten vermag.

Dieses Gefühl von Entsagung, so greifbar in der Ausstellung, verunsicherte mich zusehends. Ich hatte gehofft, meine Reise würde etwas willkommene Entspannung bedeuten, doch stattdessen fand ich meine Grübeleien in drei Dimensionen umformuliert. Mit einem letzten Blick auf die Frau im Bett suchte ich mich zu vergewissern, dass Muecks Motive wenigstens nicht meine eigenen waren. Seine Wesen hatten etwas Hyperrealistisches, was ich von den bei mir Vorkommenden kaum behaupten konnte. Die Kombination aus körperlicher Präsenz und einer – nein, nicht Abwesenheit, sondern Abgewandtheit der Gedanken, wenn du verstehst, was ich meine, führte dazu, dass sie wie Inkarnationen von bösen Träumen und nüchterner Dokumentation erschienen, zu gleichen Teilen gemischt. Als ich im Katalog blätterte, sah ich, dass Mueck seine Laufbahn als Puppenmacher für Kinderprogramme im Fernsehen begonnen hatte. Das wunderte mich nicht. Eine Zeit lang stellte er Figuren für die »Sesamstraße« und die »Muppet-Show« her. Und vor ein paar Jahren, ehe er sich ganz der Kunst zuwenden konnte, zeichnete er für die Spezialeffekte in einigen Filmen verantwortlich. Das erklärte ein wenig die Kombination von Körperlichkeit und Ungreifbarkeit, deren Zeuge ich zu werden meinte und die mich in solch eigentümlicher Weise ansprach. Noch ist Muecks *body of work* begrenzt. Etwa vierzig Skulpturen in zehn Jahren zeugen von einer Tätigkeit, bei der sich Ambition und Können gegenseitig in Schach halten. Ich muss gestehen, auch das machte seine Arbeiten in meinen Augen sympathisch. Es fällt schwer, nicht an die Devise des Meisters aus Prag zu denken: »Im Kampf zwischen dir und der Welt, sekundiere der Welt.«

Jedenfalls zogen die Skulpturen mich zwar an, bekümmerten mich jedoch auch. Nimm beispielsweise diese fast schon unnatürliche Sorgfalt bei den Details. Gelbliche Nägel, lästige Pickel, Haare, die aus Nasenlöchern lugen, eingesunkene Schultern mit Sehnen und Venen unter bleichem Teint, verschrumpelte Hodensäcke und geschwollene Brustwarzen, Gänsehaut, Fieberflecken, die gespannten Bauchdecken schwangerer Frauen, o-beinige oder plattfüßige Individuen, Warzen, katzenhafte Wangenknochen, die Muster, die Badekleidung auf sonnengebräunter Haut hinterlässt, die plattgedrückte Gesichtshälfte eines schlafenden Mannes mit geschwollener Oberlippe und rötlichen Lidern, unter denen sich unbekannte Dramen abspielen... Muecks Katalog schien ebenso beunruhigend vielfältig wie liebevoll Buch über menschliche Eigenheiten zu führen. Ein Ausdruck kam mir in den Sinn, ich weiß nicht, warum: *containment.* Und dann noch einer, unmittelbar darauf: *human cargo.* Vielleicht schwebten mir die Sorgen vor, die jeder Mensch mit sich herumschleppt. Jedenfalls erkannte ich, dass es mir darum ging, wie sie sich äußerten. In der Ausstellung schienen sie den Wesen aus Glasfiber und Silikon eine Schwere zu geben, die um ein Vielfaches größer war als ihr reales Gewicht.

Offensichtlich war Mueck ein Künstler, der mit der Schwerkraft bastelte. Obwohl einige Figuren nur eine Handbreit hoch waren, schienen sie Tonnen zu wiegen. Sie trugen an einer Last, die sie nicht preisgeben wollten, waren ihrem entgrenzten Inneren ausgeliefert. Während ich durch die Ausstellungsräume flanierte, drängte sich mir immer stärker der Eindruck auf, dass Mueck sich im wahrsten Sinne des Wortes für Individuen interessierte, als eine Art »unteilbarer« aber auch »abgetrennter« Wesen, inklusive all ihrer Gebrechen und Wunder, die nicht austauschbar sind und niemals wiederkehren. Wie das Werk der meisten Realisten, zu denen ich übrigens auch Kafka zählen würde, atmeten seine Arbeiten Vergänglichkeit. Erfrischend war jedoch, dass Mueck sich nicht jener selbstbespiegelnden, bisweilen selbstzufriedenen Aufmerksamkeit hingab, die Melancholiker gelegentlich kennzeichnet. Seinen Figuren fehlte Sentimentalität, ohne dass sie deshalb auf Sentiment verzichtet hätten. Hier fand sich Zärtlichkeit, aber kein Selbstmitleid. Der Blick, der diese über- oder unterdimensionierten Wesen hervorgebracht hatte, blieb ruhig, neugierig, fürsorglich. Er verurteilte nicht, obwohl er alles durchschaute.

Mit anderen Worten: Es handelte sich um Realismus, allerdings nicht von der Sorte, die Wert darauf legt, die Vertrautheit mit den greifbaren Bestandteilen des Daseins zu erhöhen – wie wenn man sich Auge in Auge mit einer Schubkarre oder einem glänzenden Kirschkern befindet. Ebenso wenig ging es allein darum, so sorgsam wie möglich ein Ohr oder die Wölbung eines Fußes nachzubilden. Ich weiß nicht, wie du es siehst, aber ich persönlich glaube, dass ein Realismus von Muecks Art weniger in der exakten Wiedergabe eines entzündeten Nagelbetts, hängender Hüftpartien oder eines schlaffen männlichen Geschlechts besteht, als vielmehr in einer bestimmten Art zu betrachten, einem Realismus der Wahrnehmung. Die verblüffenden Proportionen der Wesen, die einem Betrachter als Erstes ins Auge fallen, entsprechen der Realität der Gefühle. Wer sagt, dass ein Affekt so groß oder klein sein muss wie unser Leib? Der Körper eines Menschen enthält so viel mehr als nur Organe. Vielleicht drücke ich mich unglücklich aus; vielleicht findest du den Gedanken phantasielos. Aber als ich das gigantische Wesen betrachtete, das am Kopfende eines Saales an die Wand gelehnt dastand, von allen verlassen, jedoch gleichwohl bedroht, dachte ich, so, genau so muss sich ein Mädchen in der Pubertät fühlen: zwei Nummern zu groß, mit dem verwirrenden Wechsel zwischen himmelhoch jauchzend und zu Tode betrübt und Gliedmaßen, die stets im Weg zu sein scheinen. Der Abstand zu einem gewissen, in einer Prager Dreizimmerwohnung eingesperrten Insekt war keineswegs unüberbrückbar.

Oder nimm den Fötus, der auf einem Sockel ruhte. Dies war kein schreiendes Weltraumwesen, das gerade seine Umlaufbahn um Mutter Erde verlassen hatte, um mit all dem Charme im Leben anzukommen, zu dem allein sehr kleine, sehr ersehnte Menschen fähig sind. Ein Kosmonaut? Wohl kaum. Eher ein von Blut und Fruchtwasser glänzender Kamikaze. Das gigantische Kind war schrumpelig wie eine Zwetsche und streckte den Körper mit den geschwollenen, gespreizten Zehen. Es hielt die Arme in der gespannten Haltung, wie sie ein Geist einnehmen mag, kurz bevor es ihm gelingt, aus dem Flaschenhals zu schlüpfen. Die Mundwinkel blieben in dem aufwärts ge-schraubten Gesicht herabgezogen, fast verbittert. Die Stirn war zerfurcht; was sonst? Dies war eine Inkarnation der Existenz, als Problem begriffen. Das Wesen, das mich mit fragendem Blick anstarrte, dieser massive Fötus mit wirren Haaren, einem Nabel ähnlich einem Spülstopfen und einem silbrigen Glänzen im Mundwinkel, zeigte vor allem eins: welche Anstrengung, in keiner Weise angestrebt oder selbst verschuldet, erforderlich war, um auf die Welt zu kommen.

Mir fielen Lucien Freuds Gemälde ein, aber auch Diane Arbus' Fotografien und vor allem vielleicht Duane Han-sons Skulpturen, bei denen man in wohlgeschützten Augenblicken Zeuge der Ungelegenheit zu werden scheint, die es bedeutet, geboren zu werden. Eine seltsame, fast sorglose Hoffnungslosigkeit überkam mich. War unsere erste Reaktion auf die Schöpfung wirklich so selbstver-ständlich Undankbarkeit? Während ich um den riesigen Säugling herumging, unfähig, mit meinem Herzen ins Reine zu kommen, überlegte ich, ob dies ein Beispiel für das war, was Bacon einmal »the brutality of fact« genannt hatte. Auch bei Mueck fand ich das Desinteresse für Schönfärberei wieder, das der Kunst ihren Eigenwert ver-leiht. Aber im Gegensatz zu Bacon gab es keine Hysterie, keine gewählte Pein, keine künstlich geschaffene Qual. Die Skulpturen schienen im Vergleich dazu fast zart. Muecks Haltung hatte weniger mit dem Extremen im Da-sein als mit dem Alltäglichen, weniger mit Brutalität als mit Zärtlichkeit, ja sogar liebevoller Hingabe zu tun. Hier wurden keine ewigen Wahrheiten veranschaulicht, son-dern Proben von der Evidenz des Vergänglichen geliefert.

Warte. Habe ich gerade »liebevolle Hingabe« geschrie-ben? Oje. Ich nehme an, du lächelst auf diese »Was habe ich gesagt?«-Art, die dir eigen ist, wenn ich es nach tausend Wörtern mehr als nötig endlich schaffe, mich zum Selbstverständlichen vorzukämpfen. Entschuldige bitte, und entschuldige, wenn ich weiter in einer Richtung nachsinne, deren Ziel du möglicherweise kennst. Wenn ich mir den Vormittag vergegenwärtige, den ich in der National Art Gallery zubrachte, erkenne ich, dass es liebevolle Hingabe gewesen sein muss, von der ich erfüllt war. Aus Muecks Kreaturen mit all ihren Makeln, ihrer Reserviertheit und ihren Gebrechen sprach eine grenzenlose Zuneigung. Still dachte ich, dass dieser Eindruck mit der Genauigkeit seiner Vorgehensweise zusammenhängen musste, dieser Mischung aus Präzision, Einfühlung und Understatement. Ohne die Stimme zu heben, ohne gekünstelt oder sensationslüstern zu werden, erschuf er von neuem den Schock, ein Mensch zu sein.

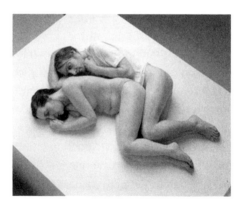

In Gedanken dieser Art versunken, betrat ich den letzten Ausstellungsraum und fand sie auf einem Sockel liegend, der zum Verwechseln einem Bett ohne Kissen und Decken ähnelte: einen Mann und eine Frau, der Größe nach länger als Suppenkellen, aber kürzer als Regenschirme. Ich schätze, das Paar war einen dreiviertel Meter groß, kaum wesentlich mehr. Sie schienen die Welt vergessen zu haben und ruhten in jener Stellung, die man auf Englisch *spooning* nennt: wie Löffel in einer Bestecklade – er hinter ihr, sie mit angewinkelten Armen, die Hände zum Gesicht geführt. Der Mann trug ein T-Shirt, zerknittert und ausgebleicht von allzu vielen Waschgängen; die Frau einen verfärbten, graulila Slip. Er war unten nackt, sie oben. Als Erstes überwältigte mich die Intimität. Die Gedanken schweiften zu jener liebevollen Hingabe, in die man so leicht verfällt, nachdem man sich geliebt hat. Doch als ich näher trat, erkannte ich meinen Irrtum. Hier war nicht alles, wie es sein sollte. Das Paar berührte einander kaum, obwohl er die Knie in ihre Kniekehlen geschoben hatte und beide die gleiche fötusähnliche Stellung eingenommen hatten. Sein Arm lag nicht um ihre Taille, auch hatte er Mund und Nase nicht in ihrem Haar vergraben. Im Gegenteil. Beide hielten die Augen geöffnet, aber ohne Kontakt, und sie blickten auch nicht in die gleiche Richtung. Offenbar dachten sie nach, sich selber ausgeliefert, so sehend nichtsehend, wie man nur wird, wenn man sich nach innen gekehrt eigenen Sorgen zuwendet.

Du fragst dich vielleicht, warum ausgerechnet eine solche Skulptur mich veranlasst, von liebevoller Hingabe zu sprechen? Möglicherweise, weil ich an dich, an uns, denken musste und daran, dass ich versprochen hatte, mich möglichst schnell auszuruhen. (»Du musst dich entspannen«, hast du an unserem letzten Abend gesagt. Erinnerst du dich noch? »Du musst dich entspannen, sonst geht es übel aus.« Und nach einer Pause, so lang wie still: »Für uns beide.«) Muecks diminutives Paar war sich gleichzeitig nah und fern. Zwischen seine Oberschenkel, bedeckt von gekräuselten Haaren, und ihren glatten Po passte kein Blatt Papier. Gleichwohl denke ich, dass sie trotz der intimen Stellung etwas anderes wiedergaben: den Moment, in dem sich der Einklang zwischen zwei Menschen auflöst. Vermutlich wendest du ein, *dies* zumindest habe nur wenig mit liebevoller Hingabe zu tun. Doch da kann ich dir nicht beipflichten. Obwohl diese Wesen ihre Augen geöffnet hatten, illustrierten sie die Wahrheit, dass nichts besser wird, nur weil beide die Augen schließen. Wie ein sorgenvoller Demiurg an ihrem Sockel stehend, kam mir der Gedanke, dass die Skulptur gerade diese Erkenntnis verkörperte sowie die Verlassenheit, die aus ihr erwächst, allerdings mit einem so zärtlichen Mangel an Illusion, dass der Betrachter nur mit Dankbarkeit reagieren konnte. Was meinst du: Muss man da nicht von liebevoller Hingabe sprechen?

Die Ahnung ließ mich einen unüberlegten Entschluss fassen. Als ich wieder in den klaren, kühlen Augusttag hinaustrat, beschloss ich, L. und P. in C. anzurufen. (Es kommt mir tölpelhaft vor, ihre Namen auf Initialen zu reduzieren, als wüsste ich nicht, wie sie heißen, aber ähnlich wie andere Personen schätzen sie Diskretion, und wer weiß schon, in wessen Hände diese Zeilen geraten?) Mich hatte plötzlich eine intensive Lust überkommen, mit Freunden zusammen zu sein. Mag sein, dass sie sich wunderten, als sie meine Stimme im Hörer vernahmen, aber fürsorglich, wie sie sind, luden sie mich ein. Zwei Stunden später saß ich bereits im Pendelzug nach Glasgow. Nach einer Dreiviertelstunde Fahrt durch Vororte und Industrielandschaften stieg ich um, und auf meiner Fahrt ins Hochland hinauf, während die Aussichten immer karger, wilder und schöner wurden, fand ich endlich Zeit, darüber nachzudenken, warum der morgendliche Galeriebesuch derart intime Gefühle heraufbeschworen hatte. Sicher, Muecks liebevolle Sachlichkeit hatte mich berührt. Aber war da nicht noch etwas? Eine aufgestaute Unruhe vielleicht? Etwas, das mit dem bereits erwähnten Dilemma zusammenhing? Vermischt mit dem Willen, ausnahmsweise einmal bis ans Ziel zu gelangen?

Um dies beantworten zu können, muss ich zunächst erzählen, was in den Bergen geschah.

....

Als ich in C. eintraf – der Ort liegt 400 Meter über dem Meeresspiegel und ist laut einem Reiseführer, in dem ich auf dem Bahnhof blätterte, »der abgelegenste Eisenbahnknotenpunkt Großbritanniens« –, zeigte sich, dass ich mitten im Nirgendwo ausgestiegen war. Rundherum nur steinige Sümpfe und Berge. Außer dem pittoresken Bahnhofsgebäude mit Kräutergarten und Parkplatz gab es, so weit das Auge reichte, kein Wohnhaus. Ein Signal ertönte, unerwartet lang und deutlich, dann verließ der Zug den kiesbedeckten Bahnsteig. Ich begrüßte die Frau, die das kürzlich im Bahnhofsgebäude eröffnete *bed & breakfast* leitet. Später sollte ich erfahren, dass sie eine ehemalige Krankenschwester war und vor kurzem in zweiter Ehe einen Londoner geheiratet hatte, der am nächsten Tag eine gewisse Rolle spielen sollte. Während mir die Frau erzählte, dass eine Szene aus dem Film *Trainspotting* auf diesem Bahnhof gedreht worden war, kamen L. und P. zu Fuß vom Parkplatz. Gemeinsam spekulierten wir über das Wetter des morgigen Tags, anschließend fuhren wir zu der *lodge*, in der meine Freunde einen Teil des Sommers verbringen. Inzwischen war es später Nachmittag und die Sonne schimmerte matt im mückenreichen Dunst. Durchs Autofenster machte ich mit dem Handy einige Fotos – un-

ter anderem von einem Berg, der zwischen den Bäumen auftauchte. Nach einem eiskalten Bad in Loch Ossian (doch, der See heißt so; nicht ein Grad über + 6) aßen wir zu Abend. Das Gespräch wurde vor dem Kamin fortgesetzt, während die Kinder ein Puzzle legten. Das Essen, der Wein und der Whisky machten mich wohl schläfriger als üblich. Ich spürte, wie sich eine angenehme Müdigkeit in meinen Gliedern ausbreitete, und ging bereits vor zehn ins Bett. Unmittelbar darauf fiel ich in einen traumlosen Schlaf, allerdings nicht, ohne vorher über den nächsten Tag nachgedacht zu haben. In einem unaufmerksamen Moment hatte ich zugesagt, zur Hirschjagd mitzukommen.

....

Als ich aufwachte, war es sieben. Um halb acht hatte ich mir den Bauch mit beidseitig gebratenen Eiern, Blutwurst, weißen Bohnen, Saft und Kaffee vollgeschlagen. Eine

Dreiviertelstunde später saß ich, in geliehener Jägerausrüstung und Gummistiefeln, in einer Art Militärfahrzeug mit Anhänger, das von S. gesteuert wurde, einem örtlichen *mountain ranger* – oder *stalker*, wie sie da oben genannt werden. Er würde mich und L.s Sohn B. zum Bahnhof bringen, wo der ehemalige Londoner uns erwartete. Um zu testen, ob mein Blut wirklich so kalt war, wie ich behauptete, feuerten wir auf einem Feld Übungsschüsse ab. Ich weiß nicht, ob es am gestrigen Bad, Jahrmarktbesuchen früherer Zeiten oder nur an dem italienischen Gewehr lag. Aber sicher hinter einem bemoosten Stein verschanzt und ohne Stechfliegen in der Luft, hatte ich keine Mühe, mitten ins Schwarze zu treffen. Vermutlich war mein künstliches Jagdglück dem Gewehr geschuldet. Es war verblüffend leicht und von solch außerordentlicher Qualität, dass es fast den ganzen Rückstoß auffing. Wahrscheinlich hätte das Zielfernrohr auch kurzsichtigeren Amateuren als mir erlaubt, einen Blumenkohl in hundert Meter Entfernung zu treffen. Ein ums andere Mal hörte ich die Kugeln gegen die hirschförmigen Metalltafeln schlagen, die in der Ferne aufgestellt waren – ein Klang, der ein mürrisches, blechernes Echo erzeugte. John Waynehaften Gewehrdonner hörte man an diesem Morgen nicht über die Berge rollen.

Nachdem er die Ausrüstung kontrolliert hatte, fuhr der Ranger einen Argocat auf den Anhänger. Das ist ein Amphibienfahrzeug, das aussieht wie eine Kreuzung aus Panzer und Golfmobil. Zwei Reihen mit je vier kompakten Gummirädern lassen das Fahrzeug rollen; der Motor soll ordentlich PS haben. Auf der sitzähnlichen Ladefläche sah man eingetrocknetes Blut von früheren Ausflügen in die Natur. Sobald wir über die Eisenbahnlinie gekommen waren, klappte S. die Rampe herab und fuhr das Fahrzeug herunter. Vor uns verschwanden gerade zwei Wanderer hinter vorschießenden Felsen. B. setzte sich in die Fahrerkabine, während ich meine Mütze holte, die ich unter der Tasche des Jägers im Auto vergessen hatte. Der Assistent half mir hinten hinauf. Als ich mich niedergelassen hatte, begriff ich, warum man in diesen Gegenden ein Argocat benötigt. Der Erdboden war zugleich steinig und sumpfig. An manchen Stellen sank man bis zur Taille ein, wenn man es darauf anlegte, und vor uns erhob sich eine unwegsame Gebirgsformation. Für jemanden, der auf die Jagd zu gehen wünschte, mochte es erfrischend sein, den Wanderern hinterherzulaufen, die kürzlich aufgebrochen waren. Aber wie sollte er seine Beute über derart holpriges Gelände heimschleppen? S. drehte den Zündschlüssel. Das Abenteuer konnte beginnen – in einem Tempo von fünf Stundenkilometern.

Unser Ziel war die südöstliche Seite des Beinn a Bhric, einem Berg von 876 Meter Höhe, auf den ich am Vortag einen flüchtigen Blick erhascht hatte. Offenbar waren die Chancen, an diesem Tag auf Wild zu stoßen, dort am besten. Eine Stunde später stieg ich mit schmerzendem Untergestell aus. Die Fahrt hatte sich als bedeutend schlimmer herausgestellt als eine Achterbahn. Zwar fingen die dicken Gummiräder die Stöße ab. Doch der steinige, rutschige Untergrund sorgte dafür, dass man sich an allem festhalten musste, was einem in die Finger kam. In meinem Fall waren das der blutbesudelte Sitz aus Glasfiber, das klebrige Metallgestänge und der ehemalige Londoner – in dieser Reihenfolge. Der Körper war malträtiert. Als ich mich streckte, verhandelten die inneren Organe gerade darüber, ihre ursprünglichen Positionen wiederzubekommen. S. sprang geschmeidig wie ein Argonaut und etwas über Schreibtischtäter murmelnd herab. Nachdem er das

Fernglas über den Bergkamm hatte schweifen lassen, schulterte er sein Gewehr und machte sich auf den Weg. Einfach so; ohne Vorwarnung. Wir anderen trotteten hinterher.

Ich wünschte, ich könnte erzählen, wie spannend es ist, auf die Jagd zu gehen. Doch die Wahrheit ist, den größten Teil des Tages verbringt man damit, auf dem Rücken zu liegen und über nasse Moore zu robben. Auf jede Minute Spannung kommt eine Stunde Beschäftigungslosigkeit. In einem Moment ruht man mit dem Kopf auf einem Stein und bewundert in Ermangelung anderer Dinge den Himmel. Im nächsten kriecht man kopfüber einen steilen Hang hinab und träumt von dem Mittagessen, von dem man sich nun hätte ausruhen können, wenn man nicht auf den Gedanken verfallen wäre, den Tag im Hochland zu verbringen. Sicherlich gibt es Momente willkommener Erleichterung, zum Beispiel, wenn man sich auf die Seite legt und seine Blase entleert, und ab und zu tauscht man Weisheiten aus. Bei einer solchen Gelegenheit vertraute mir S. etwas von dieser Art an, das ich dir nicht vorenthalten möchte. Im Hochland leben *stalker* offenbar gemäß der Devise: »*What happens in the mountains, stays in the mountains.*« Du verstehst vielleicht, dass dies bei jemandem, der über Actaion phantasiert hatte, eine Saite anschlug? Während der Jäger die Redewendung verkündete, prüfte er die Schneide seines Messers und machte ein Gesicht, das zu verstehen gab, nur seine Berufsehre hindere ihn daran, meine Anekdote über einen Schusswechsel auf offener russischer Straße zu kontern. Auf die Art setzten wir unseren Weg fort, mit einem Austausch von Lehrsätzen, den Berg hinauf und in den Nachmittag hinein. Vereinzelt kam Spannung auf. Dann hob S. die Hand, zog die Kapuze ins Gesicht und verschwand lautlos hinter einem

Steinblock. Wenn wir zu ihm gerobbt waren, konnten wir eine Herde Rotwild in einer Schlucht äsen sehen. Aber die Tiere waren zu weit entfernt, und jedes Mal, wenn es uns gelungen war, einen Bogen zu schlagen, um eine halbe Stunde später in ihrer vermuteten Nähe aufzutauchen, waren sie wie vom Erdboden verschluckt.

S. musste den Grund geahnt haben. Dennoch war es schon fast drei, ehe er seine Befürchtungen uns gegenüber bekräftigte. Geht man auf die Jagd, gebietet einem der gesunde Menschenverstand, sich gegen den Wind zu bewegen, damit einen das Wild nicht wittert. Sogar ein Grünschnabel wie ich begriff, dass es mit dem Geruch war wie mit dem Ruf: Er eilt einem voraus. Folglich agiert ein vorausschauender *stalker* immer entgegen den Erwartungen, wenn ich mich so ausdrücken darf. Will man dagegen wandern, muss man sich natürlich nicht an solche Regeln halten. Finster zeigte S. den Berg hinauf, und nun konnten wir oben auf dem Gipfel zwei bunte Gestalten ausmachen. Es war nicht schwer zu erkennen, dass es sich um die Wanderer handelte, die unmittelbar vor uns aufgebrochen waren – und zu begreifen, dass ihr Geruch die Tiere in die Flucht geschlagen hatte. Der Ranger nahm einen Stock und zeichnete eine Karte in den Schotter. In Anbetracht der Windrichtung blieb nur eine Möglichkeit, und die war nicht sonderlich gut. Wenn wir Glück hatten, würden wir auf der hinteren Seite des Bergmassivs Wildbret finden, in einem Tal, das den Namen Bhric a Mhor trug. (Ich liebe diese Namen. Sie klingen wie feuchte Blätter und Zweige.) Leider würden wir eine halbe Stunde benötigen, um dorthin zu gelangen, und wenn wir das Glück hatten, ein Tier zu erlegen, konnten wir nicht damit rechnen, vor Einbruch der Dunkelheit wieder am Bahnhof zu sein. Er sah mich fragend an. Ich erklärte, mein Flug gehe am nächsten Morgen um sieben Uhr von Glasgow. Da ich den ersten Morgenzug nicht erreichen würde, war in einem Hotel am Flugplatz ein Zimmer für mich reserviert. Soweit ich wüsste, wäre ich deshalb gezwungen ... »Prima«, unterbrach er mich. »Wenn du mit ein paar Stunden Schlaf auskommst wie ein echter *stalker*, kannst du immer noch den Nachtzug nehmen.« Damit war die Sache entschieden. D. hielt einen nikotinverfärbten Finger in die Luft, grinste zahnlos und gab bekannt, das Jagdglück habe sich soeben gewendet.

Eine halbe Stunde später entdeckten wir tatsächlich zwei Hirsche, die friedlich in einer Schlucht ästen. Anfangs fiel es mir schwer, die Tiere in dem steinigen Terrain auszumachen. Doch als S. mir sein Fernglas lieh, starrte ich auf einmal direkt in ein grobkörniges, friedlich kauendes Maul. D. erhielt Order, das eine Walkie-Talkie zu nehmen, zum Fahrzeug zurückzukriechen und um den Berg herumzufahren. In zwanzig Minuten sollte er sich unten im Tal mit uns treffen, da der Berghang, auf dem wir uns aufhielten, zu steil für ein Argocat war. Vorsichtig zog S. die Kapuze tiefer und bedeutete B. und mir, es ihm mit unseren karierten Mützen gleichzutun. Abschließend führte er Daumen und Zeigefinger die Lippen entlang – als zöge er einen Reißverschluss zu. Nun herrschte Stille. Einer nach dem anderen robbten wir ihm hinterher den Hang hinunter. Nach fünfzig Metern brachten wir uns hinter einem Felsen in Position. S. entsicherte das Gewehr und reichte es mir: Als Anfänger hatte ich die Ehre, den ersten Schuss abzufeuern. Als er mein Gesicht sah, das ein großes Fragezeichen war, klappte er den Ohrenschutz meiner Mütze hoch und zischte: »*Five seconds. Just do it.*«

Im Nachhinein denke ich, dass ich das meiste richtig gemacht habe – intuitiv oder auch nur, weil ich zu überrumpelt war, um nervös zu werden. Aber unmittelbar danach hatte ich Zweifel. Immerhin war es ein Gefühl, als hätte ich mich am denkbar unschuldigsten Opfer vergangen. Nichts Böses ahnend, ästen die Hirsche ein paar Steinwürfe entfernt. Ich presste das Gewehr gegen die Schulter, suchte mit dem Zielfernrohr nach der richtigen Stelle auf dem Wildbret, atmete ruhig und regelmäßig. Nicht ein einziges der Symptome, von denen man mir erzählt hatte, stellte sich ein. Das Blut pochte nicht hitzig in meinen Schläfen, ich keuchte nicht, als wäre mir gerade der Sauerstoff ausgegangen, auch zitterten meine Hände nicht wie die eines Trinkers. Drei, fünf, sieben Sekunden vergingen. Zehn, zwölf. Dann spürte ich den sanften Rückstoß gegen die Schulter und begriff, der Schuss hatte sich gelöst, ohne dass dem Willen Zeit geblieben wäre, sich in Absicht zu verwandeln. Das Tier fiel in sich zusammen wie ein Soufflé. Noch ehe ich den Blick vom Fadenkreuz genommen hatte, riss S. die Waffe an sich, lud nach und drückte sie B. in die Hand. Routiniert legte sich der Junge zurecht und zielte auf Hirsch Nummer zwei. Das zweite Tier konnte nicht ausmachen, woher der Schuss gekommen war, daher blieb es starr vor Schreck oder rein instinktiv stehen. B. traf es in den Bauch. Der Hirsch wankte, fiel aber nicht. Stattdessen rutschten die schlanken Beine unglücklich über die Steine. Aus irgendeinem Grund musste ich an eine Eiskunstläuferin denken. S. nahm B. sofort das Gewehr ab. In einer geschmeidigen Bewegung lud er nach, richtete sich kniend auf, zielte und streckte den Hirsch mit einem dumpfen Treffer unter dem Widerrist nieder. Jetzt würde ich doch noch den Fünfuhrzug nehmen können, dachte ich.

Wie sehr man sich täuschen kann.

....

Tut mir leid. Wieder war ich gezwungen, eine Pause einzu-
legen, diesmal, um das Frühstückstablett abzuwehren.

Wenn ich darüber nachdenke, was passierte, als wir zu
den Tieren hinabgeklettert waren, kann ich nicht umhin,
mir zu wünschen, ich hätte den Nachmittagszug noch
erreicht. Vermutlich handelt es sich um eine Berufskrank-
heit. Ich glaube allmählich, dass ich trotz allem zu der
Kategorie von Beobachtern gehöre, die du gemeint hast:
die Erlebnisse sammeln wie andere Trophäen, auch wenn
man dabei manch üble Erfahrung machen muss. »Man
glaubt halt immer, dass es etwas nützt«, wie mein schwedischer Kollege meinte, als er sich rätselhaft über sein
Pflaster strich. Wem, ist vielleicht unklar, aber sieh dir
Mueck an. Ich kann mir schwerlich vorstellen, dass seine
Skulpturen reiner, sachlicher Phantasie entsprungen sind.
Wahrscheinlicher ist doch, dass diese Wesen ohne eine
Vorlage undenkbar wären, oder? Nein, ich meine nicht
Personen aus dem eigenen Leben oder der Geschichte,
sondern die Art, wie man sie erlebt. Immerhin zeigen die
verzerrten Proportionen, dass es kein direktes Vorbild gibt.
Ich denke vielmehr an das, was ich *cargo* nannte. Es mag
sich um Eindrücke handeln, die man ein Leben lang mit
sich herumschleppt, aber auch um Affekte, die man gar
nicht schnell genug abschütteln kann. Es kann sich um
Fragen, geplatzte Hoffnungen oder eine Neugier handeln,
so samten wie die Klinge eines Messers. Die unterschiedlichsten Verknüpfungen sind denkbar, wenn es um den
Umgang des Herzens mit einer Last geht, für die wir keine
Worte haben. Dennoch bleibt die Wirklichkeit des Gefühls bestehen. Oder vielmehr: seine Unbestechlichkeit.
Wie ich es sehe, kommt es für Realisten vom Schlage
Muecks nicht darauf an, die Vorstellungskraft des Schöp-
fers zu feiern oder die Persönlichkeit des Abgebildeten,

sondern auf etwas Drittes: Vertrauen in die Unwiderruf-
barkeit, mit der sich die Welt Geltung verschafft. Und das
ist doch nur möglich, wenn man das Gefühl als Form betrachtet, nicht? Anderes ist, meine ich, unerhebliche Subjektivität oder fehlgeleitete Objektivität. Ich entsinne
mich einer Stelle bei Henry James: »Also, du hast ein Herz
im Körper. Ist es ein Element der Form oder eins des Gefühls?« Liegt die Komplikation der Kunst in dieser Frage,
so verlockend, so beunruhigend?

Die Tiere waren grau und verschwitzt. S. bückte sich,
um zu kontrollieren, dass kein Leben mehr in ihren Augen
war. Anschließend drehte er den ersten Hirsch, den ich
geschossen hatte, so, dass der Kopf nach unten zeigte.
Rasch setzte er das Messer über dem Brustbein an, die
Spitze aufs Herz gerichtet, und drückte zu. Als die Klinge
den Brustkorb durchdrang, drehte er sie so, dass das Blut
herausströmte. Ruhig und methodisch schnitt er den Hals
entlang, legte die Luftröhre frei und kappte die Speiseröhre möglichst hoch, um zu verhindern, dass das Fleisch
von Erbrochenem aus dem Magensack verdorben wurde.
(»Fleisch?«, fragst du. In der Tat. In nur wenigen Minuten
hatte sich das Tier in tote Materie verwandelt.) Als er den
Hirsch erneut gedreht hatte, diesmal so, dass er mit ge-
streckten Beinen auf dem Rücken lag, setzte er das Messer
vor den Genitalien an und schnitt ihn zum Brustbein hin
auf. Danach legte er den Körper auf die rechte Seite, damit
sich die Milz vom Magensack lösen konnte, zupfte die
Speiseröhre heraus und zog sie ganz nach hinten. Der Magensack glitt wie ein glänzender Pudding heraus. Unter
der elastischen Haut sah man all das Gras, das nicht mehr
verdaut worden war. Als Nächstes würden die Eingeweide
– *the gralloch* – entfernt werden.

Konnte ich das übernehmen? Wie belieben? S. steckte

308

das Messer weg. Doch, ich hatte richtig gehört. Offensichtlich war das Tradition: Wenn man zum ersten Mal ein Tier im Hochland erlegt, muss man eigenhändig die Eingeweide entfernen. Unschlüssig führte ich meine Porzellanfinger in das feuchte Innere. Das Blut dampfte still, die Milz war erstaunlich warm und klebrig. Es fühlte sich an, als streifte ich mir Handschuhe aus lauwarmem Kleister über. Vom Geruch des schmutzigen Fells wurde mir schwindlig. Lachend senkte S. die Handflächen in die blubbernde Blutpfütze zu unseren Füßen, und ehe ich reagieren konnte, wischte er sie an meinen Wangen ab. Man nennt es *bleeding*, offenbar gehört auch das zum Ritual. Nach dem ersten Jagdglück sollte ich aussehen wie ein Indianer. Während B. sein Bestes gab, sich nicht anmerken zu lassen, dass ihm schlecht war, versuchte ich mich den Erwartungen gewachsen zu zeigen. Ich weiß nicht, wie lange ich im Bauch des Kadavers wühlte, aber das Blut auf meinen Wangen fand Zeit zu trocknen, so dass die Haut spannte. Ich hatte das Gefühl, kiloweise Eingeweide und Organe entfernt zu haben, vielleicht sogar einen Fötus oder zwei, ehe S. zufrieden war. Die Mücken tanzten delirierend in der Spätsommerluft, der blutige Morast zu unseren Füßen schmatzte jedes Mal, wenn ich die Körperhaltung änderte. In den Nasenlöchern saß der Gestank schlimmen Todes. Natürlich dachte ich an Actaion.

Als ich fünf Minuten später endlich aufatmen konnte – mittlerweile war die Sonne, schockiert oder nur gelangweilt, hinter den Bergen versunken –, war B. an der Reihe. Aber ihm war dermaßen übel, dass S. sich seiner erbarmte. Trotz seines jugendlichen Alters hatte L.s Sohn bereits eine Reihe von Hirschen geschossen, weshalb der Ranger sich erbot, die Arbeit zu Ende zu bringen. Dennoch konnte ich Sorge in seinen Augen aufblitzen sehen, als er sich

bückte, um das zweite Tier zu öffnen. B. hatte es im Bauch getroffen, was vermutlich die inneren Organe zerfetzt und das Fleisch verdorben hatte. Ich stand direkt daneben und wollte gerade etwas über das Püree aus Blut, Gras und Eingeweiden sagen, das herausquoll, als S. sich umdrehte und B. etwas zurief, der sich hinter einem Stein übergab – und in diesem Moment nahm das Unglück seinen Lauf: Das schmierige Messer glitt aus der Spur, schoss durch die Luft und schnitt quer über das linke Handgelenk des Jägers. Kein Zweifel: Ein Jagdmesser ist schärfer als ein Bic-Rasierer. Der Schnitt war tief und fast blaurot. Ohne nachzudenken warf ich mich auf die Hand, presste den Unterarm gegen die Wunde und versuchte, mit der anderen Hand gleichzeitig meine Jacke abzustreifen. Während S. stöhnte, blass und erstaunt, wickelte ich den Jackenärmel um sein Handgelenk und hielt ihn wie eine Trophäe hoch. Ich konnte den Puls unter dem Knoten pumpen spüren, das Blut vom Ellbogen herabtropfen sehen. Er wimmerte und wankte, dann setzte er sich, als hätte er nicht vor, sich wieder zu erheben.

Nun war ich an der Reihe, Ohrfeigen zu verteilen. Während ich S. die früheren Ehrenbezeugungen heimzahlte, übergab sich B. weiter und jammerte zwischendurch, wir müssten etwas tun, jetzt sofort, was auch immer. Das Spektakel hatte zumindest den Vorteil, dass S. wieder zu sich kam. Als wir überprüft hatten, dass die Pulsader und die Sehnen nicht verletzt waren, sah er sich nach seiner Tasche um. Nun erkannte er, dass er sie und damit auch die Erste-Hilfe-Ausrüstung im Auto vergessen hatte. Ich erinnerte mich an die Tasche, unter der meine Mütze gelegen hatte, und verstand, guter Rat war wieder etwas teurer geworden. Die Situation war kaum lebensbedrohlich, aber wenn D. nicht bald unten im Tal auftauchte, konnte sie es werden. Es würde mindestens eine Stunde dauern, zu der ehemaligen Krankenschwester im Bahnhof zurückzukehren. Wer wusste schon, was in der Zwischenzeit ohne Verband und Tetanusspritze passieren konnte? Und im Übrigen: Wo blieb D.? Seit er sich auf den Weg gemacht hatte, war fast eine Stunde vergangen, von einem Argocat war im Tal jedoch noch keine Spur zu sehen. War er in die falsche Richtung gefahren? Hatte er einen Unfall gehabt? Während sich B. den Mund abwischte und das Fernglas an die Augen presste, suchte S. nach dem zweiten Walkie-Talkie. Anschließend folgten fünf Minuten, die bedeutend länger waren als sonst – sagen wir dreimal so lang. Aber es war wie verhext: Entweder war D. taub oder wir hatten sagenhaftes Pech. S. erklärte, jemand, der mit den Bergen nicht vertraut war, könne sich in den Tälern leicht verirren. Dem Assistenten zuliebe sollten wir hoffen, dass er sich verfahren hatte und sich nun hinter einem so massiven Hindernis befand, dass keine Verbindung hergestellt werden konnte.

Ich weiß nicht, was du in meiner Lage getan hättest. Ich

weiß nicht, was sonst wer in meiner Lage getan hätte. Da stand ich nun mit einem stoischen Jäger und einem tapferen Jungen, beide blass wie Laken. Die Frage der Bedeutung des Realismus für die Kunst war wahrscheinlich das Letzte, woran ich dachte. Meine mythologischen Phantasien hatten sich in der frischen Hochlandluft aufgelöst. Während ich die Fassung zu bewahren versuchte, begann S. sich von neuem Sorgen zu machen – allerdings nicht um sich selbst, sondern um die Hirsche. Die Eingeweide waren zwar aus dem einen, aber noch nicht aus dem zweiten Kadaver entfernt worden. Wie seinem Ton zu entnehmen war, kam es überhaupt nicht in Frage, das Tier seinem Schicksal zu überlassen. Berufsethos, versteht sich. Natürlich konnte einem *stalker* nichts Schlimmeres passieren, als seine Arbeit nicht zu beenden. Es musste geschehen, koste es, was es wolle. Sogar ich verstand den Wink. Widerwillig schlug ich die Ärmel hoch und erklärte, sicher, bis D. komme, hätte ich nichts Besseres zu tun. Warum sollte ich mir die Zeit also nicht mit etwas so Lehrreichem wie *gralloching* vertreiben? So kam es, dass ich mich, breitbeinig und vorgebeugt, ungerührt zu geben versuchte, während ich literweise grünen, blutigen Matsch aus dem Inneren des Tiers schaufelte. Gleichzeitig tippte S. eine Nummer in sein Handy, das er aus der Brusttasche gefischt hatte. Ich konnte ihn über die kleinen, immer klebrigeren Tasten fluchen hören. Insgeheim dachte ich, dass die Hoffnung das Letzte war, was den Menschen auch in diesem Teil der Welt verließ. Gab es überhaupt ein Netz? Du kannst dir vorstellen, wie überrascht ich war, als ich S. die Stimme erheben hörte. Er hatte eine Verbindung zu der Frau im Bahnhof bekommen.

Nachdem sie sich beraten hatten, wurde beschlossen, dass zwei andere Jäger, die sich auf einem nahe gelegenen

Berg befanden, alarmiert werden sollten. Ich wurde zum Zustand von S. befragt und bestätigte, dass er es schaffen würde. Aber, gestand ich, es würde mir schwerfallen, die Verantwortung zu übernehmen, falls es längere Zeit dauern sollte, bis wir alle in Sicherheit waren. Die ehemalige Krankenschwester war freundlich genug, kurzen Prozess zu machen, und rief aus der nächsten Ortschaft – Fort William, zwei Stunden Autofahrt entfernt – einen Rettungshubschrauber herbei. Während wir warteten, um zu sehen, ob D. oder der Hubschrauber zuerst eintreffen würde, beendete ich die Arbeit. Als ich das Messer eingesteckt hatte, packten B. und ich den einen Hirsch und versuchten ihn den Hang hinabzuschleppen. So würden wir zumindest etwas Zeit gewinnen, wenn der Kadaver bereits im Tal lag, sobald D. einzutreffen beliebte. Das war jedoch leichter gesagt als getan. Der 150 Kilo schwere Körper drehte sich, rutschte mit aufgerissenem Bauch zehn Meter über die Felsen und blieb mit dem Rumpf zwischen ein paar Steinen hängen. Als es uns endlich gelang, ihn ruckweise weiterzuschleifen, drehte sich der Hals in eine so unnatürliche Stellung, dass wir aus reiner Pietät, vielleicht auch einer Spur Ehrfurcht, haltmachten, um das Tier in eine Stellung zu bringen, die an gängige Anatomie erinnerte, erneut unsicher, ob wir uns richtig verhielten. Vor allem der feine Pelz, der die Hörner bedeckte, stimmte mich missmutig. An manchen Stellen war er abgeblättert und wie Strümpfe ohne Bund heruntergerutscht. Die Hörner fühlten sich sowohl tot als auch allzu lebendig an. Es half jedoch, dass ich mich nicht gewaschen hatte: Die klebrigen Hände gaben mir ausgezeichnet Halt. Eine halbe Stunde später waren wir fertig. Ich muss wohl nicht erwähnen, dass die Kadaver nebeneinander landeten wie Löffel in einer Lade?

D. glänzte immer noch durch Abwesenheit. Wir hatten uns gerade in einem Rinnsal gewaschen und waren wieder zu S. hinaufgeklettert, als wir das fette Knattern eines näher kommenden Hubschraubers hörten. Eine Minute verging, dann wischte das Fluggerät auf der Jagd nach drei Personen in Tarnkleidung über das Tal. Offenbar erwies sich die Suche als nicht ganz einfach, selbst wenn man über eine hochtechnisierte Ausrüstung verfügte. Ich hatte S. meinen Pullover gegeben, und jetzt winkte er damit in der gesunden Hand frenetisch. Vergeblich. Der Hubschrauber zog hoch und verschwand über den Bergkamm. Falsches Tal? Dachten sie vielleicht, wir befänden uns auf der anderen Seite?

Es bedurfte einer weiteren Viertelstunde und einiger Koordinationsversuche über Handy, dann ging die riesige Maschine über unseren Köpfen herunter. Gras und Zweige wurden aufgewirbelt. Es war schwer, sich zu bewegen, unmöglich, sich Gehör zu verschaffen. Eine Tür wurde aufgeschoben und ein Mann an einem Stahlseil herabgelassen. Sobald er S. erreicht hatte, befestigte er ihn an einem Gurt. Anschließend machte er eine rotierende Handbewegung und, nun, ich kann es nicht anders ausdrücken: *the human cargo* wurde in die Luft hinaufgezogen. Kaum war das Frachtstück im Rumpf verschwunden und der Hubschrauber davongeflogen, als wir auch schon das störrische Geräusch eines Argocat ausmachten. Kurz darauf ertönte noch ein weiteres Geräusch. Dann erkannten wir D., begleitet von Kollegen.

....

Ich will dich nicht mit Beschreibungen der Heimfahrt quälen, von dem Hirsch, der in einer Kurve aus dem Fahrzeug rutschte und wie es uns nach einigen Minuten

Schlammcatchen gelang, ihn wieder hinaufzuwuchten. Ebenso wenig gedenke ich deine Geduld mit der Beschreibung zu strapazieren, wie erstaunlich anhänglich Blut unter Fingernägeln sein kann. Wenn ich nun die Stirn gegen das Kabinenfenster lehne und auf diese flachen, rotstriemigen Wolken hinausblicke, die mich an nichts anderes als abgezogene Hautstücke erinnern, kann ich allerdings nicht umhin, mich zu fragen, was mich eigentlich veranlasst hat, diesen Brief zu beginnen. Nein, ich bin mir ziemlich sicher, es reicht nicht, als Beobachter seinem Instinkt zu folgen. Früher oder später hat man seine Hände in einem Kadaver. Geht es möglicherweise eher darum, das Gefühl von Wirklichkeit mit solcher Spannung aufzuladen, dass sich die Dinge, die vermittelt werden sollen, von selber sagen? Wenn es so ist, haben mich diese Zeilen zumindest gelehrt, dass ich auf dem Holzweg gewesen bin. Wie Mueck zeigt, kommt man nicht ohne Abstand aus. Wahrhaftig, ein Mensch muss das Leben nicht weniger lieben, nur weil er auf Distanz zu ihm geht.

Als wir zu *the lodge* zurückgekehrt waren, blieb mir eine Viertelstunde, um den Gestank in Haaren und Nase, auf Haut und Kleidern loszuwerden. Ich hatte noch Shampoo hinter den Ohren, als P. mich zum Bahnhof fuhr. Kurz bevor wir uns verabschiedeten – es war zehn Uhr abends, mein Bauch noch immer leer –, gab mir die ehemalige Krankenschwester den Rat, nicht am Hauptbahnhof von Glasgow, sondern eine Station vorher auszusteigen, da diese näher am Flughafen liege. Ob du es glaubst oder nicht, drei Stunden ereignislose Fahrt durch ein dunkles Hochland reichten, um den Puls wieder normal schlagen zu lassen. Als der Zug eine Stunde nach Mitternacht am

Bahnsteig in Westerton hielt, schüttelte der Schaffner jedoch den Kopf. Zu Fuß zum Holiday Inn? Von hier aus? »Tun Sie sich selber einen Gefallen«, sagte er, als er merkte, dass ich mich nicht zufriedengeben wollte. Er streckte den Arm aus. »Überqueren Sie die Gleise und gehen Sie einen Häuserblock weiter in diese Richtung.« Dort gebe es eine Hauptstraße. Wenn ich »Glück« hätte, nein, wenn ich »den Segen Gottes« hätte, er lächelte schief, würde ich dort ein Taxi finden. Der Mann schüttelte immer noch den Kopf, als er seine Schirmmütze gerade rückte und in die Pfeife blies.

Natürlich hatte ich kein Glück, aber Gottes Segen. Eine Viertelstunde lang marschierte ich auf einem Bürgersteig am Rande Glasgows auf und ab, meinen Koffer mit seinen albernen kleinen Rädern hinter mir herziehend, und überlegte, was ich ohne die Nummer eines Taxiunternehmens oder der Telefonauskunft anstellen sollte. Es war halb zwei Uhr nachts. Da ich meine Freunde in C. nicht wecken wollte, gab es kaum mehr zu tun, als mich auf die Vorsehung zu verlassen. Sie offenbarte sich etwas später in Gestalt eines kleinen, breitschultrigen Herrn. Nein, es war nicht der Schwede. Aber plötzlich wurde ein Stück weiter in der Straße eine Tür geöffnet. Jemand verabschiedete sich lautstark und setzte sich in meine Richtung in Bewegung. Als der Mann unter einer Straßenlaterne herging, glänzte sein Schädel, und ich begriff, er war betrunken. Sicherheitshalber schloss ich die Finger um den Schlüsselbund in meiner Tasche. Aber mein unerwarteter Retter in der Not war kein Hooligan. Im Gegenteil, er stellte sich als Polizist heraus. Er hieß Nicky und war in diesem namenlosen Teil der Welt aufgewachsen, war geschieden und arbeitete mittlerweile in Luton. An diesem Wochenende hatte er den Geburtstag seines Sohnes gefeiert. Nun würde er den Rausch bei seinen Eltern ausschlafen und dann den Zug nach Luton nehmen. Freundlich lallend klärte er mich darüber auf, dass es in diesem Stadtteil generell nur wenige Taxis gab, und um diese nachtschlafene Uhrzeit schon gar keine. Aber wenn ich wollte, konnte er die Kollegen der örtlichen Wache anrufen und nachfragen, ob sie Zeit hätten, mich zu fahren. Was er tat. Was sie taten.

Sicherheitshalber nahmen wir Nicky mit. So kam es, dass ich zum ersten Mal Gelegenheit hatte, Ansichten über ausländische Fußballspieler auf der Rückbank eines schottischen Streifenwagens auszutauschen. Regelmäßig knisterte das Funkgerät, aber es schien eine ruhige Nacht zu sein. Es zeigte sich, dass mein Gesprächspartner eine hohe Meinung von den Spielern Celtics hatte und sich sogar an einen gewissen Örjan Persson erinnern konnte. Ich persönlich bilde mir zwar ein, dass der Schwede für die Rangers spielte, aber was tut man nicht, um das Gefühl der Brüderlichkeit zu stärken? Ich sagte jedenfalls nichts. Als Nicky vor ein paar Mietskasernen ausgestiegen war, von denen man jede öffentliche Glühbirne einzeln entfernt hatte, traten die Wachtmeister das Gaspedal durch. Ich selber versank in Schweigen – oder Kopfschmerz; für den Moment kam es aufs Gleiche hinaus. Fünf Minuten später waren wir da. Die Polizisten grüßten nachlässig. Während der Wagen zum nächsten Tatort davonfuhr, hörte ich sie beunruhigend fröhlich singen: »*Follow, follow, we will follow Rangers – everywhere, anywhere...*«

Mittlerweile wunderte mich nichts mehr. Als man mir in dem Hotel eröffnete, dass man noch nie von mir gehört hatte, war meines Erachtens alles, wie es sein sollte. Allerdings muss ich gestehen, die folgende Information erfreute mich nicht sonderlich: Das Hotel war ausgebucht. Die Dame an der Rezeption zuckte müde mit den Schultern. Da war nichts zu machen. Um ihr Wohlwollen zu demonstrieren, klickte sie trotzdem zwischen den Dokumenten im Computer hin und her. Nirgendwo fand sie meinen Namen. Ich bat sie, auch in den Papieren hinter der Theke zu suchen – und am Ende fand sie tatsächlich ein Fax. Nun konnte sie sich vergewissern, dass ich nicht phantasierte. Aber leider nützte auch das nichts. Es war spät und das Hotel nur verpflichtet, reservierte Zimmer bis Mitternacht freizuhalten. Im Moment spielten andere Gäste fröhlich Teelöffelchen in meinem Bett.

Womöglich dauerte es länger, als ich gedacht hätte, aber am Ende verlor ich, was ein guter Beobachter wohl niemals verliert: die Fassung. Ich klopfte mir auf die Taschen, fand meinen Pass und platzierte ihn mit einem Klatschen auf der Theke. Dann begann ich, eventuell lauter als notwendig angesichts der Tatsache, dass wir allein in der Lobby waren, die Bedeutung guter bilateraler Verbindungen hervorzuheben. Schließlich begriff die Frau, worauf ich hinauswollte, und rief den Geschäftsführer. Aus reinem Wohlwollen oder weil er einfach weiterschlafen wollte, bat er sie, mir die Hochzeitssuite zum gleichen Preis wie das Zimmer zu geben, das ich reserviert hatte. Um halb vier Uhr morgens sank ich endlich ins Vergessen, zwischen sahnefarbenen Kissen in einem Bett von der Größe eines Swimmingpools, mit dem Bedürfnis des Misshandelten nach Frieden.

Der Rest ist ein bisschen platt und leblos. Zwei Stunden später weckte mich das Telefon. Nach kaltem Spinat mit Wurst und einer Handvoll Aspirin begab ich mich zum Terminal. Während wir auf das Einsteigen warteten, rief ich C. an, um zu hören, wie es dem Ranger ging. Es zeigte sich, dass am gleichen Tag ein unbekannter Mann eine Frau in einem Park in Fort William mit einem Messer bedroht und zu vergewaltigen versucht hatte. Ich kann nicht beschwören, dass schottische Frauen aus anderem Holz geschnitzt sind als ihre Schwestern in anderen Ländern. Aber diese Frau hatte dem Mann die Waffe aus der Hand entwunden, woraufhin die Polizei nach einem blutenden Fünfunddreißigjährigen gesucht hatte. Sobald S. seinen Fuß ins Krankenhaus gesetzt hatte, wurde er verhaftet. Obwohl er *stalker* war, blieb ihm keine andere Wahl, als zu erzählen, was in den Bergen geschehen war. Wer sich selber das größte Hindernis ist, dem hilft nur, der Welt zu sekundieren.

....

Liebste, soeben hat man uns gebeten, die Tische hochzuklappen und die Sicherheitsgurte anzulegen. Das macht nichts. Ich bin fast fertig mit meinem Bericht. Ich weiß nicht, ob du ihn bekommen wirst. Vielleicht quälen dich meine Missverständnisse nur? Zumindest weiß ich jetzt, ein Beobachter ist kein Jäger. Wer war das noch, der gesagt hat, dass gewisse Dinge ohnehin deutlich werden, wenn das Gefühl nur die richtige Spannung hat? Daran werde ich mich in Zukunft halten. Auch wenn ich mir der Rolle des Instinkts bei dem Ganzen nicht sicher bin, ist das Leben trotz allem eine Frage des Ertrags. Meine Gedanken sind bei dir. Lebe wohl. Oder wie sie im Hochland sagen: »*ceud mile failte*« – »hunderttausend Grüße«...

Aus der Geschichte des Herzens

Zwei Wochen vor der Invasion Polens 1939 wurde im Zentrum Berlins eine Bärengrube eingeweiht. Seither haben eine Anzahl Exemplare des ursus arctos auf einer kaum mehr als hundert Quadratmeter großen Fläche gelebt, die durch ein Backsteingebäude in zwei Abschnitte unterteilt und teils von einem schwimmbeckenähnlichen Wallgraben, teils von einem armierten Schutzzaun umgeben wurde. Während des chaotischen Winters 1944/45 verschwanden die Tiere. Einige Jahre später zogen entfernte Verwandte ein. Den Behörden erschien es wichtig, die Tradition fortzuführen, auch wenn sie in brauneren Tagen begründet worden war. Immerhin ging es um das Wappentier der Stadt. Die neuen Bewohner waren ein Geschenk aus einem Land, das seine eigene Tradition hatte. Der große Bruder im Osten stiftete drei Braunbären als symbolische Unterstützung für die Ausweitung des sozialistischen Reichs auf deutschem Boden. Seither sind die Einwohner des Parks gekommen und gegangen, während Fünfjahrespläne zu den Akten gelegt und Barrieren verschiedener Art eingerissen wurden. In diesen Jahren, die anderthalb Bärenleben entsprechen, wurde zudem jenes Bauwerk errichtet, einmalig in seiner Art, das lange Zeit nur wenige Straßen entfernt verlief.

In einem Winter vor nicht allzu langer Zeit spielten die Wettergötter verrückt. Das milde Klima ließ die Bären keine Ruhe finden. An einen Winterschlaf war nicht zu denken. Eines Nachts bekamen sie Besuch von einem Nachbarn aus ihrem Stadtteil. Er erkannte sich in der Lage der Tiere wieder, da auch er zum Geschlecht der Schlaflosen gehörte. In den folgenden Nächten brachte er eine Anzahl Variationen zum Thema »Die

Geschichte als Alptraum« zu Papier. Aus Mitgefühl? Zum Zeit-
vertreib? Zu diesen fables nocturnes *passt wohl nur der alte*
Gassenhauer: »Ängstliches Herz, heraus aus deinem Schlum-
mer! Vergisst du denn völlig, was du hast?«

In sicherer Obhut

Walther F. hatte vor dem mörderischen Lärm Schutz in
einem flachen Gebäude gesucht. An mehr erinnerte er
sich nicht. Jetzt stach und brannte es in seinen Augen. Kein
Wunder, dachte er und tastete mit den Fingern die klebrigen Wangen ab. Die Granate war ganz in seiner Nähe
detoniert. Er versuchte zu blinzeln, danach die Augen zu
schließen. Als der Schmerz nicht verschwand, beschloss
er, so zu tun, als wäre nicht Morgen, sondern Nacht. Dies
war ein Trick, den er als Kind gelernt hatte: Wenn ihm etwas Furcht einjagte, galt es, an das Gegenteil zu denken.
Trotz seiner Erschöpfung zauberte das Gehirn schleunigst
alles herbei, was zur Kehrseite des Tages gehörte: das knir-
schende Geräusch von Panzerwagen, die über schlammige
Wege rollten, fernes Donnern, das besinnungslose Schnar-
chen seiner Kameraden oder das wehrlose Grunzen in den
Betten. Wie üblich funktionierte der Trick. Schon bald
schenkte ihm das träge Schwarz, das ihn umschloss, Trost.
Walther F. gehörte einmal mehr zur grenzenlosen Ver-
schwörung der Verlassenen. Endlich blieb ihm jener bös-
artige Lichtschein erspart, der das Letzte war, woran er
sich erinnerte. Um sich zu vergewissern, dass er sich in
sicherer Obhut befand, kroch er näher an die Wand heran.
Überraschend stieß er dabei auf etwas Weiches, das sich
wie ein feuchter Pelz anfühlte. Obwohl dieser grässlich
stank, erfüllte ihn dies mit Zuversicht. Walther F. besaß

nämlich Überlebensinstinkt: Er war FÄHIG, DEM UNBE-
KANNTEN VERTRAUEN ZU SCHENKEN. Es war noch immer
alles dunkel. Nicht einmal die Finger, die er gegen seine
Augenhöhlen presste, konnte er sehen. Aber er lebte. Seiner Tochter sollte er später sagen, das habe ihm genügt.

Vom Umgang mit der Angst anderer

Vladimir P. trug seinen Spitznamen, »Schnake«, nicht
ohne Grund. Im Krieg hatte er sich stets im Tross aufgehalten, wo er entweder für die Suppe und das Brot oder
die Latrinen zuständig gewesen war, und als sie im Frühjahr 1945 auf den Straßen der Stadt vorrückten, achtete er
immer darauf, sich hinter seinen Kameraden verborgen
zu halten. Ein einziges Mal, an einem der letzten Tage im
April, hatte er Mut gezeigt. Es hätte beinahe FALSCHES
LEBEN GEKOSTET.

Man nenne mir die Dummheit, die sich nicht wiederholt, dachte Schnake drei Jahre später und blickte mit rot-
unterlaufenen Augen zu dem Gebäude hinüber. Erneut
befand er sich in jenem Park, in dem er die Granate geworfen hatte, die fast Ilja Rentzing und Bagrat Giglashwili
getötet hatte. Statt dem Heckenschützen den Garaus zu
machen, den sie Stunde um Stunde verfolgt hatten, von
einem Haus zum nächsten, und der sich mit Sicherheit in
dem Gebäude da drüben versteckt hielt, war er beschäftigt
gewesen, seine verletzten Kameraden zu einem Treppen-
aufgang zu schleppen. Noch heute fragte er sich, warum
ihn der Deutsche nicht erschossen hatte. Minutenlang
musste er die leichteste Zielscheibe der Welt gebildet haben. Hatte der Feind etwa erkannt, dass er lieber seine
Freunde rettete, als ihn zu töten? Schnake legte das Stoff-

bündel ab, das seine wenige Habe sowie einen halben Brotlaib vom Vortag enthielt. Er würde die Wahrheit nie erfahren. Er ließ die Geschichte auf sich beruhen. Die Gegenwart war rätselhaft genug.

Mit einem »Hopp!« zog er die schmutzige Samthose an den Hüften hoch und hob die Peitsche. Als er merkte, dass ihm die Aufmerksamkeit der Zuschauer gewiss war, führte er einen Zeigefinger an die Lippen. Er machte so leise und verheißungsvoll »Psst«, dass die Menschen, die sich versammelt hatten, allmählich unruhig wurden. Schließlich verstanden sie den Grund seiner Geste, woraufhin einige verlegen ein Geldstück in die Konservenbüchse auf dem Erdboden legten. Als Schnake merkte, dass keine weiteren Geldspenden zu erwarten waren, ruckte er an der Kette. Das Tier, das zu seinen Füßen lag, rührte sich nicht. Er schob ihm einen Stiefel in den Pelz, gleich unter dem Ohr, und drehte den Fuß – jetzt kam plötzlich Leben in den Bären. »Guck mal, Mama, guck! Er ist kitzlig!«, schrie ein begeistertes Mädchen in einem karierten Kleid. Eine Frau, auch sie in einem karierten Kleid, presste ihr Kind fester an sich. Der Bär hob den Kopf und stieß einen traurigen Seufzer aus. Kaum hatte Schnake »*En garde!*« gerufen, als er auch schon mit zwar umständlichen, jedoch erstaunlich flinken Bewegungen auf die Beine kam. Unmittelbar darauf richtete er sich auf den Hinterbeinen auf und streckte seinen Körper. Mehrere Personen im Publikum schnappten nach Luft. Das Tier war riesig. Jetzt sah man, dass um seine Schnauze ein Maulkorb befestigt und zwischen seinen Vordertatzen zusätzlich eine Metallstange platziert war. Der zottige Pelz auf der Unterseite war wesentlich heller, fast gelb. Der Bär zeigte seine Fesseln zur allgemeinen Betrachtung vor, ehe er seine Tatzen hinter den Kopf führte und auf das nächste Kommando wartete. Schnake zwinkerte zweimal. Das war das vereinbarte Zeichen. Augenblicklich drehte das Tier den Kopf zur Seite und stieß einen zwar wütenden, aber erstickten Laut aus. »Oooh…«, platzten die Zuschauer heraus und wichen einige Schritte zurück. Nur Schnake wusste, dass der Maulkorb zu klein war und drückte. Es war, dachte er, als er seine Peitsche zur Züchtigung hob, SEHR SCHWER, KEIN MITLEID ZU ZEIGEN.

Eine formidable Ahnung

Ivan Alexandrovitsch Klug hatte ein Büro in dem fabrikähnlichen Gebäude, das erst wenige Wochen zuvor der Parteischule »Karl Marx« überlassen worden war. (Den Nachnamen hatte er von seiner Mutter übernommen, Tochter eines protestantischen Pfarrers aus Halberstadt, mit dem sie auf Grund ihrer politischen Sympathien gebrochen hatte.) Obwohl das meiste in dem Gebäude noch nicht funktionierte – das neue elektrische Licht flackerte verdächtig; es kam nur kaltes Wasser aus den Hähnen –, war an seinem Verstand nichts auszusetzen. Nach einer kurzen Phase religiöser Anfechtungen während der Pubertät war Klug zu der Überzeugung gelangt, dass sich die Welt materialistisch erklären ließ. Kurz darauf hatte er sich von der Staatssicherheitspolizei anwerben lassen. Fünf Jahre in Moskau und eine Stationierung in Polen hatten ihn schließlich in das Heimatland seiner Mutter geführt. Hier lebte er nun mit seiner schwangeren Ehefrau. Wenn es ein Junge wurde, sollte er ebenfalls Ivan heißen; wurde es ein Mädchen, was Klug für unwahrscheinlich hielt, sollte es nach ihrer Mutter den Namen Karla tragen. Als deutschsprachiger Russe bestand seine Aufgabe darin, über die Lehrerschaft zu berichten. Die vorausschauende Mutter, deren großer Traum es gewesen war, »auch kommende Generationen deutscher Sozialisten zu erziehen«, hatte guten Grund, hoffnungsvoll zu sein. Man schrieb das Jahr 1955, und die Sowjetunion hatte soeben den Krieg gegen Deutschland für beendet erklärt.

Nur in wissenschaftlichen Fragen blieb Klug Autodidakt. Seine besondere Leidenschaft galt der Entstehung der Arten in den Tiefen der Urmeere. Sicher, er hatte diese Abgründe nie mit eigenen Augen gesehen. Auch war es ihm bei seinem bislang einzigen Besuch am Schwarzen Meer nicht gelungen, konkrete Eindrücke davon zu sammeln, was die gewaltigen Wassermassen vor mehr als 600 Millionen Jahren enthalten hatten. Aber wie er in einem seltenen Moment der Zerstreuung an diesem Abend vor sich hin murmelte, während er in den Akten blätterte: »Man muss sich vorstellen, dass es Abgründe der Dunkelheit gibt.« Klug verzog die Lippen. Für einen Materialisten war es unangebracht, von etwas anderem als tatsächlichen Umständen auszugehen. Die Meerestiefe war eine konkrete historische Tatsache, ebenso greifbar wie das Kind, das seine Frau austrug und das er später in seine Mysterien einzuweihen gedachte. Stellte sich nur die Frage, wie man den äußersten Grund der Dunkelheit bestimmte; noch war es niemandem gelungen, eine Taucherglocke in die absoluten Tiefen herabzusenken. Bei diesem Gedanken wurde Klug von einer »formidablen Ahnung« überwältigt. Wenn Licht aus Photonen bestand und diese in größeren Mengen so schmerzhaft waren, dass der Mensch sie mit dem bloßen Auge nicht sehen konnte, wäre es dann nicht angemessen anzunehmen, dass für die Dunkelheit etwas Ähnliches galt? Eins hatte die Dialektik Klug gelehrt, ein jedes verlangte seinen Gegensatz. Nur so gab es Fortschritt. Folglich bestand wahre Schwärze nicht aus der Abwesenheit von Licht, sondern aus dichten, ausgesprochen konkreten Partikeln. Der Grund für die Schwierigkeiten der Taucher war also nicht sosehr in der Unzulänglichkeit ihrer Ausrüstung zu suchen, sondern vielmehr darin, dass Wasser in diesen absoluten Tiefen KEINES MEHR WAR. Ja, die Dunkelheit war eine Substanz.

Diese Ahnung kann für einen Menschen, dessen Vorstellungskraft fähig war, den Urmeeren dialektischen Sinn zu verleihen, kaum unerwartet gekommen sein. Doch zu entdecken, wie selbstverständlich sie war – dazu war ein historischer Prozess erforderlich. Welche Vorteile der Materialismus aus seiner Ahnung ziehen würde, vermochte Klug noch nicht zu entdecken. Aber er wusste, dass er die Evolution auf seiner Seite hatte. Man bedenke nur, wie verschieden die dunklen Augustnächte gleich nördlich von Rostow, wo er seine Kindheit verbracht hatte, im Vergleich zu den feuchten Dezembernächten waren, die er nun in der ostdeutschen Hauptstadt erlebte. Das konnte doch bloß daran liegen, dass die Schwärze mit unterschiedlichen Mengen Licht vermischt war. Als er an diesem Abend die Schule verließ und auf dem Heimweg zu

Elena durch den Park ging, war er für die Bären folglich empfänglicher als sonst. Auch seine Heimatstadt trug das Tier im Wappen. Unterbewusst musste er halb bei dem Kind im Bauch seiner Frau gewesen sein. Schlagartig wurde ihm nämlich klar, die Dunkelheit, die er vorerst nur erahnte, nahm sich vermutlich aus wie EIN SCHLUMMER SO LANG UND DICHT WIE DIE UNGESEHENE VERGANGENHEIT.

Ein Strohhalm

Den letzten Sommer vor dem Krieg hatten sie in den Dünen am Nerosee verbracht. Olga Kemner, geborene Titanowa, entsann sich der Fahnen, die auf der Promenade im Wind schlugen. Drei Männer in Badehose und Hemd hatten am Ufersaum gymnastische Übungen ausgeführt. Ihre Mienen waren entschlossen, ihre Bewegungen sicher und ruhig gewesen. Ab und zu hatten sie kontrolliert, ob ihre Künste Interesse weckten. Eine Frau war lachend einem Schal hinterhergelaufen, der über den Strand davontaumelte. Stumm und zielstrebig hatte Olga mit ihren Kameraden eine Grube gegraben. Als sie tief genug war, ermittelten sie per Losentscheid, wer sich hineinlegen sollte. Das Los fiel auf einen Jungen, dem sie nie zuvor begegnet war. Ohne ein Wort legte er sich hinein. Sie bedeckten ihn mit einem Handtuch und schaufelten Sand über seinen Körper. Schließlich lugte nur noch der Kopf heraus. In diesem Moment erkannte sie, wie einsam man sich fühlen musste, wenn man dort lag, und wurde unsicher. Sie ließ den Sand fallen, den sie noch in ihren Händen hielt. Aber irgendwer breitete ein Handtuch über die Augen des Jungen und ermahnte sie, mitzuhelfen: Auch der Kopf musste bedeckt werden. Während sie weitermachten, steckte jemand dem Jungen einen Trinkhalm in den Mund. Eigentlich wollte sie weggehen, aber in schreckerfüllter Trance fuhr sie fort, bis der Kopf bedeckt war. Als sie den Sand mit ihren Händen glattgestrichen hatten, lachten sie einander verlegen an. Sie sahen, dass die glatte Oberfläche erzitterte und an manchen Stellen riss. Plötzlich wusste sie, dass der Junge dies nur überstehen würde, wenn er mitspielte. Sonst würde einer ihrer Kameraden Sand in den Trinkhalm schütten. Hinterher konnte sie ihm nicht in die Augen sehen. Sie schämte sich für das, was sie getan hatten, noch mehr jedoch dafür, dass der Junge einverstanden gewesen war, es mit sich geschehen zu lassen. Im nächsten Sommer besuchte ihre Familie das Dorf nicht. Als sie im Jahr darauf zurückkehrten, fand sie keinen ihrer früheren Kameraden wieder.

Das hatte sich vor mehr als zwanzig Jahren ereignet, in solch zeitlicher Entfernung, dass Philosophen behaupten, ein Mensch könne darin bis zu drei NEUE LEBENSFORMEN durchlaufen. Folglich ist es alles andere als sicher, dass man es 1958 noch mit der gleichen Person zu tun hat, nur weil sie zufällig den gleichen Namen und Geburtstag hat wie ein Wesen, dem man 1939 begegnet ist. Daraus folgt, Strafen und Belohnungen sollten möglichst schnell nach den Taten, auf die sie sich beziehen, ausgeteilt werden. Dennoch war Olga in ihrem Rollstuhl im Schatten des Baums überzeugt: Der Mann, der seiner Tochter soeben die schlafenden Bären zeigte, war der Junge aus dem Sandgrab. Was er tausende Kilometer von jenem Dorf in der Nähe Rostows machte, vermochte sie nicht zu sagen. Aber sie lächelte, als sie Eimer und Spaten entdeckte, die er in der Hand hielt. Man kann sagen, dass die Erleichterung, die sie empfand, eine BEFREIUNG VON DER VERGANGENHEIT war.

Ein untypischer Traum

Der zweiundsechzigjährige Bildredakteur der Zeitung *Neues Deutschland*, der die Nacht auf der Rückbank seines Autos verbracht hatte – es war ein Sommermorgen 1961, der Wagen ein hellblauer Trabant –, erwachte nicht ohne Mühe. Als er endlich die Augen aufbekam, wurde ihm bewusst, dass er geweint hatte. Vor einer Woche war seine Frau, die als Restauratorin im Stadtmuseum gearbeitet hatte, an den Spätfolgen einer Amputation gestorben. Seither trank Jens Dieter K. mit dem ausdrücklichen Ziel, sein Herz zu ertränken. Seine Kleider rochen nach billigem Fusel und f6. Er versuchte das Gefühl in dem Arm wiederzuerlangen, den er als Kissen benutzt hatte. Während er sich an das Licht gewöhnte, erkannte er, dass er den Traum früher schon einmal geträumt hatte. Sollte er ihn aufschreiben? Das würde zumindest das Gefühl von Unglück vertreiben, das ihn erfüllte. Er wusste, dass er sich am Rande eines Parks im Stadtzentrum befand und ihn nur Glück davor bewahrt hatte, verhaftet zu werden. Aber Jens Dieter K. war noch viel zu benebelt, um überlegte Entscheidungen zu treffen. Man könnte auch sagen: Er war lebensmüde. Stattdessen redete er sich ein, der schlimmste Teil der Nacht sei vorüber, und schlief wieder ein. Die nächste Stunde verstrich traumlos. Als er erneut wach wurde, wunderte er sich – weniger darüber, dass ihn keiner gestört hatte, als darüber, wie gut er sich noch immer an den Traum erinnern konnte. Am meisten fragte er sich allerdings, warum er IM UNTERSCHIED ZU VORHER nun überzeugt war, dass der Traum neu war. Keines der darin auftauchenden Elemente »sah ihm ähnlich«, und Jens Dieter K. gehörte zu den Menschen der Kategorie GEWOHN-HEITSTIER, die alle Träume als »typisch« betrachten.

Während er nach seinen Zigaretten tastete, versuchte er den Traum zu rekonstruieren. Anfangs hatte es darin ein großes, dreiteiliges Wesen gegeben. Jede seiner Körperpartien bestand aus gefüllten Säcken: Der in der Mitte, womit sich das Wesen fortbewegte, hatte wie ein randvoll mit jungen Kätzchen gefüllter Kohlensack ausgesehen. Die Arme bestanden aus Einkaufstüten; auch sie waren mit etwas gefüllt, das sich bewegte. Das Wesen hatte sich mit grotesker Würde fortbewegt – in seine Richtung, die ganze Zeit in seine Richtung, in kurzen und schlurfenden, jedoch beharrlichen, fast aufdringlichen Schritten. An mehr konnte er sich nicht erinnern, er wusste nur noch, bevor es ihn erreichte, hatte es seinen Charakter verändert. Es war nicht nur vage bedrohlich geworden, sondern seine Körperteile hatten zudem noch ihre Position gewechselt. Die Extremitäten verwandelten sich in Kohlensäcke, während der Rumpf zu einer zwar prallvollen, aber kleinen Einkaufstüte geworden war. Auf seiner mühsamen Wanderung hatte das Wesen alles, was ihm in den Weg kam, verschluckt – Aluminiumfolie, Zigaretten, Autoreifen, eine Kiste mit überreifen Birnen. Es war eine stinkende Babuschka, die ... Bei dem russischen Wort wurde ihm auf einmal klar, wie der Traum entstanden sein musste. Am Vortag hatte jemand in der Redaktion den Begriff benutzt. Er hatte nicht richtig hingehört und sich erkundigt, wovon die Rede sei, aber nie eine Antwort bekommen. Mit Hilfe einiger Anhaltspunkte in dem Gespräch hatte er einen Grund dafür konstruiert. In seinem Traum hatte es den Anschein gehabt, als hätte das Wesen DIE EXISTENZ ZURÜCKNEHMEN UND DIE GEBURT AUFHEBEN wollen. Bei diesem Gedanken wurde Jens Dieter K. davon überwältigt, dass er diesen Traum nie zuvor geträumt hatte – obwohl er, wenn er ehrlich war, zugeben musste, die Tüten, die kärgliche Handlung, ja, sogar das Grauen, das er empfunden hatte, waren ihm vertraut.

Als er einige Minuten später in eine Straßensperre geriet, sah er, dass weiter unten auf der Straße etwas errichtet wurde. Er ertappte sich dabei zu hoffen, dass der Traum wiederkehren würde. Auch wenn er ihn früher nicht geträumt hatte, wollte er ihn jetzt wiederhaben. Nur so würde er herausfinden können, wer das Wesen war; nur so würde er seine Unruhe stillen können. Wie die Dinge derzeit lagen, wusste Jens Dieter K. bloß eins: Ein Engel war es nicht gewesen.

The Dumpster of History

Wie die meisten Texaner trug Don Jaeger, Jr. einen Cowboyhut und Stiefel. Etwas weniger den Erwartungen entsprach, dass er gern mit seiner Frau verreiste und darüber hinaus Bücher über Geschichte liebte. Laut Pam »verschlang« ihr Gatte alles Historische, was er in die Finger bekam. Er selbst wusste dagegen, wirkliches Interesse brachte er nur für Literatur über Verlierer auf. Warum, vermochte er nicht zu sagen. Aber die Bücher über Cäsar, Churchill oder den Clan der Kennedys, die er von seinen Enkelkindern bekam, wurden ungelesen ins Regal gestellt, während Schriften über die Maya, Erzherzog Franz Ferdinand oder Michael Dukakis nicht nur von der ersten bis zur letzten Seite gelesen, sondern oft auch mit neongelben Markerstrichen versehen wurden. Sein erstes Vermögen hatte Don Jaeger, Jr. mit ausgedienten Autos gemacht, die er von Mietwagenfirmen aufgekauft und auf der anderen Seite der Grenze weiterverkauft hatte. Inzwischen bestand seine Firma Rent-a-Truck aus vierunddreißig im ganzen Bundesstaat verteilten Filialen und über 700 Fahrzeugen in verschiedenen Gewichtsklassen, Bagger, Dampfwalzen und Bulldozer, ja, sogar Rasenmäher. Über eine Holding besaß er Containerunternehmen in seiner Heimatstadt San Antonio sowie in El Paso und Galveston, außerdem hielt er ein kleineres Aktienpaket am Texas Seaport Consortium und verwaltete große Areale ölreichen Lands vor allem im östlichen Teil des Staats. In letzter Zeit hatte er begonnen, kleinere, lokal verankerte Restaurantketten wie Steaks'R'Us und Ribs'n'All aufzukaufen, und im Moment ließ er untersuchen, wie es um die finanzielle Situation eines spanischsprachigen Fernsehkanals in der Region bestellt war.

Lange Zeit hatte Don Jaeger, Jr. ein größeres Grundstück am Highway 181, auf dem Weg nach Corpus Christi, Kopfzerbrechen bereitet. Jedes Mal, wenn er daran dachte, machte sein Herz eine »Pause«, wie er sagte. Als Geschäftsmann passte es ihm nicht, dass dieses Grundstück kein Geld abwarf. Doch keine der Ölgesellschaften, die er angesprochen hatte, zeigte Interesse (dazu war die Fläche zu klein), und ein Containerpark mit angrenzender Gokartbahn würde sich Berechnungen zufolge nicht lohnen. Nach einer Reise ins ghanaische Accra Mitte der neunziger Jahre, wo er und Pam das berühmte Requisitenmuseum besucht hatten, erkannte Don Jaeger, Jr. schließlich, was er mit dem Grundstück anfangen würde. Seither widmete er sich der Aufgabe, DAS ERSTE NIEDERLAGENMUSEUM DER WELT zu erschaffen. Auf seinen Reisen hatte er zahlreiche Gegenstände gesammelt, die ihm die Verkäufer nur allzu gern überlassen hatten und über die man beim Zoll bloß den Kopf geschüttelt hatte. Jedes für sich genommen waren diese Dinge nur von kuriosem Interesse, zusammengenommen bildeten sie jedoch eine einzigartige Sammlung. Hier gab es die Hose, in die Gavrilo Prinčip angeblich in seiner Zelle gepinkelt hatte, Helme von italienischen Soldaten, die in Albanien gefallen waren, und einige der Traktorreifen, die von der Sicherheitspolizei in Soweto in der Hoffnung angezündet worden waren, auf diese Weise ein ANC-Nest auszuräuchern. Don Jaeger, Jr. besaß Stacheldraht aus Dachau, ein ausgestopftes Flusspferd von Pablo Escobars verfallener Ranch in Puerto Triunfo und ein intaktes Porzellanservice aus Tschernobyl.

Bei einem Besuch in Berlin hatte er erkannt, wie er seinem Museum das kleine Extra geben könnte, mit dem sich Publikum anlocken ließe. Der Geschäftsmann in ihm hatte keineswegs vor dem Liebhaber von Geschichtsbüchern kapituliert. Auf einem Spaziergang entlang der Route, die den Verlauf der Mauer markierte, kam er an einem Park mit einer Bärengrube vorbei. Hier hatte er Pam zufolge seine »fixe Idee« gehabt. Seither kaufte Don Jaeger, Jr. systematisch jedes verfügbare Teil der Mauer auf, das er auftreiben konnte. So kam es, dass er nach Reisen an so verschiedene Orte wie Shanghai, Vilnius, Marseille und Odense stets mit einigen hundert Kilo armiertem Beton im Gepäck heimkehrte. Der Amerikaner hatte mit etwas Ernst gemacht, das viele Berliner nur dachten: Er würde zeigen, dass ausreichende Mengen des gewaltigen Zementvorhangs im Umlauf waren, um problemlos für eine Dublette auszureichen. »Möglicherweise ist dies nicht die einzige Ähnlichkeit zu den sterblichen Überresten in den Reliquiarien der Kirchen«, schrieb ein mexikanischer Besucher ins Gästebuch. Und ein anderer notierte: »Gratuliere, Herr Lumpensammler: dies ist der Müllhaufen der Geschichte! A. Edelmann.« Don Jaeger, Jr. gefiel letztere Bemerkung sosehr, dass er sein Museum umtaufte.

Janos L. betrachtete sich nicht als Dichter. Aber seit er kurz vor der Wiedervereinigung eine Stelle als Beleuchter am Berliner Ensemble bekommen hatte, schrieb er Gedichte. Für sich und in aller Heimlichkeit. Er war nicht eitel genug zu glauben, dass seine Ergüsse es verdienten, veröffentlicht zu werden. Und es hätte ihn auch nur mäßig erfreut, wenn jemand das Gegenteil behauptet hätte. Er schrieb, um sich von dem Gefühl zu befreien, dass ein Unrecht begangen worden war. Was danach mit seinen Gedichten geschah, interessierte ihn so wenig wie die Fußballergebnisse.

Das Ganze hatte an einem Nachmittag in der Kantine begonnen, als sich sein Chef an jenem Tisch niedergelassen hatte, an dem er gerade seine Soljanka schlürfte. Während der Unterhaltung, die sich daraufhin entspann, erklärte der Mann, es gebe nichts, das bagatellartig genug sei, um dem »Fluch des Lebens« zu entgehen, womit er, sarkastisch wie immer, die Verewigung eines Ereignisses durch Worte meinte. Anschließend tunkte er ein Stück Brot in die letzten Suppenreste und erkundigte sich, wie es mit der Beleuchtung für die nächste Inszenierung vorangehe. Noch am gleichen Abend hatte Janos L., der die deutsche Sprache zu diesem Zeitpunkt noch nicht ausreichend beherrschte, in seiner Muttersprache Ungarisch sein erstes Gedicht verfasst. Auslöser für diese »Irritation«, wie er seine Schreibfrüchte mit der Zeit nennen sollte, war eine Geschichte über eine Frau gewesen, der man versehentlich das falsche Bein amputiert hatte. Seither war viel geschehen. Janos L. schrieb inzwischen auf Deutsch, der Theaterintendant war tot und er selbst würde in Kürze pensioniert werden. Der Eiserne Vorhang war gefallen, auch in seinem Heimatland, und Berlin war wieder Hauptstadt geworden. Allerdings wohnte er noch immer in seiner Wohnung mit Aussicht auf den Park und war seinem Versprechen treu geblieben: EIN GEDICHT MUSS EINE REHABILITIERUNG SEIN.

Vielleicht war es nicht weiter verwunderlich, dass Janos L., als er in der Bahn nach Hause die Zeitung aufschlug, von folgender Notiz gefesselt wurde: »Ein früherer ghanaischer Schauspieler erfror, nachdem seine Angehörigen ihn im Kühlfach eines Leichenschauhauses in Accra in dem Glauben zurückgelassen hatten, er wäre tot. Der kranke Mann, der einem bekannten Museum in der Stadt vorgestanden hatte, war ins Koma gefallen. Als seine Angehörigen ihn ins Krankenhaus brachten, bat man sie, gleich zum Leichenschauhaus weiterzufahren. Blaue Flecken an Händen, Beinen und im Gesicht zeigen, dass der Mann mit aller Macht darum gekämpft haben muss, sich aus dem Gefrierfach zu befreien.« Janos L. las diese Zeilen an einem Abend im März 1998. Einige Stunden später beendete er Irritation Nummer 305. Es war noch Nacht, als er den Stift aus der Hand legte. Er hörte die Dame in der Wohnung über ihm etwas zu ihrem blinden Vater sagen, der nicht mehr zwischen Tag und Nacht unterscheiden konnte. Er tastete mit den Füßen nach seinen Pantoffeln und stand auf. Am Ausguss stehend schenkte er sich ein Glas Milch ein, das er in einem Zug leerte. Nachdem er sein Glas ausgespült hatte, löschte er das Licht.

Schwer zu sagen
Wie lange du im schwarzen Sack des Schlummers lagst,
Wie eine Katze oder ein Fötus,
    Unklar was,
Eine stille Subversion deiner selbst.

335

Aber es kann kein wohliges Erwachen gewesen sein.
Man denke nur an die klingelnden Ohren,
Die zuckenden Glieder
    Sowie die abweisende Geste des Grauens,
Wenn es das Blut von den Schläfen
Zum Herzen zurücksandte
        Wie eine schlechte Flasche Wein...
Als die Sinne wieder eingeschaltet wurden,
    Einer nach dem anderen,
Wie die Lampen in einem Salon,
Muss dir aufgegangen sein:
Die Vorstellung war vorbei.
    Nun war guter Rat teuer.
Fort die Möglichkeit zu handeln,
Fort Zeit, fort Raum,
Fort alles, was so lange eine Rolle gespielt hatte.
    Nur du bliebst einsam zurück,
Eher Requisite als Schlussreplik,
    Eine boshafte Parodie
Auf einen unerlösten *deus ex machina*.
Es war die Rolle deines Lebens.
Sicher erkanntest du den Ernst der Lage
Und dass Panik dich nicht weiterbringen würde.
    Aber die Kälte muss dich geängstigt haben,
Ebenso der beengte Raum.
Schon bald muss dir bewusst gewesen sein,
    Dass mehr gefordert war
Als ein seelisches Maß an Stärke,
Um die Situation zu retten.
Sollte es da ein Trost sein, dass du,
    Fernab Podium und Estrade,
Dir selber nahegekommen warst?
    Das Dasein,

Dieser Mangel an Sympathie,
War zur Bühne geworden,
Auf der jeder Herzschlag ein Todesschlag war.
Ein Schauspieler hat neun Leben, nicht wahr,
    Ein Mensch nur eins.
Nichts half es, dass du die Luft anhieltst,
Auf ein Wunder hoffend,
Oder dass blaue Flecken,
Eingerissene Fingernägel, ein unerträgliches Heulen
Auch ein würdiger Abgang sein können.
Nach Abwägung allen Fürs und Widers
    Musst du begriffen haben,
Kaltblütigkeit würde dir nicht helfen.
    Oh, kataleptischer Houdini,
In einem Gefrierfach in Accra
    Fandest du deine letzte Ruhe –
        Ein *da capo*
Quittiert mit Stille.

Die biologische Uhr

Brigitte Fellinger saß am Grab ihres Sohns, als das Handy in ihrer Tasche vibrierte. Sie sah, wer es war, und griff sich unwillkürlich an die Brust: Es war das Gespräch, auf das sie vier Jahre gewartet hatte. Eine Stimme teilte ihr mit, das Gericht habe endlich die Entscheidung getroffen, die sie sich erhofft hatte. Jetzt stand ihrem Wunsch, Großmutter zu werden, nichts mehr entgegen – obwohl ihr einziges Kind nie eine Freundin gehabt hatte. Tilo war jung gestorben, bei einem Arbeitsunfall. Der Frau, die sich angeboten hatte, sein Kind auszutragen, war er nie begegnet. New Family – eine humanitäre Organisation mit Sitz in Tel Aviv, die im Auftrag von Familien tätig wurde – hatte sie gefunden. Nach Tilos Tod war sein Sperma entnommen worden. Obwohl er nie ausdrücklich den Wunsch geäußert hatte, Vater zu werden (er war erst zwanzig, als der Gabelstapler umkippte), war seine Mutter davon fest überzeugt. »Wenn ich die Hand auf seinen kalten Grabstein lege, stelle ich mir jedes Mal vor, wie sehr er sich gefreut hätte, wenn ich stattdessen ein warmes Enkelkind im Arm tragen würde.« Befragt, wie sie sich ihrer Sache so sicher sein könne, antwortete Brigitte Fellinger: »Eine Stunde nachdem ich von seinem Unfall erfahren hatte, nahm ich sein Bild von der Kommode und sprach mit ihm. Ich fragte: ›Wo sind all die Kinder, auf die ich gehofft hatte?‹ Ich betrachtete das Foto und hörte ihn antworten: ›Mama, es ist nicht zu spät. Es gibt etwas, das du noch immer bekommen kannst.‹« Sie hatte geahnt, was ihr Sohn meinte. »Als ich zu Vater hineinging, um ihm zu erzählen, was Tilo mir gesagt hatte, nickte er. ›Ich kann seinen Gesichtsausdruck ja nicht sehen, aber der Junge muss seinen Samen gemeint haben.‹«

Einer Sprecherin von New Family zufolge fühlte Brigitte Fellinger sich verpflichtet, den letzten Willen ihres Sohnes zu erfüllen. Nach zwei Jahren Suche fand man eine willige Mutter. Die Übereinkunft, die getroffen wurde, garantierte, dass Tilo Fellingers Hinterbliebene nur darauf Anspruch erhoben, mit dem Kind verwandt zu sein. Mit dem Gerichtsurteil war nun das letzte Hindernis ausgeräumt worden. Brigitte Fellinger hatte etwas weggegeben, das ihr nicht gehörte. Man könnte auch sagen: Sie hatte ein Leben gerettet, das niemand vorhersehen konnte. Damit war ein neues Phänomen in der Geschichte aufgetaucht. Es wäre übertrieben, von einer Mutation zu sprechen, aber Ursache und Wirkung waren so gründlich voneinander getrennt worden, dass ihnen jeder lebendige Kontakt fehlte. Trotzdem war das eine undenkbar ohne das andere. Folglich sprach man bei New Family gern von »einem Seitensprung in der Evolution«, womit man meinte, dass die biologische Uhr der historischen nicht folgen musste. Das Leben würde weitergehen, auch wenn dieses nicht vorhersehbar gewesen war. Wieder einmal hatte DER SINN DER MENSCHHEIT FÜR DAS PRAKTISCHE obsiegt.

Gänsehautelegien*

38 Minuten in einer auf den Kopf gestellten Welt

Am 26. Juli 1999 war Oberstleutnant Wilda H. Rankin in ihrem Kampfjet in 14 000 Meter Höhe über Massachusetts unterwegs. Als sie sich Norfolk näherte, sah sie mit ungeheurer Geschwindigkeit eine Masse auf sich zukommen – ein Unwetter: vielleicht eine Windhose, vielleicht ein Tornado. Plötzlich hörte sie einen Knall und ein schepperndes Geräusch. Die Feuerwarnanzeige blinkte. Es war 18.02 Uhr. Zwanzig Sekunden später schleuderte sich Rankin aus ihrem Cockpit. »Die Turbulenzen waren schrecklich, die Sicht gleich Null. Schlimmer als in einem Mixer«, erklärte sie später in der Offiziersmesse.

Das Thermometer zeigte –55° C,
 Als ich aus der Maschine schoss.
In der Luft wirbelten Eisstücke, so groß wie Fäuste.
Ich trug einen dünnen Overall für Sommerwetter,
 Handschuhe, Helm und flache Schuhe,
In der Brusttasche lag das Foto von Johnny, meinem Sohn.
Ich glaubte, auf Nummer sicher gegangen zu sein,
Aber es war ein Sprung in den Alptraum.
Im Vergleich erschien das Cockpit wie eine Oase.
 Ein stechendes Gefühl überkam mich,
  Dann wurden meine Glieder taub,
   Gleichzeitig ließ der Luftdruck
   Meinen Körper anschwellen wie einen Ballon.
Ich fühlte den Bauch sich dehnen

Und zusammenziehen,
Bis ich dachte, es würde mich in Stücke zerfetzen.
Die Augen quollen aus ihren Höhlen,
Die Kiefer klapperten wie aus Plastik,
Krämpfe schüttelten mich.
Der Himmel war die reinste Hölle!
Als sich der druckempfindliche Fallschirm
Endlich öffnete
Zeigte die Uhr 18.05.
Der Höhenmesser wusste Bescheid:
In zwei Minuten war ich zehn Kilometer gefallen.
Doch statt zum Erdboden zu sinken,
Ruhig pendelnd unter meinem Dach,
War ich auf dem Weg ins Herz des Unwetters.
Um mich wurden die Wolken
Zu einem tosenden Meer aufgepeitscht
(Ich hätte leicht ertrinken können),
Ein wütender Wind fuhr in den Fallschirm
– Und wieder saugte es mich hoch, hoch, hoch.
Gemobbt von den Elementen
Wirbelte ich, mal mit,
Mal gegen den Uhrzeigersinn.
Durch die Beschleunigung wurde ich
Erst in die Länge gezogen,
Dann zusammengepresst wie ein Ball.
Jetzt hatte mein letztes Stündlein geschlagen,
Dachte ich,
Als ich abwärts geschleudert wurde
Wie eine Kanonenkugel
Und in einen endlosen Tunnel blickte.
Die Luft war schwarz wie Teer, scharf wie Messerklingen,
Und um mich lauter Irre,

Die brüllend an meinen Beinen zerrten
    Wie an einem Hähnchen.
Ich begriff nichts,
Nur dass die Natur ein Tollhaus geworden war.
Niemals würde mich der Himmel freigeben.
Auf einmal ließen die Turbulenzen jedoch nach,
    Und als die Sicht wieder klarer wurde,
        Erblickte ich eine grüne Scheibe Erde.
    Es war warm, die Sonne schien,
    Es duftete nach Dünger und Veilchen.
Erst eine Kollision mit einem Baum,
    Dann setzte ich meine Füße auf die Erde,
        Zitternd wie Espenlaub.
Es war 18.40 Uhr.

Der perfekte Unfall

Anna B., eine schwedische Medizinstudentin, die ihr Praktikum am nördlichsten Universitätskrankenhaus der Welt im norwegischen Tromsø absolvierte, liebte das Klima. Das Eis, der Wind, die Fjorde – nur viele Kilometer nördlich des Polarkreises fühlte sie sich zu Hause. Sie war eine durchtrainierte Skiläuferin mit den Muskeln einer Antilope. Das hat sie wahrscheinlich vor dem Tod bewahrt. Oder vielmehr: Es rief sie ins Leben zurück. Denn an einem Maitag kurz nach der Jahrtausendwende gehörte Anna B. drei Stunden nicht mehr zu den Lebenden.

Nach dem Unterricht war sie wie üblich mit zwei Freunden zu einem Skiausflug aufgebrochen. Am Abend hatte sie ein Dozent zu einem Fest eingeladen. Deshalb wählten sie eine kürzere Route als sonst, die durch eine Gegend führte, die keinem von ihnen vertraut war. Die Schneeverhältnisse waren gut, auch wenn die Schneeschmelze eingesetzt hatte. Nach einer Stunde erreichten sie einen Flusslauf. Oben im Wald gab es zu wenig Schnee, weshalb man beschloss, das Gewässer zu überqueren. Anna B. winkte ihren Freunden vorauszugehen; sie wollte als Letzte hinüber. Als der zweite Mann die knackende Haut überquert hatte, wandte er sich um und sah das Eis nachgeben. Anna B. stürzte ins Wasser und glitt sofort unter die Eisdecke. Sie drehte sich auf den Rücken, trat und schlug mit den Stöcken, konnte sich jedoch nicht befreien. Die Strömung war so stark, dass ihr Körper gegen eine Felswand gepresst wurde. Die Freunde eilten zurück, doch sosehr sie auch an ihren Beinen zogen, sie bekamen Anna B. nicht frei. Obwohl der Fluss nur einen Meter tief war, saß Anna B. wie in einem Schraubstock fest. Es war 18.20 Uhr. Während der nächsten halben Stunde kämpfte sie gegen die Natur. Es muss eine Luftblase oder eine dünne Lage aus Atemluft unter dem Eis gegeben haben, sonst hätte sie nicht so lange durchhalten können. Sie selbst kann sich allerdings von dem Moment an, in dem sie ins Wasser fiel, an nichts mehr erinnern. Mit der Zeit wurden ihre Bewegungen immer matter. Schließlich hörte sie ganz auf, sich zu bewegen.

Inzwischen war es 18.45 Uhr. Ihren Kameraden war es nicht gelungen, sie zu befreien. Doch auch sie waren Medizinstudenten und wussten, was zu tun war. Per Handy alarmierten sie einen Hubschrauber und erklärten, das Krankenhaus solle sich auf einen Fall von akuter Unterkühlung vorbereiten. Hätten sie eine Ertrunkene gemeldet, hätte man andere Vorbereitungen getroffen und alles wäre umsonst gewesen. Wie die Dinge jetzt lagen, konnten die Rettungskräfte nach ihrem Eintreffen zwanzig Minuten später ein Loch ins Eis sägen. Daraufhin wurde

Anna B. an ein Seil gebunden, ins Wasser gedrückt und ein Stück stromabwärts aus dem Fluss gezogen. Als man sie endlich aus ihrem Eissarg befreite, waren seit dem Unfall 79 Minuten vergangen. Ihre Körpertemperatur lag bei 13,7° C. In diesem Moment war sie der kälteste Mensch der Welt.

Obwohl ihr Herz nicht mehr schlug, weigerte man sich, die Hoffnung aufzugeben. Während der Stunde im Wasser war das Gehirn kontinuierlich mit Sauerstoff versorgt worden – bis zu dem Moment, in dem es keinen mehr benötigte. Dies sollte Anna B.s Rettung sein. Die Tatsache, dass sie eine routinierte Skiläuferin und langjährige Leichtathletin war, schlank und sehnig, aber stark, war auch nicht von Nachteil, denn dadurch kühlte ihr Körper schneller aus als der anderer Menschen. Nun musste man sie allerdings wieder auftauen. Im Krankenhaus bereiteten sich Mads Gilbert und seine Kollegen darauf vor. »*Let's rock'n'roll*«, erklärte der Professor, als man endlich das Knattern des Hubschraubers über den Häuserdächern hörte. »Sie ist kalt, sie ist tot, aber wir schaffen es.« Mittlerweile war es 21.25 Uhr. Hinterher sollte Robert Spetzler, ein amerikanischer Gehirnchirurg, der den Fall studierte, von einem »perfekten Unfall« sprechen.

Eine schwierige Sache

Maude B. war 25 Jahre alt und hatte erst kürzlich im Fach Geologie promoviert, als sich das Unglück ereignete. An einem frühen Samstag im Juni 2002 bepackte sie ihren Toyota Corolla und legte wie verabredet den Schlüssel unter die Türmatte des Nachbarn, damit er während ihrer Abwesenheit die Katze füttern konnte. Gemeinsam mit zwei Freunden nahm sie die Interstate 199 vom Redwood National Park in Kalifornien, wo sie an einem ökologischen Forschungsprojekt beteiligt war, überquerte die Grenze zum Nachbarstaat und traf kurz vor neun Uhr morgens bei den Oregon Caves ein. Seit den Tagen des Goldrauschs war die Gegend ein beliebtes Ausflugsziel. Das berühmte National Monument, 1909 eingerichtet, bestand aus einer kleinen, aber ungewöhnlichen Ansammlung von steinernen Sälen, Formationen und Passagen mit einigen der größten unberührten Segmente alten Ozeansediments in den westlichen USA. Experten schätzen, dass die Höhlen, die geologisch und ökologisch zu den abwechslungsreichsten der Welt gehören, zwischen drei und fünf Millionen Jahre alt sind. Die Zeitperspektive ließ Maude B. immer wieder erschaudern. Im Unterschied zu den Touristen, die einen mit Stahltreppen, Geländern und Nottelefonen ausgestatteten, asphaltierten Weg nahmen, hatten sie und ihre Kollegen die Genehmigung erhalten, den »sicheren« Pfad zu verlassen. Man beabsichtigte, die Schichtungen des Felsgrunds in einer Verzweigung zwischen »Paradise Lost« und »Ghost Room« zu untersuchen, zwei Sälen, die zu dem Komplex gehören, und hatte die Erlaubnis bekommen, in der Höhle zu übernachten. Außer diversen Hämmern, krallengleichen Spaten und Messinstrumenten nahm die Gruppe folglich auch Schlafsäcke und einigen Proviant mit.

In der ersten Stunde begleitete man eine Gruppe von Rentnern aus Wyoming. Die Stimmung war gut, die Touristen wussten die Erläuterungen der Experten zur geologischen Geschichte der Höhle zu schätzen. Dann erreichte man »Paradise Lost«. Dort kontrollierte Maude B. das Seil aus Kunstfaser, das sie mit ihren Kollegen verband. Einer nach dem anderen schalteten sie ihre Stirnlampen an und ließen sich in eine Spalte hinab. Man verabschiedete sich unter herzlichen Scherzen, die in den riesigen Sälen widerhallten. Nachdem sie durch einen Tunnel gerobbt waren, erreichten die Geologen eine Kammer, in der sie wieder aufrecht stehen konnten. Sie inspizierten den Raum und beschlossen, dort die Nacht zu verbringen. Dann hakten sie sich voneinander los und aßen zu Mittag. Während Maude B. ein paar Nüsse und getrocknete Aprikosen verspeiste, musterte sie die Farbschattierungen der Felswand. Hier und da sah sie rotschimmernde Adern, die auf das Vorkommen von Kupfer, vielleicht auch Gold hindeuteten. Die Temperatur in der Höhle lag ganzjährig bei konstanten 5,5° C, wodurch perfekte Voraussetzungen für ein ökologisches Gleichgewicht bestanden. Sie klopfte mit ihrem Hammer vorsichtig gegen den Stein und machte sich Notizen. Als sie der Ader jedoch eine sanfte Böschung hinab folgte, gab das Erdreich nach. Plötzlich rutschte sie den glatten Untergrund hinab, dann fiel sie mehrere Meter tief. Als sie wieder zu sich kam, benebelt und wund, aber mit intakter Stirnlampe, vergewisserte sie sich, dass keine Knochen gebrochen waren. Hoch über ihr riefen die Kollegen. Sie sah den flackernden Lichtschein einer Stirnlampe, was andeutete, dass sie vier, vielleicht auch fünf Meter tief gefallen war. Maude B. entdeckte, dass sie auf einem Sandbett lag, das feucht, weich und erstaunlich bequem war. Schlimmer war, dass sich bei ihrem Sturz ein Steinblock gelöst hatte, der nun die Passage blockierte. Sicherheitshalber presste sie sich gegen eine Felswand möglichst weit von der Stelle entfernt, an welcher der Block aufschlagen würde, falls es zum Schlimmsten käme.

Die Situation war paradox. Solange der Stein nicht fiel, blieb Maude B. am Leben, gleichzeitig hinderte er sie jedoch daran, sich aus ihrem Gefängnisloch zu befreien. Sie saß fest, und ohne Schlafsack würde es auf Dauer schwierig werden, sich warm zu halten. Sie warf einen prüfenden Blick auf ihre Armbanduhr. Ihr blieben noch sechs, vielleicht auch sieben Stunden, dann würde die Batterie ihrer Stirnlampe leer sein. Im Dunkeln würde sie erst merken, dass der Steinblock fiel, wenn es schon zu spät war. Sie rief nach ihren Kollegen. Ruhig und sachlich berichtete sie, dass sie sich nichts gebrochen hatte und ihre Lampe noch funktionierte. Dann erzählte sie von dem Steinblock und ermahnte ihre Kameraden, nichts zu unternehmen, was dazu führen konnte, dass er sich löste. Man einigte sich darauf, dass einer der beiden zu »Paradise Lost« zurückrobben und Hilfe herbeirufen würde.

Solange Maude B. zurückdenken konnte, hatte sie eine natürliche Verbundenheit mit dem Erdinneren empfunden. Dieser war es wahrscheinlich zu verdanken, dass sie Ruhe bewahrte. In jüngeren Jahren war sie von Eltern und Bekannten »Maulwurf« genannt worden, weil sie gerne Gänge grub und daheim im nördlichen Kalifornien in Höhlen kletterte – erst mit dem Vater, einem pensionierten Militär, später mit diversen Freunden. Sie war klein, fast hager und ungewöhnlich gelenkig, weshalb sie sich selbst durch Gänge mit einem Durchmesser zwängen konnte, der kaum größer war als ihr eigenes Kranium. Einmal hatte einer ihrer Freunde seufzend gesagt, sie sei eine Person, der man nur sehr schwer folgen könne. Als er erkannte, dass er sich verliebt hatte, schenkte er ihr eine Silberbrosche mit einem Maulwurf und erklärte, sie habe sein Herz in einen Schweizer Käse verwandelt. Nun überlegte Maude B., was ihr Wappentier in einer vergleichbaren Situation getan hätte. Mit seinen kräftigen Vorderpfoten, mit Krallen und einer Membran versehen, die fast bis zu den Nägeln wuchs, war das Tier der geborene Bagger. In wenigen Stunden konnte der Maulwurf auf einer Fläche von der Größe eines Fußballfelds ein Dutzend Hügel aufwerfen und gewundene Gänge graben. Sein kompakter Körper, in dem sämtliche Knochen kurz waren und der Rumpf folglich sehr elastisch, erlaubte es ihm, sich durch praktisch jedes Nadelöhr zu pressen. Diese Fähigkeit fehlte Maude B. Zwar konnte sie an einer Seite des Steinblocks einen Spalt erkennen, aber sie würde nur einen Versuch haben und betrachtete das Risiko als zu groß. Um dort hinaufzugelangen, musste sie klettern, und die kleinste unvorsichtige Bewegung konnte den Block lösen. Außerdem war es nicht einmal für sie, die sonst jedes Hindernis überwand, so leicht, durch den Spalt zu robben, wenn sie sich von keinem guten Untergrund abdrücken konnte.

Schließlich erkannte sie, dass sie nur eine Chance hatte. Sie griff nach dem krallenförmigen Spaten, der an ihrem Gürtel hing, tastete die Bergwand ab, bis sie die lockerste Stelle gefunden hatte, und begann systematisch zu graben. Dieser Umweg würde ihre Abkürzung zum Leben werden. Der sandige Untergrund erwies sich als ausreichend porös. Mit etwas Glück würde es ihr gelingen, am Fuß der Wand einen Hohlraum zu graben. Dort gedachte sie Schutz zu suchen, während ihre Freunde den Stein herabdrückten, der die Passage versperrte. Mit einem Quäntchen Glück würde er so fallen, dass sie nicht eingesperrt wurde. Anschließend bräuchte man nur ein Rettungsseil zu ihr herabzuwerfen, und sie würde sich mühsam, aber sicher hocharbeiten. Sieben Stunden später war Maude B. bereit. Das Licht ihrer Stirnlampe brannte nur noch schwach. Zu diesem Zeitpunkt befand sich in der Kammer über ihr ein Rettungsteam. Es war aus Ashland herbeigerufen worden und bestand aus drei erfahrenen Speläologen sowie einem Arzt. Maude B. rief: »Drei, zwei, eins...« Unmittelbar darauf sauste der Felsblock herab. Als sich Staub und umherwirbelnde Steinsplitter gelegt hatten, erkannte sie, dass der Weg frei war. Ohne größere Probleme presste sie sich an dem Stein vorbei. Über ihr flackerten in der Dunkelheit Lichtkegel hin und her. Schnell ließ das Rettungsteam ein Seil herab, das sie sich um die Taille schlang. Zwei Minuten später wurde sie hochgezogen, wobei sie sich mit den Füßen von der Felswand abstieß.

Als der anwesende Arzt sie untersuchte, stellte er fest, dass sämtliche Werte normal waren. Nur die Körpertemperatur lag seltsamerweise ein knappes Grad über der normalen. John Ash, MD, konnte diese Anomalie keinem anderen Umstand als der Erregung zuschreiben. Maude B. war eine schwierige Sache gelungen: die Wiederauferstehung.

Dieses Öl, diese Poesie

nerves pouring around in her like a palace fire
– Anne Carson

Lygia Alejandra A. war siebzehn Jahre alt, als sie im Februar 2004 verschwand. Als Kind hatte sie immer gern im Freien gespielt. In der Schule bekam sie gelegentlich schlechtere Noten, aber im Großen und Ganzen hatte ihre

Mutter Grund gehabt, stolz auf sie zu sein. Ihre Tochter war Cheerleader, sang im Chor, schrieb Gedichte, die sie in der Schreibtischschublade versteckte, fotografierte und träumte davon, Journalistin zu werden. Am Abend ihres Verschwindens war sie jedoch bereits Mutter zwei kleiner Kinder. Wie so viele andere Mädchen in Brasilien hatte sie ihren Traum aufgeben und einen Job in einer jener Fabriken annehmen müssen, die wie Pilze aus dem Boden schossen, als multinationale Unternehmen die Vorteile von Präsident Lulas liberaler Wirtschaftspolitik und der billigen Arbeitskräfte des Landes erkannten. In einer Baracke einige Kilometer südlich des Vororts, in dem sie lebte, schraubte sie tagtäglich zwölf Stunden lang Haartrockner zusammen. Zunächst verdiente sie fünfzig Dollar in der Woche, später etwas mehr.

Norma A. ärgerte sich anfangs darüber, dass ihre Tochter nach der Spätschicht nicht nach Hause kam. Zwar passte sie gern auf ihre Enkelkinder auf, aber sie brauchten auch die Mutter, und im Übrigen hatte sie Probleme mit dem Rücken. Einem Zeugen zufolge soll sich Lygia Alejandra mit einer Person in einem Auto unterhalten haben, das vor General Fixtures gewartet hatte. Kurz darauf kam ihr Bus, danach verlor sich die Spur. Ihre Mutter wartete zunächst ein paar Tage ab, weil es auch früher schon vorgekommen war, dass ihre Tochter nicht nach Hause kam. Vereinzelt hatte sie stattdessen, erschöpft von Kindern und Verpflichtungen, nach der Schicht einen »Arbeitskollegen« begleitet. Sobald sie reumütig, mit schnapsstinkenden Kleidern zurückgekehrt war, hatte sie, in der Badewanne ihrer Kinder sitzend, jeden einzelnen Zentimeter ihres Körpers mit Seife und Holzwolle frottiert. Als ihre Mutter bei einer solchen Gelegenheit wissen wollte, warum sie Brandmale auf dem Körper hatte, antwortete

Lygia Alejandra nur mit einem Schulterzucken. In den folgenden Tagen widmete sie sich ihren Kindern mit neuer Aufmerksamkeit, kaufte Geschenke von Geld, das sie eigentlich nicht haben sollte, und gab sich einmal mehr Mühe, den Erwartungen zu entsprechen – bis sich der Überdruss erneut geltend machte und Norma A. die Tage zu zählen begann, bis sie mit ihren Enkelkindern nochmals allein sein würde. Mittlerweile waren ihr die Zyklen der Tochter wohlvertraut. Eine andere Erklärung dafür, dass sie vier Tage wartete, bis sie sich an die Polizei wandte, gibt es nicht.

Am Tag nach ihrer Vermisstenanzeige klopfte es an der Tür. Der Polizist, der auf der Treppe stand, hatte den Motor seines Wagens erst gar nicht ausgemacht. Norma A. ließ die Kinder in der Obhut einer Nachbarin, nahm jedoch ihren Bruder mit ins Leichenschauhaus. Im Warteraum sitzend, fragte sie, ob das Mädchen, das sie identifizieren sollte, *bobby socks* an den Füßen trage. Die Polizisten schüttelten den Kopf. Dann sei es nicht ihre Tochter. Der Druck auf ihrer Brust verschwand, aber als sie aufgefordert wurde, in den Kühlraum zu gehen, verließ sie trotzdem der Mut. Als ihr Bruder wenige Minuten später wieder herauskam, sah sie an seinem Gesicht, dass es nicht Lygia Alejandra war, die in dem Raum lag. Es zeigte sich jedoch, dass es ein Kind der Nachbarin war, das ebenfalls bei General Fixtures arbeitete. Der Polizist berichtete, man habe die Leiche auf einer Baustelle wenige hundert Meter von der Fabrik entfernt gefunden, nackt, aber in eine Decke gewickelt. Die Frau war mehrfach vergewaltigt worden. Auf Hals, Körper und im Unterleib fand man Sperma von mehreren Männern, an den Handgelenken waren Blutergüsse erkennbar, in den Handflächen die Male von Zigaretten. Norma A. begriff: Der Polizist schloss nicht aus, dass ihrer Tochter etwas Ähnliches zugestoßen war.

Von diesem Tag an schlief sie schlecht oder gar nicht. Eine Freundin erzählte, die Spuren, die man an den Handgelenken der Toten gefunden hatte, stammten wahrscheinlich von einer Wäscheleine. Einige Tage später begann Norma A., sich zu fesseln und zu ziehen, bis ihre Finger blau wurden. Sie wollte wissen, welche Spuren die Folter hinterließ. Doch die Blutergüsse sahen nie aus wie die des Mädchens, dessen Hände sie bei der Beerdigung mit offenem Sarg wenige Tage zuvor in ihre genommen hatte. Als ihr Bruder die Handgelenke sah, bemerkte er: »So wirst du nie die gleichen Male bekommen. Das müssen Handschellen gewesen sein.« Danach verzichtete Norma A. auf weitere Experimente, schlief aber immer noch schlecht oder gar nicht.

Die Zeit verging, nichts wurde besser. Eines Morgens, drei Jahre später, klopfte es jedoch unerwartet an der Tür. Nur Norma A. war wach. Mittlerweile betrachteten die Enkelkinder sie als ihre Mutter und maulten, als sie aus dem gemeinsamen Bett aufstand. Die Kleine streckte eine Hand aus. Als sie den Nachthemdsärmel ihrer Großmutter, in den sie so gern die Hand steckte, nicht finden konnte, drehte sie sich auf die Seite. Unabsichtlich trat sie dabei ihren Bruder, der zurücktrat. Norma A. legte sich den Bademantel um die Schultern und schloss die Tür zum Schlafzimmer. Als sie die Haustür öffnete, »sträubten sich ihr alle Haare am Leib«. Es war Lygia Alejandra. Ihre Tochter war unfassbar schmutzig, in der Hand hielt sie ein Bündel, ihr Blick irrte ziellos umher. Sie erinnerte an ein Tier. Norma A. versuchte sie zu berühren, aber sie wich zurück, ging schnurstracks ins Schlafzimmer und legte sich zu den verängstigten Kindern ins Bett.

In den folgenden Wochen tat Norma A. alles, um ihrer Tochter zu helfen. Aber nicht einmal, als die Kinder sich wieder trauten, auf Lygia Alejandras Schoß zu sitzen oder ihr beim Haarewaschen zu helfen, sagte sie etwas. In den Nächten stand sie allein auf der Veranda, rauchte eine Zigarette nach der anderen und betrachtete die Sterne. Wenn ihre Mutter herauskam, rückte sie fort. Offenbar ertrug sie niemanden in ihrer Nähe. Ihre Bewegungen waren ängstlich wie die eines Vogels, und Norma A. begriff, dass nur »Gottes Geduld« helfen würde. So verging die Zeit. An einem Wintertag half sie dem älteren Kind beim Anziehen der Schuhe. Lygia Alejandra beobachtete die beiden mit einem Blick, in dem Panik aufloderte wie Feuer. Der kleine Jesus hatte gerade den Schnürsenkel aus einem der Schuhe gezogen und spielte damit. Seine Großmutter versuchte ihn dem Jungen abzunehmen, als sie entdeckte, dass ihre Tochter sich panisch mit den Händen gegen Hüften, Rumpf, Gesicht schlug. Sie wirkte »überhitzt«, so als gäbe es da ein anderes Wesen, das sich aus ihrem brennenden Körper zu befreien suchte.

Da begriff Norma A., wie die Blutergüsse des Nachbarmädchens entstanden waren. Sie nahm Jesus an der Hand und ging in die Küche. In ein Gefäß gab sie Kokosmilch, in einem anderen verquirlte sie Eier und Mehl. Anschließend sautierte sie eine Handvoll Garnelen mit Limettensaft, Koriander und etwas Pfeffer. Danach ließ sie alles in einem Topf zusammen mit gehackten Zwiebeln, abgebrühten Tomaten und Knoblauch kochen. Eine halbe Stunde später war das verfrühte Abendessen fertig. Im Schlafzimmer suchte sie den Schuhkarton heraus, in dem sie die Habe ihrer Tochter verwahrte. Als sie das Tablett mit *frigideira* auf den Schemel neben Lygia Alejandra stellte, reichte sie ihrem Enkelsohn ein vergilbtes Blatt.

Dieser gab es seiner Mutter, die zögernd erst ihre frühere Leibspeise, dann das Papier betrachtete. Ihr flackernder Blick war voller Sorge. Unmittelbar darauf lächelte Lygia Alejandra jedoch zum ersten Mal seit ihrer Heimkehr. Kaum hörbar lasen ihre gesprungenen Lippen die ersten Worte eines alten Gedichts:

Meine Mutter brät Garnelen.
Ich schaudere.
Dieses Öl, diese Poesie.
Eine Gänsehautelegie.

* Diese Notizen, von denen es noch mehr gibt, wurden in einem Konvolut mit der Aufschrift »Gänsehautelegien« gefunden. Auf der Rückseite hat jemand notiert, dass es sich um Geschichten aus dem wahren Leben handelt, aus der spanischen Boulevardpresse ausgeschnitten oder im Lokalradio aufgeschnappt – »kaum zu glauben, aber dennoch wahr«. Einer tabellarischen Übersicht lässt sich entnehmen, dass sich der anonyme Kompilator vorgenommen hatte, ausschließlich Anekdoten mit glücklichem Ausgang aufzubewahren. Warum, lässt sich unmöglich sagen. Doch wie es in einem der Texte heißt: »Der Mensch ist ein praktisches Tier. Nur die Welt ist unpraktisch.« Vielleicht ein Fingerzeig? Jedenfalls hat der Kompilator offenbar nicht eine Person vergessen wollen, solange ihre Handlungen »kleinste Spuren in unserem Gedächtnis« hinterlassen haben. Bei der Auswahl scheint der Zeitaspekt eine besondere Rolle gespielt zu haben. Allem Anschein nach hat der Sammler – aber warum Anonymität fingieren, es handelt sich natürlich um Karla Nuñez und ihre vieldiskutierten VERSUCHSANORDNUNGEN FÜR NEUE LEBENSFORMEN – in der Addition einen Zeitraum angestrebt, der dem eigenen auf der Erde entsprach. Nahezu allen Äußerungen zufolge war diese Frau »chronophil«. (Einzig Milorad Bovvikan spricht in einem Aufsatz vom Gegenteil, also von »Chronophobie«, auch wenn die Symptome dieselben sind.) Möglicherweise sah sich Frau Nuñez, unabhängig von ihrer Ausweisnummer oder ihrer privaten Rentenversicherung, als die Summe gewisser Handlungen. Die Frage, ob es ihr gelang, ihre Vor-

sätze umzusetzen, muss so lange unbeantwortet bleiben, wie wir nicht wissen, ob das Konvolut sämtliche nachgelassenen Geschichten enthält. Die vier hier wiedergegebenen Texte – einer für jedes Element – entsprechen 3 Jahren, 21 Tagen und 38 Minuten. In diesem Alter hieß unsere Kompilatorin noch Klug und spielte in einem Sandkasten in Berlin.

Liebeserklärung an Fräulein Uhr

Kleiner psychischer Automatismus,
Was bringt mein Herz zum Klopfen
Wie ein kochendes Ei?
Ist es deine Stimme, deine Ruh,
    Dein Sinn für Takt, dein Ton?
Du bist nur eine sehr kleine Göttin,
    Ich weiß,
Kühl und elektrisch,
    Mit einer Frequenz,
Bei der es einem Puls gutginge.
    Leicht zu glauben,
Auch deine Atmung wäre nur Illusion,
Kein Körper, keine Knochen,
Die Stimme bloß Passform
    Für eine Passion.
Doch wissen wir beide, my Darling,
    Der Augenblick
Lässt sich nicht ergreifen,
    Sondern ergreift einen.
Und so ist es mit der Liebe.
Es gilt nur, nicht zu zögern,
Sein Herz zu öffnen.
    So lass mich meines öffnen,
Da sich die Gelegenheit nun bietet:
Wenn du in meinem Ohr bist,
    Milde mechanische Muse,
Bin ich in deiner Gewalt.
Du glaubst mir nicht?

Ahme ein Herz nach,
   Und du wirst sehen.

Doch nun muss ich auflegen.
      So long,
Kleines elektrisches Kleinod,
   So long.

Textnachweise

Angegeben wird die deutsche Erstveröffentlichung. Zitierte Werke werden bei der Erstnennung mit ausführlichen bibliographischen Angaben versehen, danach nur noch mit dem Titel genannt.

Vorwort. Feildings Vorgehen wurde von ihrem Gatten Joey Mellen in einem Kurzfilm mit dem Titel *Heartbeat in the Brain* dokumentiert. Schillers Abhandlung, 1780 vorgelegt, trägt den Titel *Über den Zusammenhang der tierischen Natur des Menschen mit seiner geistigen.* Siehe *Sämtliche Werke in 5 Bänden,* München 2004, Band 5, S. 289.

Der Nabel der Welt, zirka 1965. Erstveröffentlichung *Süddeutsche Zeitung,* 6. August 2005, in der Übersetzung von Kristina Maidt-Zinke.

Kanakenkünste. Akzente, 2000, Nr. 6, S. 513–525.

Feldstudien in Anatomie. Der erste Teil ist in *den sprachn das sentimentale abknöpfn: Thomas Kling zum 50. Geburtstag* erschienen, Hrsg. Heidemarie Vahl und Ute Langanky, Düsseldorf 2007.

Barbarische Erinnerungen. Sic, 2006, Nr. 2, S. 38–39.

Oh, Vienna. Valerio, 2008, Nr. 8.

Zärtliche Intervalle. Frankfurter Rundschau, 22. April 2000. Die Zitate von Joseph Brodsky stammen aus *Less Than One,* New York 1986 und *On Grief and Reason,* New York 1996. Walter Benjamins Text »Essen« findet sich in *Gesammelte Schriften,* Frankfurt am Main 1980–1989, Band 4.1. Jakobson wird zitiert aus Calvin Watkins' Aufsatz »What is Philology?«, *Comparative Literature Studies,* 1990, Jg. 27. Paul de Man zitiert Blaise Pascal als Motto zu seinem Buch *Allegories of Reading,* New Haven 1979. Nabokovs *Ada oder Das Verlangen* wird in der deutschen Übersetzung von Uwe Friesel und Marianne Therstappen zitiert, Reinbek bei Hamburg 1984.

Die Sorgen des Lumpensammlers. Musils *Der Mann ohne Eigenschaften* kann in *Gesammelte Werke,* hrsg. von Adolf Frisé, Hamburg 1978, Teil 1, konsultiert werden. Lukács' Reflexionen über den Essay finden sich in *A lélek és a formák* (1910). Thomas Harrison hat eine Studie zu diesem Thema vorgelegt, der sich mehrere Erkenntnisse verdanken: *Essayism,* Baltimore 1992. Baudelaires Notizbücher finden sich in *Œuvres complètes,* Paris 1975, Teil 1. Cioran wird zitiert aus *Cahiers,* Paris 1998. Plath' Gedicht heißt »Insomniac« und wurde in *Crossing the Water,* New York 1971, veröffentlicht. Edith Södergrans Anmerkung findet sich in

Brokiga iakttagelser (1919), siehe *Samlade dikter*, Stockholm 1985. Brechts »Fatzer«-Fragment ist veröffentlicht in *Gesammelte Werke*, Frankfurt am Main 1967, Band 7. Sophokles wird aus der berühmten Reflexion des Chors in *Ödipus auf Kolonos*, Vers 1224–1226, zitiert. Beckett wird zitiert aus *The Complete Short Prose 1929–1989*, New York 1995; *Murphy* (1938) und *Molloy* (1955). Christopher Ricks kommt zu interessanten Beobachtungen in *Beckett's Dying Words*, Oxford 1993. Heinrich von Kleists Anekdote findet man in *Sämtliche Erzählungen und Anekdoten*, München 1978. Poes »The Premature Burial« findet sich in *Complete Tales and Poems*, New York 1975. Die Überlegung des Theogenis ist Gregory Nagys *Pindar's Homer*, Baltimore 1990, entlehnt. Die *Odyssee* wird in Wolfgang Schadewaldts Prosaübersetzung zitiert, Zürich und München 1966, Fünfter Gesang. Nabokov spricht an vielen Stellen davon, das Detail zu »liebkosen«, zum Beispiel in *Lectures on Literature*, New York 1980. Die Erzählung »Christmas« steht in *The Stories of Nabokov*, New York 1995. Das Buch, in dem Heiner Müller das Beispiel mit dem Frosch und dem kochenden Wasser fand, ist Dirk Baeckers *Postheroisches Management*, Berlin 1994. Lautréamonts *Les Chants de Maldoror* finden sich in *Œuvres complètes*, Paris 1938. Hölderlins *Hyperion* wird zitiert aus *Werke. Geschenkausgabe in vier Bänden*, Frankfurt am Main 1983, Band 3. Die beiden Briefe Hölderlins an Böhlendorff (datiert 4.12.1801 und November 1802) findet man in *Sämtliche Werke*, Stuttgart 1959, Band 6, Briefe. Schrebers Schrift trägt den Titel *Denkwürdigkeiten eines Nervenkranken* (1903). Heiner Müller spricht über Chaplin in seinem Text »Ich wollte lieber Goliath sein«, nachzulesen in *Werke*, Hrsg. Frank Hörnigk, Frankfurt am Main 2005, Band 8. Kafkas Briefe sind abgedruckt in Max Brod und Franz Kafka, *Eine Freundschaft*, Frankfurt am Main 1982, Band 2. Die Erzählung über die Sängerin Josefine wird zitiert nach *Gesammelte Werke*, Erzählungen, Hrsg. Max Brod, Frankfurt am Main 1983. Der »Monolog« von Novalis wird zitiert aus dem Band *Dichtungen*, Reinbek bei Hamburg 1963. Klopstock wird zitiert aus der Ode »Delphi« (1771). Kleists Aufsatz »Über das Marionettentheater« findet man in *Sämtliche Erzählungen und Anekdoten*. Sacks erzählt von Christina in *The Man Who Mistook His Wife for a Hat*, London 1985. Die deutsche Übersetzung von Dirk van Gunsteren ist erschienen als *Der Mann, der seine Frau mit einem Hut verwechselte*, Reinbek bei Hamburg 1987. Freuds *Das Unbehagen in der Kultur* kann konsultiert werden in der *Studienausgabe*, Frankfurt am Main 1969–1975, Band 9. Jones' Biographie in drei Teilen erschien 1957 in New York. Pappenheim ist besser bekannt als »Anna O.« und wird von Freuds Kollegen Joseph Breuer in ihren gemeinsamen *Studien über Hysterie*, 1895, zitiert (vgl. Band 6 der Studienausgabe). Benjamins Reflexionen über den Engel der Geschichte findet man in »Über den Begriff der Geschichte«, siehe *Gesammelte Schriften*, Band 2.1. Die berühmte ethnologische Definition stammt von Mary Douglas in *Purity and Danger*, London 1966.

Daniel Paul Schreber Nr. 2 ersucht um Audienz. Thomas Florschuetz, *Multiple Entry*, Zwickau 1998.

Die Liebe des Uhrmachers zur Fledermaus. »*Interesse für bedingtes Wissen*«. *Wechselbeziehungen zwischen den Wissenskulturen*, Hrsg. Caroline Welsh und Stefan Willer. München 2007, S. 405–408. Horace Engdahl wird aus dem Aufsatz *Om uppmärksamheten*, Lund 1988, zitiert. Oppenheimer äußerte die berüchtigten Worte bei einer Befragung vor der U.S. Atomic Energy Commission im Frühjahr 1954. Zitiert werden sie beispielsweise von Isabel Paterson in »The Oracles Are Dumb«, *Nation Review*, 23. Mai 1956.

Unter dem Hundestern. Lose Blätter, 2006, Nr. 37, S. 1105–1107.

Die Resurrection Co. Der Tagesspiegel, 14. April 2001. Rathenaus Erzählung findet sich in *Gesammelte Schriften*, Berlin 1918, Band 4. Pynchons Roman, veröffentlicht 1973, ist auf Deutsch in der Übersetzung von Elfriede Jelinek und Thomas Piltz erschienen als *Die Enden der Parabel*, Reinbek bei Hamburg 1981.

Kleiner Versuch, die Existenz der Seele zu beweisen. Edit, 1999, Nr. 20, S. 10.

Noten zu einem Fuß. Das Motto entstammt Durs Grünbeins »Denkmal für einen Fuß«, *Nach den Satiren*, Frankfurt am Main 1999. Freud wird zitiert aus »Fetischismus« und *Drei Abhandlungen zur Sexualtheorie*, die man in der *Studienausgabe*, Band 3 bzw. Band 5, konsultieren kann. Die Stellen aus Homers *Odyssee* findet man im Neunzehnten Gesang, 450 und 468–471.

Biologie der Literatur. Frau und Hund, 2007, Nr. 11, S. 179–223. *Pu baut ein Haus* wird in Harry Rowohlts Übersetzung zitiert, siehe *Pu der Bär, Gesamtausgabe*, Frankfurt am Main und Wien 1987/88. Roland Barthes spricht über den »Wirklichkeitseffekt« in seinem Aufsatz »L'Effet de réel« von 1968, vgl. *Œuvres complètes*, Band 2. Hirschfelds Studie trägt den Titel *Die Transvestiten*, Berlin 1910. Das seltene Supplement zu diesem Buch wurde zwei Jahre später veröffentlicht. Steinachs *Künstliche Verjüngung – künstliche Geschlechtsumwandlung*, Berlin 1920, ist eigentlich eine Kurzdarstellung Hirschfelds, entstanden zur Erbauung des gemeinen Lesers. Isherwoods Roman erschien erstmals 1939. Singers Erzählung heißt »Yentl the Yeshiva Boy« in *Short Friday and Other Stories*, übersetzt von Marion Magid und Elizabeth Pollet, New York 1978.

Mein schwarzer Schädel. Erstveröffentlichung mit einem Nachwort von Durs Grünbein als Band 14 in der Reihe »Spurensicherung« des DAAD Berliner Künstlerprogramms, Berlin 2003. Bertolt Brechts »Untergang des Egoisten Johann Fatzer« findet sich in *Gesammelte Werke*, Band 7. Baudelaires Journale lassen sich konsultieren in den *Œuvres complètes*, Paris 1975, Band 1. Im gleichen Band findet man auch *Les Paradis artificiels*. Buster Keatons Autobiographie trägt den Titel *My Wonderful World of Slapstick*, New York 1960. Walter Benjamins Aufsatz über »Haschisch in Marseille«, findet sich in *Gesammelte Schriften*, Band 4.1. Johann Gottfried Herder wird zitiert aus *Ideen zur Philosophie der Geschichte der Menschheit* (1784–94). De Quinceys Reflexionen lassen sich nachlesen in den *Confessions of an English Opium-Eater* (1821). William Gibsons Roman *Neuromancer* erschien 1984. Mary Shelley wird zitiert aus *Frankenstein, or The Modern Prometheus* (1818). Dalton Trumbos Film *Johnny zieht in den Krieg* (1971) ist mittlerweile auf DVD erschienen. Der gleichnamige Roman wurde ursprünglich 1939 veröffentlicht. Zitiert wird hier die deutsche Ausgabe in der Übersetzung Rudolf Bocholls, *Johnny zieht in den Krieg*, Frankfurt am Main 1981. Malcolm Gladwell schreibt über das Virus *hiv1* in seiner Reportage »The Dead Zone«, *The New Yorker*, 29. September 1997. John Burnsides Gedichtsammlung *A Normal Skin* erschien im gleichen Jahr. Jan Bondeson erzählt von dem zweiköpfigen Jungen aus Bengalen in *A Cabinet of Medical Curiosities*, Ithaca, New York 1997. Per Olov Enquist wird in Wolfgang Butts deutscher Übersetzung von *Gestürzter Engel. Ein Liebesroman*, München 1987, zitiert. Walter Benjamins Überlegungen zu Strümpfen findet man in *Berliner Kindheit um Neunzehnhundert*, wiederveröffentlicht in *Gesammelte Schriften*, Band 4.1. Trotz freundlichen Beistands wissenschaftlicher Bibliotheken und digitaler Suchmaschinen hat sich die angesprochene »Bewusstseinshypothese« des Neurologen Vadim von Kolibar nicht auf eine ursprüngliche Quelle zurückführen lassen. Wahrscheinlich bezieht sich die Angabe auf die möglicherweise apokryphe Schrift *Levij povorot*, Sankt Petersburg 1917.

Brief aus Russland. Literaturen, 2002, Nr. 7–8, S. 42–47. Joseph Conrads *Heart of Darkness* (1902) wird zitiert in Manfred Alliés Neuübersetzung: *Herz der Finsternis*, Frankfurt am Main 2007. Nabokov wird in den deutschen Übersetzungen Dieter E. Zimmers zitiert: *Erinnerung, sprich. Wiedersehen mit einer Autobiographie, Gesammelte Werke*, Band 22, Reinbek bei Hamburg 1991; *Einladung zur Enthauptung, Gesammelte Werke*, Band 4, 1990, und *Das wahre Leben des Sebastian Knight, Gesammelte Werke*, Band 6, 1996. 1844 veröffentlichte Talbot *The Pencil of Nature*, das erste kommerzielle Buch mit fotografischen Illustrationen.

Industrie der Nacht. Akzente, 2004, Nr. 1, 30–32. Der Text enthält Echos aus Conrads *Heart of Darkness*. Auch Giorgio Agambens *Homo sacer* (Turin 1995) spielt eine Rolle.

Grüße aus dem Hochland. James wird zitiert aus »The Figure in the Carpet«, nachzulesen in *Complete Stories 1892–1898*, New York 2006. Kafkas Anmerkung darüber, der Welt zu sekundieren, findet man in »Betrachtungen über Sünde, Leid, Hoffnung und den wahren Weg«, nachzulesen in *Nachgelassene Schriften und Fragmente II*, Hrsg. Jost Schillemeit, Frankfurt am Main 1992.

Aus der Geschichte des Herzens. Der zitierte »Gassenhauer« ist Lied 572 im Gesangbuch der Schwedischen Kirche, verfasst 1847 von Carl Olof Rosenius.

Gänsehautelegien. Anne Carson wird zitiert aus dem Gedicht »Apostle Town«, *Plainwater*, New York 1995.

Liebeserklärung an Fräulein Uhr. Eine Zusammenarbeit mit Carl Michael von Hausswolff für *Arkipelag TV*, eine Serie künstlerischer Videofilme, kuratiert von Hans Ulrich Obrist für das schwedische Fernsehen im Oktober 1998. Auf Deutsch auf der CD *Sommernacht der Lyrik: Gedichte von heute*, München 1999. In Schweden wird die telefonische Zeitansage »Fräulein Uhr« genannt.

Bildnachweise

27: In leichtem Winkel zum Universum, Frühjahr 1966.

38, 40, 42, 44, 46, 48 und *51*: Schnappschüsse aus einem barbarischen Leben. Zeichnungen von Dan Backman, 1996.

68: Bauernglorie mit Drucksache. Foto: H. Osti, »Lesender Mann«, ca. 1880, Sammlungen der Universitätsbibliothek Uppsala.

75: Der Feinschmecker an einem frühen Nachmittag in der Vergangenheit. Vilhelm Hammershøi, »Interieur mit jungem lesenden Mann«, 1898. Den Hirschsprungske Samling, Kopenhagen.

79: Worte schlimmer als Handschellen. René Magritte, »La Lectrice soumise«, 1928. Privatbesitz. © VG Bild-Kunst, Bonn 2008.

123: Lumpensammler aus dem *Simplicissimus*, 1904.

124: Die Seele als Aggregat. Thomas Florschuetz, »Wendung II«, 1986. Privatbesitz.

144: Patent für jemanden, der absolut still liegen muss. Susan O. Grovers »Coffin Attachment« (Granville, OH, am 6. Juli 1886).

181: Preußische Ballerina. Aus dem Supplementband zu Magnus Hirschfelds *Die Transvestiten* (Berlin 1912).

189: Dito.

206: Buster Keaton. Standfoto aus Samuel Becketts Film *Film*, 1965.

207: Baudelaires Scheitel, 1863. Detail eines Fotos von Etienne Carjat.

209: Röntgenbild eines menschlichen Kraniums, um 1920. Unbekannter Fotograf.

210: Elektrophysiologisches Porträt eines Mannes mit einem falschen Gesichtsausdruck freudiger Überraschung, 1862. Foto von G.-B. Duchenne de Boulogne.

215: Während der Arbeiten an der Freiheitsstatue (Rue de Chazelles), um 1883. Foto aus der Sammlung des Musée Bartholdi, Colmar.

216: Im Inneren der Göttin. Zeichnung aus Anlass der Weltausstellung in Paris 1878.

218: Johnny hat eine Vision. Aus Dalton Trumbos Film *Johnny zieht in den Krieg*, 1971.

221: Messtafel, 1848. Radierung von Howland.

223: Polizisten bekämpfen die Spanische Grippe in Seattle, 1918. Unbekannter Fotograf.

227: Harold Lloyd versucht, sich an der Zeit festzuklammern. Aus dem Film *Safety Last,* 1923.

231: Pasqual Pinon, 1917. Unbekannter Fotograf.

233: Der zweiköpfige Junge aus Bengalen. Doppelkranium in der Sammlung des Hunterian Museums. Unbekannter Fotograf.

236: Johnny wird eine Attraktion. Aus dem Film *Johnny zieht in den Krieg,* 1971.

242: »Head IV«, 1949. Gemälde von Francis Bacon. © The Estate of Francis Bacon/VG Bild-Kunst, Bonn 2008.

244: Elektrophysiologisches Porträt eines Mannes mit einem echten Gesichtsausdruck von Überraschung, 1862. Foto von G.-B. Duchenne de Boulogne.

248: Porträt von Leo Tager, 1997. Foto von Sven Paustian.

252: Wolken über Russland. Foto: Mathias Johansson, ohne Titel, 2000.

268: Container. Kunstkammer, St. Petersburg, September 2000.

275: Auf offener russischer Straße. Foto: Mathias Johansson, ohne Titel, 2000.

276: Es gibt Nächte, in denen das Phantom den Dschungel verlässt und durch die Straßen der Stadt geht wie ein gewöhnlicher Mann. Jan Håfström, »Bengal«, 2002. Privatbesitz.

296: Menschliches Besteck. Ron Mueck, »Spooning Couple«, 2005. Privatbesitz.

300: Ein Berg, der nichts Gutes verheißt. Beinn a Bhric, Sommer 2006.

310: Die richtige Stelle für ein Jagdmesser.

323: Angst gestaltet als ein Tanz. Zeichnung von 1899.

348: Kalifornischer Maulwurf.